KB058326

우세한 책들

우세한 책들

우리가 사는 세상을 위한 책 읽기

장윤미 지음

사람in
saram
in.com

차례

"참말로 좋은 시상이 올란가?"
"존 시상이 그리 쉽게 오겄는가?"

내가 생각하는 좋은 세상이란 먹고사는 것을 걱정하지 않아도 되는 세상, 하고 싶은 말을 자유롭게 할 수 있는 세상, 원하는 것을 원하는 만큼 꿈꿀 수 있는 세상이다.

지금의 나는 부모 세대보다 나은 세상을 살고 있고, 부모의 부모 세대와 비교하면 '참말로' 나은 세상을 살고 있다는 데는 의심의 여지가 없다. 나의 할머니는 굶어 죽을까 봐 걱정했지만, '부의 시대', '먹거리가 넘쳐나는 시대'에 사는 나는 배 터져 죽을 것을 걱정한다. 삼청교육대에 끌려갈까 봐 대통령의 머리 스타일조차 함부로 입에 담지 못했던 아버지와 달리 나는 온갖 소셜 네트워크 서비스에 높은 사람들 욕을 주저리주저리 떠들어놓고는 잡혀갈까 봐 걱정하는 게 아니라 아무도 '좋아요'를 누르지 않을까 걱정한다. 어릴 적 나의 꿈은 밑도 끝도 없이 '아무튼 유명한 사람'이었는데, 그 꿈은 지금도 포기하지 못하고 있다. 아마도 이 꿈은 죽을 때까지 품고 있을지도 모르겠다. 살아 있는 동안 이름을 알리지 못하면 죽어서라도 이름을 남기고 싶은 것이 인간의 욕망이라는데, 누가 또 아는가. 성도 출신도 모르는 수많은 개똥이, 삼월이, 언년이가 몇백 년이 지난 지금에야 우리의 역사를 만든 사람들로 추앙받듯이 언젠가는 나도 운 좋게 그들 중 한 명으로 남아 자랑스럽게 이름 석 자를 종이짝에 남길지.

신분이 곧 운명이었던 시절에는 개인과 능력과 운명 사이에 괴리감이 없었다. 자신의 신분이 곧 능력이라고 믿었기 때문이다. 그러나 신이 죽고 개인이 탄생하면서, 왕권이 사라지고 주권이 등장하면서, 신분의 자리에 자본이 들어앉으면서 우리는 인간을 인간답게 하는 건 순응이 아니라 욕망이라고 배우고, 익히고, 그것을 행동으로 실천하기 시작했다. 그러면서 인간의 욕망은 억압하는 것이 아니라 드러내는 것, 거스르는 것이 아니라 자연스러운 것이 되었다.

  인간이 세상의 중심이 되면서 자연을 따르는 순응적 태도는 개척 정신으로, 신을 따르는 운명적 태도는 자유와 도전 정신으로 변화했다. 그리고 이러한 세계관이 지속되며 신자유주의, 무한 경쟁주의 사회가 도래하고 '나도' 욕망할 수 있다는 기대감이 퍼지면서 원한다면 할 수 있다는 희망도 커졌다. 그렇지만 기회의 불평등, 불공정한 과정, 순환하지 않는 독점자본 앞에서 평범한 다수는 또다시 좌절할 수밖에 없었다. 차지할 수 있는 자리의 수가 정해져 있는 경쟁 사회의 원칙과 승자 독식을 당연시하는 분위기 아래서 '나도' 욕망할 수 있다는 기대감과 연대심은 이제 '나만' 욕망할 수 있어야 한다는 절박감과 이기심으로 바뀌었다.

  처지가 비슷해 서로 위로를 주고받았던 친구는 이제 밟고 올라서야 하는 경쟁자가 되었다. 능력도 실력도 갖추지 못한 사람이 학연, 지연 같은 인맥을 이용해 성공하는 것을 보며 환멸과 무력감을 느껴야 했다. 물질적 삶은 윤택해졌지만 마음은 삭막해지다 못해 바스라질 정도로 메말라버렸다는 감정은 '오버'나 엄살이 아니라 필연적으로 느끼는 사회적 감정이 되었다.

　유례없이 풍족하고 좋은 세상에 살고 있다고 전문가들이, 학자들이, 좀 살아본 사람들이 말한다. 그런데 이상하게도 더 힘들고 더 지친다. 분명히 어제보다 더 많이 일했고 더 많이 가진 것 같은데도 여전히 제자리를 벗어나지 못한 것 같아 불안하다. 그 와중에 들려오는 소식들은 '저렇게 살지는 말아야지'라고 생각하며 반면교사로 삼았던 사람이 잘 먹고 잘산다는 성공담이다. 이런 소식이 들리는 날엔 나도 부끄러움이나 양심 따위는 집어치울까 하는 생각이 하루에도 열두 번씩 든다.

　앞에서 인용한 대화는 정지아의 《아버지의 해방일지》에 등장하는 아버지와 어머니가 나눈 이야기다. 전쟁의 한복판에서 서로를 죽이고 칼을 겨누던 시대를 겪고 세상이 좋아졌는지 아닌지도 모른 채 열심히 살다 이제는 자연으로 돌아갈 일만 남은 아버지와 어머니가 바라는 좋은 세상이 무엇인지 그 시절을 글과 영상으로만 배운 한낱 후손인 나로서는 알 수 없다. 그들이 꿈꾼 좋은 세상은 이미 도래했을 수도 있고, 어쩌면 영원히 오지 않을 수도 있다. 그건 아마도 아주 오랜 시간 후에나 알 수 있지 않을까. 하지만 좋은 세상이 생각처럼 그리 쉽게, 빨리 오지는 않을 것 같다는 느낌을 쉽게 버릴 수 없는 게 솔직한 마음이다.

세상에는 내 머리로는 도무지 이해할 수 없는 이상한 사람들이 천지기도 하지만, 다른 한편으로는 조건을 달지 않고 선한 영향력을 미치는 사람도 많다. 그야말로 이상하고도 좋은 세상에 살고 있는 우리다.

그러나 세상이, 이 세계가 이상하다는 생각은 경험치와 지식의 한계로부터 비롯된 것이기도 하다. 오래 살아봤자 백 년을 넘기지 못하는 인간이 경험할 수 있는 것과 이해할 수 있는 지식이란, 수천만 년을 살아온 지구 안에서는 그저 편협하고 특수하고 우연에 불과한 것투성이다. 반대로 말하면 우리가 경험하고 지식이라고 말하는 것은 대자연 앞에서는 당연하거나 마땅한 게 아니라 수천만 가지의 다양한 모습 중 하나에 불과하다는 뜻이기도 하다. 그 시작과 끝을 알 수 없는 대자연 앞에서는 이상한 것이 하나도 없다. 이상하다는 생각은 오로지 나의 경험 밖의 일이 발생했을 때 하게 된다. 그렇다면 이상한 세상도 결국 좋은 세상이 될 수 있다. 그 여부는 어디까지나 나를 포함한 우리에게 달려 있기 때문에. 그렇기에 나는, 당신은, 그리고 우리는 얼마든지 좋은 세상을 만들 수 있는 힘을 가지고 있는 동시에 책임을 띠고 이 땅에 선 존재임을 기억했으면 한다.

비루한 인간이 되지 않기 위해 안간힘 쓰는 사람들이 사라지지 않는다면, 타인을 향한 슬픔과 연민을 거두지 않는 사람들이 힘을 가진다면, 부끄러움과 염치를 아는 사람들이 숨지 않는다면, 이 모든 것이 우리의 책임이라고 목소리를 내는 사람들과 그 말을 들어주는 사람들이 있다면 아름다운 세상이 올 것이라고 막연하게나마 상상해본다.

이 책에 실은 글의 일부는 2020년부터 2022년까지《르몽드 디플로마티크》와 교육 잡지《민들레》에 쓴 평론을 수정, 보완한 것이다. 일부는 새로 쓰다시피 했고, 다른 일부는 전체 분위기와 논조를 유지하고 최소한만 수정했다.

장윤미

I

있지만 없고,
없지만 있는 사람들

차별에 대하여

서로가 서로를 찾아주는 사회

"말해줘, 그럼 내가 그렇게 살아갈게."
— 박희정 외, 《나는 숨지 않는다》, 한겨레출판

못 찾겠다, 꾀꼬리

웃긴 이야기지만, 내가 세상에서 제일 무서워하는 놀이
는 숨바꼭질이다. 술래가 되어도 무섭고, 숨는 사람이 되어
도 무섭다. 이유는 똑같다. 못 찾을까 봐서다. 내가 그들을
못 찾을까 봐, 혹은 그들이 나를 못 찾을까 봐.

술래가 되었는데 숨은 친구들을 한 명도 찾지 못해 절
절매다 보면 놀이는 공포로 변해버린다. 내가 숨는 사람이

된다고 해도 크게 다르지 않다. 쓸데없이 잘 숨기라도 하면 술래가 영원히 나를 찾지 못할 수도 있다. 그렇다고 술래가 찾아주길 바라며 "나 여기 있어!"라고 외칠 수도 없다. 그랬다간 룰도 모르는 눈치 없는 애라며 다시는 놀이에 끼워주지 않을 테니까.

무시무시한 숨바꼭질이지만 누구도 울지 않고 재미있게 놀 수 있는 이유는 술래와 숨은 사람 모두 지칠 때쯤 서로가 서로를 구해주는 비장의 카드가 있기 때문이다. 바로 "못 찾겠다, 꾀꼬리!"다. 도저히 못 찾겠을 때 술래는 "못 찾겠다, 꾀꼬리"를 외친다. 크게 세 번 외치고 나면 꼭꼭 숨었던 친구들이 히죽히죽거리며 슬며시 나온다. 그러면 술래는 '찾을 수 있었는데!'라고 생각하며 억울한 눈빛을 보낸다. 그러면서도 입은 터져 나오는 웃음을 참지 못하고 헤벌쭉해진다. 마치 오랫동안 만나지 못했던 친구를 만나 반가운 것처럼. 혹시나 영원히 찾지 못하면 어쩌나 싶어 두려웠던 마음이 한순간에 사라져 다행이라는 것처럼.

모두 다 찾았으니 놀이는 다시 시작된다. 언제 눈을 흘겼냐는 듯이 열심히 숨고, 열심히 찾는다. 해가 떨어지기 전까지, 엄마가 저녁 먹으라고 부를 때까지. 우리는 내일 또 놀자고, 한 명도 빠지면 안 된다고 약속하고 헤어진다. 옛날이나 지금이나 가장 좋은 놀이는 아무도 울지 않고 아무도 상처받지 않는 놀이다.

우리 주위에는 잘 보이지 않는 사람들이 있다. 있다고는 하는데 내 옆에는 없는 듯하다. 본 적이 없기 때문이다. 이를테면 장애인, 정신 질환자, 탈북자, 외국인 노동자, 홈리스 등이다. 분명히 있지만 없는 사람들이다. '그 사람들은 이러이러하다더라'라는 말이 사람들 사이에서 유령처럼 떠돌아다니긴 한다. 그리고 그 말은 실제로 그들을 유령으로 만들어버린다.

도대체 이들은 어디에 있을까. 아무래도 숨바꼭질하듯 꼭꼭 숨은 것이 확실하다. 머리카락도 보이지 않게 말이다. 숨어버린 탓에 찾기 어려운 것도 문제지만, 이상한 건 누구도 이들을 찾지 않는다는 것이다. 사실 찾을 생각도 없는 것 같다. 숨으라고 할 때는 언제고 왜 찾지 않는지 모르겠다. 그 술래는 누구일까. 바로 정상인으로 불리는 사람들이다. 비장애인, 한국인, 정상 가족 등 주류 영역 안에서 일상을 누리는 사람들 말이다.

'장애인들을 효율적으로 교육하기 위해 특수학교 교육이 필요하다', '정신 질환이 있는 사람은 잠재적 범죄자가 될 가능성이 있기 때문에 분리, 감시해야 한다', '성폭행 사건은 여지를 제공한 피해자에게도 잘못이 있다', '집도 가족도 없이 사는 사람은 인생을 잘못 살아온 대가를 치르는 중이다', '외노자는 불법체류자다' 같은 명제는 우리 사회에서 선입견이나 편견을 넘어 감시 혹은 처벌에 가깝다.

처벌의 이유는 단 하나다. 그들이 정상인들의 삶을 방해할지도 모른다는 불안 때문이다. 불안감을 낮추려면 방법은 하나다. 그들이 알아서 숨도록 만드는 것.

숨지 않은 열한 명의 여자

개인이 지닌 조건은 스스로 만든 것도 있겠지만 그보다는 환경에 따라 주어진 경우가 훨씬 많다. 예를 들어 나는 부모가 한국인이기에 한국인이 되었고, 오로지 태어날 당시의 성기 모양에 의해 여자로 불린다. 수도권이 아닌 곳에 살기에 '지방러'로 불리고, 일하긴 하지만 고용주에게 고용된 임금노동자가 아니라는 이유 때문에 한때 행정 서류에서 경력 단절 여성 또는 구직 활동 여성으로 분류되었다.

중요한 것은 이렇게 주어진 조건에 따라서 내가 선택할 수 있는 교육, 환경, 사회적 서비스 역시 달라진다는 점이다. 그리고 이 과정에서 겪는 불이익이나 차별은 오로지 개인의 몫으로 돌아가고, 개인은 이를 기꺼이 감수해야 한다. 여기에 '왜?'라는 질문은 하면 할수록 무용할 뿐이다. 원래부터 그런걸.

대부분의 사람은 '왜'라는 질문을 할 시간에 차라리 조금이라도 더 능력을 키워 조건을 갖춘 사람이 되는 게 효율적이라고 조언한다. 그렇게 말하는 사람 중엔 스스로 노력하여 성공한 경우도 물론 있겠지만, 좋은 부모를 만나서, 좋은 학교를 나와서, 좋은 환경에서 자란 덕분에 성공한 경우도 적지 않다. 하지만 이것을 스스로 인지하는 사람은 많지 않다. 자신이 누리는 일련의 것들은 혜택이 아니라 당연한 권리라고 생각하고, 또한 이 당연함을 유지하는 데도 큰 어려움이 없었기 때문이다. 이들은 '왜'냐고 묻지 않는다. 대신 자신이 좋은 위치에 있는 이상 세상은 공정하고 합리적이라고 생각하고 또 의심하지 않는다.

《나는 숨지 않는다》의 공저자 박희정은 사회가 규정한

조건이 존재를 구분하고 위치를 정하는 것을 위치성이라고 말한다. 간단히 말하면 위치성은 여러 정체성이 축이 되어 만들어진 공동체 안에서의 좌표다. 내 의지와 상관없이 받아들여야 하는 좌표.

그런데 이 좌표는 단순히 물리적인 위치만을 뜻하지 않는다. 우리가 게임할 때 "포지션이 뭐야?"라고 묻는 이유는 그 자체가 궁금하기 때문이기도 하지만 상대가 맡은 포지션을 알면 플레이어의 장단점을 쉽게 파악할 수 있기 때문이다. 포지션은 사회생활에도 중요한데, 나의 포지션은 곧 나의 사회적 지위를 의미하기 때문이다.

내 포지션이 좋으면 아무도 묻지 않아도 내가 먼저 말하는 데 스스럼이 없겠지만 그 반대라면 나의 포지션은 되도록 숨기는 대신 타인의 포지션을 집요하게 묻는다. 그러면 대부분의 타인은 "그런 걸 왜 물어요?"라고 말하며 눈치 없다고 정색한다. 지청구를 들으면서도 기어이 알아내겠다며 정보통을 동원하는 이유는 타인의 포지션이 나에게 이익이 되는지, 아니면 별 볼 일 없는지 셈해야 포지션 게임에서 넥스트 레벨로 갈 수 있기 때문이다.

한편 자기 좌표를 드러내는 것은 내가 여기 있다는 신호를 보내는 행위이기도 한데, 종종 그 좌표는 유감스럽게도 타인이 나를 공격하게 만드는 빌미가 되기도 한다. 특히 자신이 대다수의 적으로 규정되어 있다면 공격받을 가능성은 99.9퍼센트다. 그런데 어쩌다 자신이 적이 되었는지는 정작 당사자는 잘 알지 못한다. 더 끔찍한 것은 사회가, 다수가, 정상인이 나를 적으로 규정한 이후에는 내가 아무리 부정해도 소용없다는 점이다. 한낱 개인이 가진 것이라곤 응징과 처벌이란 이름으로 파괴된 사생활과 발가벗겨진 몸뚱어리밖에 없는데 무슨 수로 혐오와 증오라는 날카로운 무기를 온몸으로 막으며 밖으로 나갈 수 있을까.

내가 살 길은 하나다. 좌표를 숨기는 것, 즉 나를 숨기는 것이다. 지인이나 친구의 이야기를 통해 들어보긴 했지만 본 적은 없어서 나와는 특별한 관계가 없는 사람들, 그래서 있지만 없는 것과 같은 사람들, 유령 같은 사람들은 이렇게 만들어진다.

그런데 자신이 여기 있다고 당당히 말하는 열한 명의 사람이 있다. 《나는 숨지 않는다》에 등장하는 장애인, 이혼녀, 조현병 환자, 홈리스, 탈가정 청소년, 탈북자, 학교 미투 피해자들이다. 이들은 동시에 말한다. 우리는 숨은 게 아니라 정상이라는 다수에 의해 숨겨졌을 뿐이라고. 당신들이 우리를 영원히 찾지 않는다고 해도 더 이상 숨지 않겠다고 선언한다.

사회 소수자는 다수에 의해 끊임없이 평가받고 규정되는 것을 넘어 배제와 혐오의 대상으로 취급받는다. 그 결과 정상의 공간에서 눈에 띄지 않기를 요구받는다. 한 존재가 배제에서 혐오로, 혐오에서 제거의 대상으로 이동하는 과정은 대개 이러한 경로에서 크게 벗어나지 않는다.

주류 계층은 구성원의 안전과 행복을 명분으로 최대한 멀리 떨어진 곳에 시설을 만들고 소수자들을 밀어 넣는다. 가장 좋은 수용 격리 시설이란 쉽게 빠져나올 수 없는 먼 곳, 타인과의 접촉이 최대한 적은 곳이다. 그러다 보니 도시에서 최대한 멀고 접촉하기 힘든 외곽, 산, 섬 등과 같은 고립된 곳에 세워진다. 그래야 정상인의 안전을 보장받을 수 있으니까. 이렇게 차별의 이유는 처벌의 근거가 되고, 한 개인은 비정상을 이유로 밟히고 짓이겨지고 납작해진 채 다수로부터 격리된다.

이러한 분위기가 오랫동안 이어진 결과, 이제는 정상으로부터 배제된 사람들이 숨는 것은 타인과 공동체를 위한 미덕이자 암묵적 규칙처럼 느껴진다. 눈에 띄지 않도록 행동함으로써 정상인의 혐오감을 유발하지 않는 것이 공생을 위한 효율적인 방법이자 생존 법칙이라는 생각이 자연스러울 지경이다. '몸이 불편한 사람은 다른 사람에게 민폐를 끼치지 않기 위해 되도록 집에서 나오지 말아야 한다', '정신 질환을 앓는 사람은 자신을 통제할 수 없어서 언제든 잠재적 범죄자가 될 수 있으므로 되도록 타인과 어울려선 안 되고, 가능한 한 격리되어야 한다', '성폭력 범죄의 피해 여성은 성폭행당할 만한 원인을 제공했기 때문에 수치심과 부끄러움을 깨닫고 자숙해야 한다', '유전적 질병을 앓는 사람은 사회적 손실을 끼칠 수 있기 때문에 아이를 낳지 않는 것이 최선이다'와 같은 말은 우리가 무의식적으로 사용하는 다수의 선으로 포장된 잘못된 명제다.

그래서인지 이들이 숨는 행위는 어디까지나 자발적으로 선택한 결과 같다. 아니, '여러 선택지 중 어디에 숨는 것이 좋을까' 하며 행복한 고민을 한 듯한 착각마저 든다. 마치 숨는 게 좋아서 하는 것처럼 말이다.

그러나 '숨는다'는 것은 어떤 감정을 느낀 후에 하는 행동이라는 점을 생각해야 한다. 우리는 부끄러움 또는 불쾌감을 느낄 때 숨고 싶어 한다. '숨다'라는 행위 내면에는 외부의 시선을 통해 만들어지는 수치심과 두려움이 놓여 있다.

먼저 수치심은 나와 타인이 관계를 맺는 과정에서 만들어지는 다소 복잡한 감정이다. 수치심을 느끼는 대표적인 경우는 나와 상대가 다르다는 것, 상대에게 있는 것이 내게는 없다는 것, 그리고 그 부재가 삶의 질을 평가하는 중요한 요소가 된다는 것을 깨달을 때다.

나의 다름이 무능력으로 판명될 때, 없음이 인생을 잘못 살아온 대가로 평가될 때, 나의 조건이 타인에게 피해를 준다고 느낄 때 인간은 말할 수 없는 굴욕감과 수치심을 느낀다. 자신의 '없음'으로 인해 가족이나 친구 그리고 공동체가 피해를 입는다고 생각하면 스스로 선택할 수 있는 것은 많지 않아 보인다. 기껏해야 내 존재를 숨기거나 아예 존재하지 않는 유령처럼 행동하는 것 외에는.

정상인들은 말한다. 그들이 숨는 이유는 어디까지나 스스로 원했기 때문이라고. 물론 숨는 쪽은 그들이다. 하지만 진짜 원인은 '있음'을 공정의 디폴트값으로, '없음'을 차별의 근거로 삼으며 공정과 평등을 외치는 '정상인'들의 폭력적인 시선에 있다.

한편 두려움은 자기 존재를 위협하는 대상을 인지했을 때 느끼는 감정이다. 위험하다는 신호를 뇌가 전달하면 우리는 불안을 느낀다. 이를 해소하는 확실한 방법은 위험에 빠질 수 있는 요소를 아예 만들지 않는 것이다. 예를 들어 여자는 밤늦게 돌아다니면 범죄의 표적이 되기 때문에 밤에 나가지 않는 게 좋다. 장애인은 집 밖으로 나오지 않는 것이 최선이고, 건강한 사회를 만드는 데 방해가 되기 때문에 결혼이나 혈연관계를 제외하고는 가족으로 인정하지 않는 것이 바람직하다는 명제는 안전을 명분으로 개인의 자율성을 차단한 경우라고 할 수 있다.

이런 인식을 당연한 것으로 믿는 세상에 살고 있다면 나라는 존재를 지키는 방법은 두 가지다. 원칙과 질서에 부합하며 성실하게 따르거나, 경계에서 벗어나지 않기 위해 기를 쓰고 노력하거나. 그러나 그러기가 불가능하다면 한 가지 방법이 있다. 누구의 눈에도 띄지 않게 숨는 것이다.

아픈 몸은 위로의 대상이 되지만 정신 질환은 비난의 대상이 될 수 있기 때문에 정신 질환 환자들은 자신의 상태를 솔직하게 말하는 것이 쉽지 않다. 각종 매체에서는 이

혼율이 매년 급증한다고 걱정하지만, 한 부모 가정의 부모와 자녀들은 이혼 가족/비정상 가족으로 낙인찍힐 것을 두려워하며 혹시나 불이익을 당할까 봐 이혼 사실을 숨기고 전전긍긍할 때가 많다. 장애인 이동권 투쟁이 시작된 지 20여 년이 지났지만 휠체어를 타고 대중교통을 이용하는 장애인은 뉴스에나 등장할 만큼 보기 드물다.

인간의 이동권은 보편적이라지만 정상인의 편의성 아래에서 장애인의 이동권은 보장받지 못한다. 일부 정상인은 장애인의 이동권 투쟁은 시민의 권리가 아니라 집단 이기주의의 산물이라고 비난한다. 나름 선심을 써서 제안한 의견들이라는 것이 고작 출퇴근 시간 외에, 사람들이 많이 사용하는 노선 외에서, 이용객이 많은 역 외에서만 집회를 열라는 수준에서 벗어나지 못한다. 게다가 정해진 집회 시간보다 1분이라도 지체하면 불법으로 간주하겠다며 이른바 '불관용 원칙'을 적용하는 것은 정의가 아니라 협박에 가깝다.

뒷사람을 위해 문을 잡아주는 일은 나의 멋진 배려라고 뿌듯해하면서도 장애인의 휠체어 때문에 지하철 문이 늦게 닫히면 금쪽같은 시간을 빼앗겼다며 불쾌해한다. 흉악한 범죄를 저지른 범인이 알고 보니 '정신병'을 앓고 있다는 뉴스를 보면 그럴 줄 알았다는 말이 여기저기서 튀어나온다. 제정신이면 저런 범죄를 저질렀을 리 없으니 사회에 나오지 못하게 평생 감옥에 가둬야 한다고 말한다. 똑같은 감기도 사람마다 증상이 다르기 마련이어서 코감기, 목감기, 몸살처럼 다양하게 불리지만, 정작 증상과 치료 과정이 천차만별인 정신 질환은 그냥 정신병이고, 정신병을 앓는 사람은 싸그리 정신병자로 취급된다.

이렇게 다름은 비정상이 되고, 비정상은 차별의 이유가 되고, 결과적으로 처벌의 이유가 된다. 정상적이지 않은 개인은 비정상이라는 거대한 차별의 힘 아래서 짓밟히고 납작해지고 만다.

누구도 울지 않고 함께 노는 사회

'비정상'적인 존재를 숨기는 것이 정말 답이 될 수 있을까? 정말로 이것이 최선일까? 묻고 또 묻고 싶다. 분명한 점은 사회적 약자, 이방인, 소수자는 스스로를 결정하지 못한다는 것이다. 오로지 주체, 다수, 주류, 정상인이 결정할 뿐이다.

그러나 소수자를 결정하고 이들을 부정하는 것보다 더 나쁜 일은 이들의 존재 자체를 인정하지 않는 것이다. 아예 없다고 생각하는 것. 세상에 존재하지 않는다고 여기는 것. 이들에게 침묵을 요구하는 것. 이런 방식으로 지금까지 많은 장애인, 정신 질환자, 이혼 여성, 홈리스, 탈가정 여성은 더 깊은 곳으로 숨어들어 가야 했다.

《나는 숨지 않는다》의 주인공들은 더 이상 숨지 않고 세상으로 나와 자신이 존재함을 알리는 데 최선을 다한다. 당연하겠지만 돌아오는 건 무관심 아니면 분노다. 국민 욕받이가 되는 것도 순식간이다. 사실 몰랐던 사실도 아닐 테다. 존재가 곧 민폐이자 혐오라는 말을 수도 없이 들었으니 말이다. 그래도 이들이 기를 쓰고 세상 밖으로 나와 피투성이가 되도록 저항하고 싸우고 외치는 이유는 무엇일까. 존재를 부정당하는 것보다는 차라리 욕먹고 싸우며 상처받는 쪽이 낫다고 생각했던 것일까. 비인간적인 대우를 견디며 외롭게 삶을 연명하는 것보다 인간적인 대우를 외치고 타인과 끊임없이 부딪치며 사는 게 훨씬 가치 있다고 생각했기 때문일까.

생각이 어떻든 그러기까지 얼마나 힘들었을지를, 다수의 언저리에서 주어진 혜택을 당연한 것으로 받아들이며 문제없이 사는 나로서는 상상할 수조차 없다. 다만 내가 할 수 있는 일이란 그저 이들에게 잘 살아내라고, 져도 좋으니 다만 사라지지 말라고, 제발 숨지 말라고 가슴으로 응원하는 것뿐이다.

나는 함부로 타인에게 "당신을 이해합니다"라고 말하지 않으려고 노력한다. 내가 아닌 다른 존재는 내 이해의 대상이 아니고 나에게 이해받아야 하는 존재도 아니다. 게다가 이해의 넓이나 깊이는 내 경험치에서 벗어날 수 없기에, 이해한다는 말 대신 그와 내가 잊고 있던 낯선 감정을 복기하기 위해 노력한다. 그것이 나와 타인의 관계를 만드는 괜찮은 장치가 될 수도 있고, 반대로 관계를 끊어낼 수 있는 가장 확실한 장치가 될 수도 있기 때문이다. 물론 이 과정은 쉽거나 간단하지 않다. 오랜 시간이 필요하고, 갈등도 필수다. 그럼에도 이것이 옳다고 믿는 이유는 나와 타인 모두가 즐겁게 놀 수 있는 가장 좋은 방법이라고 믿기 때문이다.

숨바꼭질의 참재미를 느낄 수 있는 순간은 술래가 숨은

친구들을 찾을 때, 혹은 가장 마지막에 나타난 사람이 술래에게 잡힌 친구들을 구해줄 때다. 친구를 찾지 않는 술래는 자기 역할을 제대로 하지 않는 것과 마찬가지다. 동시에 아무도 찾지 못할 곳에 숨는 사람은 해가 지도록 혼자서 놀아야 할지도 모른다. 소싯적에 숨바꼭질해본 적이 있다면 알 것이다. 가장 짜릿한 순간은 의외의 곳에서 서로가 서로를 발견할 때라는 걸. 놀라는 동시에 깔깔거리며 가장 짜릿한 유쾌함을 느낄 때라는 걸.

만약 놀이가 인생이라면, 가장 좋은 인생은 혼자서 외롭게 노는 것이 아니라 누구도 울지 않으며 함께 노는 인생이다. 그러려면 서로가 서로를 구하는 장치 정도는 있어야 한다. 숨은 사람에게도, 찾지 못하는 사람에게도 필요한 "못 찾겠다, 꾀꼬리" 같은 것 말이다.

나는 누구와 살 수 있나요

"앞으로 나는 지금보다 더 많은 돌봄이 필요한 몸이 될 것이다.
그리고 동시에 지금처럼 누군가를 계속 돌보며 살아갈 것이다."
— 장애여성공감, 《어쩌면 이상한 몸》, 오월의봄

일할 수 없는 몸을 가진 사람

잘 알려져 있듯이 17세기 이후 유럽을 중심으로 설립된 구빈원은 대표적 공공 격리 시설이었다. 당시 지배층은 이성을 중심으로 하는 절대 군주의 통치를 유지하는 데 '쓸모 있는 사람'에 대립되는 '쓸모없는 사람'을 골라내고, 이들을 통치 질서에 방해되는 비이성적 존재, 쉽게 말하면 정신에 이상 있는 사람으로 규정하고 구빈원에 강제 수용

했다. 구빈원이라는 이름에서 알 수 있듯이 주요 대상은 근면과 노동 윤리에 반하는 가난한 사람이었지만 장애인, 정신병자, 범죄자 등도 수용 대상에 포함되었다.

구빈원에 격리된 이들은 노동을 해야 했다. 당시 자본주의 이데올로기가 막 도입되었고 자본 축적을 위한 핵심 수단이 바로 노동이었던 만큼 구빈원은 '비정상인들'로부터 노동을 창출하고 관리하는 공식 기관으로 기능했다.

자본주의가 서구에서 절대적 이데올로기로 자리 잡은 이후, 지배층은 노동의 생산성과 효율을 보다 높이기 위해서는 '(자본주의 체제에) 쓸모없는 사람들'을 재분류할 필요가 있다고 생각했다. 이에 따라 '쓸모없는 사람들'은 다시 '일할 수 있는 몸the able-bodied'과 '일할 수 없는 몸the disable-bodied'으로 구분되었다. 그리고 후자는 별도의 '시설'로 보내졌다. 거듭된 격리를 거쳐 최종적으로 '일할 수 없는 몸'으로 배제된 대상과 그들을 위한 별도의 시설이 지금의 장애인과 장애인 보호시설의 기원이라고 할 수 있다.

유감스럽지만 '노동할 수 없는 몸으로 별도의 시설로 보내지는 장애인'이란 개념은 2백여 년이 지난 지금도 우리의 무의식에 존재한다. 물론 '강제'나 '일방적' 같은 수식어는 많이 희석되었지만, 장애인은 일반 학교 대신 특수학교에 다니며 맞춤 교육을 받는 것이 낫다는 생각, 불편한 몸으로 외롭고 가난하게 사느니 보호시설에 소속되어 보호받는 것이 훨씬 '인간적'이라는 생각이 이런 무의식을 대변한다. 문제는 이처럼 무의식화된 중심적 사고가 장애인이 시설이나 기관을 선택할 권리 또는 선택하지 않아도 되는 권리를 원천적으로 봉쇄한다는 데 있다.

장애인 시설이 내세우는 공적인 명분은 장애 분류에 따른 보호와 교육이다. 그러나 그 명분이 장애인이기 전에 한 인간으로서 자신의 공간을 선택할 수 있는 자유와 맞바꾸어도 될 만큼 등가적인지 질문하지 않을 수 없다. 신체가 결핍되었다는 이유로, 정상적 판단을 할 수 없다는 판정을 받았다는 이유로, 다수의 안전을 위한다는 이유로 공간 선택권을 박탈하는 행위는 얼마나 정당한 일일까.

살고 싶은 곳에서 살고 싶다는 마음

보호시설에 편입되는 장애인은 자율적 개인이 아니라 보호받아야 하는 피보호자로 위치가 바뀐다. 즉, 보호자가 관리하는 존재로 신분이 강등되는 것이다. 이제 보호자는 피보호자를 결핍/부재 상태로 규정하고, '좋은' 선택을 (이행)할 수 없을 것이라는 전제하에 피보호자로부터 선택과 책임의 권한을 부여받는다. 보호자의 '언어'는 피보호자가 새로운 공간에서 지켜야 할 질서가 된다. 피보호자가 질서를 거부하거나 반항하면 보호 공간을 사용할 자격이 없다는 판단의 빌미로 작용하기도 하고, 극단적인 경우 보호자가 피보호자를 시설에서 퇴출시켜도 된다는 주장의 명분이 되기도 한다. 피보호자가 된 개인은 보호자도 공간도 선택할 권리가 없는 것이나 마찬가지다.

시설로부터 이탈하고자 하는 주체의 자율성이 퇴출과 자립을 구분하는 기준이 된다면, 피보호자 상태에서는 '자립'이란 용어가 성립되기 어렵다. 만약 보호시설의 궁극적 목적이 장애인들의 자립과 지역사회 복귀에 있다면, 그리고 시설로부터의 이탈을 보호자에 대한 반항이 아니라 자유를 향한 저항으로 이해할 수 있다면 장애인의 탈시설화와 지역사회 복귀 활동은 지금보다 훨씬 적극적으로 진행되었을지도 모른다.

바람직한 인간적 삶이란 자신이 소속된 집단으로부터

분리되고 격리당하는 삶이 아니라 협동과 돌봄으로 완성되는 삶이라는 보편적 전제를 따르자면, 보호시설의 궁극적 목적은 보호와 감시가 아닌 탈시설이 되어야 한다. 그러나 여전히 장애인을 보는 우리 사회의 시선이 불편한 까닭에 탈시설은 실천하는 사람도, 옆에서 지켜보는 사람도 쉽지 않은 결정이다.

《어쩌면 이상한 몸》은 장애를 지닌 여성들이 일상을 살아가는 모습을 엮은 책이다. 장애인들의 특별한 이야기가 담겨 있을 것 같지만, 이들은 비장애인과 크게 다를 것이 없다. 일해서 돈을 벌고, 친구들과 유흥을 즐기고, 사랑하는 사람과 섹스를 한다. 누군가는 장애 정도가 심하지 않아서, 또는 든든한 보호자가 있어서 그런 것 아닌가 하고 짐작할 수도 있다. 그러나 이들이 일상적인 자유를 누릴 수 있는 이유는 장애가 심각하지 않아서, 부모를 잘 두어서, 하다못해 운이 좋아서도 아니다. 모두 탈시설에 성공하여 지역사회에서 생활하고 있기 때문이다. 혹자는 이렇게 질문할 수도 있다. '시설에 있으면 의식주가 해결되고 외부의 위험으로부터 보호받을 수도 있는데 왜 굳이 탈시설을 욕망하는가?'라고. 물론 이 질문이 틀린 것은 아니다.

장애인은 탈시설을 하는 순간부터 생존과 직결되는 문제에 맞닥뜨리는 경우가 대부분이다. 특히 성인이 되어서까지 오랫동안 시설에서 생활하거나 자립과 관련된 교육을 받지 않은 경우 탈시설은 천국이 아니라 지옥이 될 수도 있다. 당장 방세와 끼니를 걱정해야 하고, 현관문을 열고 나가는 순간부터 난관이 시작될지도 모른다. 게다가 활동 보조자 없이는 몸을 움직이기 어려운 처지라면 탈시설은 영원한 로망에 가깝다.

그럼에도 그들이 탈시설을 원하는 이유는 분명하다. 인간은 보호받고 싶은 본능만큼이나 자유를 욕망하는 존재이기 때문이다. 이들이 원하는 것은 결코 대단히 특별하거나 거창한 일이 아니다. 그저 자기 공간에서 먹고 싶을 때 밥을 먹고, 보고 싶은 텔레비전 프로그램을 선택하고, 잠이 안 올 땐 밤을 새우기도 하고, 친구들을 집에 초대해서 노는 것, 지극히 일상적인 것이다. 이것이 특별한 소원이라면 그 같은 일상을 누리는 비장애인이야말로 '특수한' 존재일지도 모른다.

생김새와 조건이 다르다는 이유로, 또는 보편성에 부합하지 않는다는 이유로 그들의 세상을 구분 짓고, 격리된 세계와 존재를 각각 비정상과 열등한 존재로 치환하면 거기서 만들어지는 감정은 배제와 혐오뿐이다.

사회는 조건과 환경이 같은 사람들로 형성되지 않았기에 상대적으로 더 힘든 사람이 있기 마련이다. 그러나 주류 집단은 상대적 조건을 정상과 비정상을 가르는 기준으로 삼고, 여기에 부합하지 않는 사람을 '사회적 약자'로 통칭하며 이들을 위한 제도나 혜택을 특별히 주어지는 시혜혹은 호의로 격상시켜버린다. 그러면서 '사회적 약자'가 호의에 보답이라도 하듯이 장애를 뛰어넘는 능력을 찾아내고 죽을 만큼 노력해 초인적 결과물을 만들어낼 것을 기대한다. 심지어 몸은 성인이면서도 마음만은 아이 같은 순수함을 간직하여 비장애인에게 웃음과 감동을 준다는 식의스토리텔링을 끊임없이 재생산하기도 한다.

이러한 스토리텔링은 장애나 장애인을 다루는 영화에서 흔하게 찾아볼 수 있다. 가난과 사회적 편견 속에서도자신을 포기하지 않는 보호자에 대한 보답(은혜 갚기)으로장애를 극복하는 '성숙한 장애인'을 그린 영화, 육체적으로는 성인이지만 지적장애가 있다는 이유로 순수한 아이처럼 여겨지며 가족과 주변 사람들에게 웃음과 감동을 제공하는 이른바 '철없는 장애인'을 그린 영화가 그렇다. 그러나 현실의 장애인은 천사가 아닐뿐더러 평생 아이로 살아갈 마음은 더더욱 없다. 이유는 분명하다. 이들 역시 지극히 보편적이고 인간적인 욕망을 가진 독립적 주체이기 때문이다. 나의 약점은 그 자체로 인정받아야 할 대상이지 극복해야 할 대상이 아니다. 나를 위해 살겠다는 욕망은 보편적 욕망이지 정상인들만 가질 수 있는 특수한 욕망이 아니다. 자신의 선택에 책임을 지는 건 당연한 일이지 대단한 일이 아니다. 그럼에도 성숙함이나 철없음을 신체적·사회적 조건에 따라 선택적으로 부여하는 것은 결국 주체를 억압하기 위해 편리하게 만든 편협한 장치에 불과하다.

다시 만날 세계

골형성부전증이라는 희귀병을 앓고 있는 변호사 김원영은 저서 《희망 대신 욕망》(푸른숲, 2019)에서 장애인으로서의 투쟁적인 삶을 그려낸다. 그는 본인이 장애인임에도 불구하고, 재활원이라는 특수 교육기관에 입학했을 때 처음

목격한 다양한 '장애인'들의 모습은 감당하기 어려운 충격이었다고 말한다. 그는 재활원이 '정상' 세계로 진입하기 위한 준비 단계이자 완충지 역할을 해주었다는 측면에서 장애인 당사자에게 필요한 기관이라는 점을 인정한다. 하지만 그가 진정으로 원한 것은 비슷한 사람들만 존재하는 '특수한 세계'가 아니라 다양한 사람들이 있는 '일반의 세계'였기에 탈시설을 시도했고, 결과적으로 성공했다. 배경이나 조건에 따른 구분과 분리에도 불구하고 이 세상은 장애인과 비장애인이 함께 살아가(야 하)는 공간이다. 따라서 그에게 탈시설은 자유를 위한 도피 같은 로망이 아니라 함께 사는 세계에 진입하기 위해 거쳐야 하는 필수 과정이나 다름없었다.

자신의 세계를 확장한다는 건 스스로 선택할 수 있는 권한과 권리가 그만큼 확장된다는 말과 다르지 않다. '보편적 개인'이 인간의 욕망이라면, 어떤 이유로도 타인이 선택의 권리를 제한하거나 박탈해서는 안 된다. 반대로 장애인이 장애를 지녔다는 이유로 선택의 기준을 오로지 자신의 특수함에만 두면 선택지는 점점 줄어들 것이다. 세상은 과거부터 지금까지, 그리고 앞으로도 일반적 정상인을 기준으로 움직이고 변화할 것이 분명하기 때문이다.

이러한 현실에 대해 순응적·체념적 태도로 일관하며 자신의 특수함에 부합하는 것만을 선택하면 존재는 더 큰 세계로 확장해갈 수 없다. 김원영의 말처럼 어디에도 '특수학교, 특수 회사, 특수 국가'란 존재하지 않기 때문이다. 따라서 장애인에 대한 사회와 구성원들의 인식과 태도의 변화만큼이나 필요한 것은 장애인 당사자의 지속적이고 적극적인 권리 표현이다. 그러려면 세계 앞에 서야 한다. 가까이 있는 것이 두렵다면 한 발짝 물러서도 된다. 마주 보는 것이 어렵다면 비스듬히 서 있어도 된다. 서 있는 것이 힘들다면 잠시 주저앉아도 된다. '부재'한 나의 몸을 이상한 몸으로 규정하는 타인보다 더 나쁜 건 그 규정을 저항 없이 체화하는 나 자신, 체념과 순응이 이 세계를 조용히 살아가게 하는 유일한 방법이라며 마주하는 것조차 시도하지 않는 자신이다.

나의 몸을 이상하게 만드는 건 '정상인'들일지 몰라도 그것을 수용하느냐, 하지 않느냐는 당사자인 나와 당신에게 달려 있다는 것을 잊지 말길.

이 아이들은 커서 한국 시민이 됩니다

"주민등록번호가 없어서 생활에 제약을 받는 아이들에게
등록번호를 부여하는 것,
어떤 시스템 안에 아이들을 포함시키는 것,
이것이 첫 출발이라고 생각해요."
— 은유, 《있지만 없는 아이들》, 창비

언제까지 한국에 살 수 있을까

2021년 8월, 아프가니스탄인 391명이 인천국제공항에 도착했다. 탈레반이 아프가니스탄의 수도 카불을 장악한 후, 한국 정부를 도운 사람들이 부역자로 몰려 처단될 위기에 처하자 한국 정부가 정부의 재건 사업을 도운 특별 기여자와 그 가족을 이송한 것이다.

그들을 바라보는 우리 사회의 시선은 무척 복잡했다. 아프가니스탄 하면 무장 단체, 이슬람, 종교 학살, 테러를 떠올리는 우리에게 그들의 옷차림과 피부색, 국적과 종교는 낯선 정도를 넘어 불쾌함의 총체적 산물이나 마찬가지였다. 그들을 구출하기 위해 이루어진 '미라클 작전'은 국민을 '놀라게' 하기 위해서 정부가 벌인 정치적 이벤트라고 비난하는 사람도 많았다.

그래도 예멘 난민 5백여 명이 제주도에 입국한다는 소식에 입국을 불허하라는 국민 청원이 빗발치고 난민 입국반대 촛불집회가 일어났던 2018년의 일을 생각하면, 아프가니스탄인들의 입국은 암묵적 환대나 다름없었다. 물론이들을 난민이 아니라 특별 기여자라고 부른 것, 나름 국가가 신분(조만간 자기 나라로 돌아갈 사람들)을 보증했다는 점을 무시할 수 없었다. 낯섦과 두려움을 받아들여야 하는한국 국민 입장에서 '난민'보다 '특별 기여자'라는 공식 명칭에 더 안심하기 마련이고, 한국으로 피신한 아프가니스탄 출신 개인의 절체절명한 사정보다 나의 안위와 직결된공동체의 안전이 훨씬 중요하니까.

이듬해인 2022년 2월, 아프가니스탄 출신 입국자 391명중 158명이 울산에 새로운 터전을 마련하고 한국살이를 시작했다. 일자리가 필요했던 이들을 울산의 중공업 회사가 고용하기로 결정한 덕분이었다. 비유럽·비백인 외국인이 한국 땅에서 정부의 보조 아래 집다운 집을 제공받고 한국 노동자와 같은 시간 동안 노동하며 가족과 함께 산다는 것은 그야말로 행운이 아닐 수 없었다. 조건이 비슷하고 체류 기간이 1년 미만이며 어눌한 한국어를 구사하는 저숙련 외국인 노동자의 한국살이가 얼마나 열악한지는 뉴스를 조금만 찾아보면 알 수 있을 정도인데, 외국인에 대한 한국 사회의 긍정적인 시선과 대우는 그야말로 '갑분' 상승한 것 같을 정도였다.

운 좋은 난민에서 운 좋은 이민 노동자로 신분이 바뀐 먼 나라 출신 사람들의 이야기로 끝났을 법한 이야기는 해당 지역 교육감이 특별 기여자 아이들의 손을 잡고 등교하는 모습이 언론에 등장하면서 또 한 번 큰 관심을 받았다. 아이들의 첫 등교만큼이나 이슈가 된 것은 교육감이었다. 아프가니스탄 출신 아이들의 입학은 교육감의 노력과 간절함 그리고 책임감이 없었다면 불가능했기 때문이다. 1년 후 그가 심장마비로 유명을 달리했다는 소식을 들은 나는 아프가니스탄 출신 아이들을 지탱해주었던 큰 지지대가 무너졌구나 생각했고, 그의 간절한 노력이 혹시라도 물거품이 되면 어쩌나 걱정했다. 책임질 어른이 사라진다는 건 아이들에게는 존재의 위기나 다름없기 때문이다.

어른의 한마디로 아이들의 처지가 흔들리는 사회라면 누군들 기꺼이 아이를 낳고 기를 수 있을까. 어제는 입학을 환영한다고 해놓고 오늘은 아이들을 책임질 사람이 없다며 등교를 허락하지 않는다면, 대한민국에 사는 아이는 누구나 학교에 다닐 수 있다지만 거주권이 없다는 이유로 의무교육에서 배제한다면, 한국에서 나고 자라 성인이 된 아이들임에도 부모 모두가 한국인이 아니라는 이유로 차별한다면 그들이 겪는 차별과 좌절은 누구의 책임일까. 아이들은 국가의 미래라고 말하면서도 생김새가 다르다는 이유로, 부모가 한국인이 아니라는 이유로, 다수가 원치 않는다는 이유로 이들을 배제하는 것이 올바른 교육 방향이라고 말할 수 있을까.

학교에 다닌다는 행위에는 단순히 학습하는 것 외에도 큰 의미가 있다. 학교는 공동체의 일원이 되기 위해 필요한 규칙, 질서, 사회윤리를 배우는 보편적 공간이자 총체적 교육기관이다. 따라서 학교에 다닌다는 것은 아이가 미래 공동체의 일원으로 인정받고 그에 필요한 지식과 규칙, 질서를 습득하고 있다는 의미다. 이때 개인이 얻을 수 있는 감정이 유대감과 소속감이다.

특히 소속에 대한 욕구는 생존이라는 본능과 자아실현이라는 최고의 욕망을 이어주는 매개체가 된다는 점에서 중요하다. 이 욕구를 충족한 개인은 자신이 성취하고자 하는 것에 대한 동기를 부여받기 때문이다. 개인이 소속감을 느끼는 과정을 건너뛰고 곧바로 자아실현 단계로 넘어가기는 쉽지 않다. 왜냐하면 사람은 타인으로부터 인정받는 과정을 반복적으로 거치면서 자신의 욕망을 실현하는 동시에 스스로의 가치를 한 단계씩 높이기 때문이다. 학교는 이 과정을 가장 긍정적이고 반복적으로 경험할 수 있는 가장 보편적인 공간이자 집단이다.

아프가니스탄 출신 아이들이 한국 학교에 입학하고 생활한다는 것은 이 아이들이 한국 정부와 시민이 만든 제도 안으로 들어왔다는 의미다. 이들은 적어도 한국 학교에 다니는 동안 제도가 제공하는 각종 혜택을 누리며 보통의 한국 아이들과 비슷한 일상을 보낼 수 있을 것이고, 또 그래야 한다. 이들은 한국 아이들처럼 교실에서 보편적 공교육

서비스를 제공받고 같은 급식을 먹고 체험 학습을 하며 자신의 사회적 위치와 정체성을 찾아갈 것이다. 그 결과로 이 아이들이 한국 사회에 긍정적으로 기여하는 개인으로 성장한다면 더할 나위 없이 좋겠지만, 그렇지 않더라도 괜찮다. 그 아이는 그 나라 아이가 아니라 우리 모두의 아이이기 때문이다.

하지만 유감스럽게도 장밋빛 현상이 얼마나 길지는 알 수 없다. 한국 정부의 시스템이 변덕을 부리거나, 아이들 부모가 행여 어떤 잘못을 하거나, '악의 축' 국가에서 왔다는 이유로 일부 사람들이 이들을 범죄자, 불법체류자로 취급하며 세금 축내지 말고 너희 나라로 돌아가라고 요구하면 이들은 이러지도 못하고 저러지도 못한 채 유령으로 떠돌지도 모르기 때문이다. 《있지만 없는 아이들》에 등장하는 미등록 이주민 아이들처럼 말이다.

부모와 별개일 수 없는 아이들

아이는 자립할 조건을 갖추지 못하고 올바르게 결정할 수 있는 능력이 아직 없다는 이유로 보호자(대개 부모다)와 함께 살고, 보호자에 의해 사는 곳과 일상이 결정된다. 선택권은 없다. 부모와 함께 사는 것이 유일한 생존 방법인 동시에 가장 안전하기 때문이다. 그러다 보니 어쩔 수 없이 부모의 삶은 곧 아이의 삶이 되기 마련이다. 적어도 성인으로서 법적·경제적 조건을 갖추기 전까지는 말이다.

만약 어떠한 이유로 부모가 아이를 책임질 수 없게 되면 아이는 생존의 위협을 느끼게 되는데, 이때 필요한 것이 사회적 돌봄 시스템이다. 법적 보호자가 없어도 아이가 안전하게 일상을 유지할 수 있도록 돕고, 바람직한 개인으로 성장하는 동시에 건강한 사회 구성원이 되도록 뒷받침해 줄 수 있는 보편적 시스템 말이다.

선진국일수록 보호자의 능력이나 조건을 따지지 않고 돌봄 시스템 혜택을 보편적으로 적용하는 경향이 강하다. 그러나 한국은 상대적으로 그렇지 못한 것이 사실이다. 보호자가 부재할 경우 정부나 지방자치단체가 적극적으로 나서서 보호해야 하지만 보호자의 허락 없이는 아이들을 돌볼 수 없는 이상한 경우도 많다. 가족의 문제는 가족만이 해결할 수 있다는 고정관념이 강하고 특히 혈연으로 구성된 가족이 대부분을 차지하는 한국 사회에서 자녀는 부모에게 귀속된 대상이라는 인식은 국가의 돌봄 시스템이 보편적으로 확대되는 데 장애물이 되기도 한다. 한국 사회가 깨야 할 벽이 많다.

한국 사회는 이민자, 외국인 노동자를 위한 법적 시스템이 미비한 것은 물론이고 사회적 시선 역시 다른 국가들에 비해 굉장히 폐쇄적이라는 것을 부정할 수 없다. 과거와 비교해 세계화, 다양화, 개방화되었다고 하지만 피부색, 언어, 직업에 따라 인식과 대우는 극명하게 달라진다. 특히 베트남, 필리핀, 캄보디아, 우즈베키스탄 같은 동남·중앙아시아 출신 외국인 노동자에 대한 차별적 대우나 혐오를 담은 시선은 오히려 더 강화되었다는 느낌을 지울 수 없다.

한국에서 일하는 아시아 출신 외국인 노동자 대부분은 한국 정부의 요청으로 유입된 사람들이다. 한국 정부는 내국인이 기피하는 제조업·농업 분야 등의 노동력이 부족해지자 1993년 외국인 산업연수제도를 시작으로 외국 인력을 대대적으로 데려왔다. 다만 영구 주거를 막기 위해 여러 조건을 붙였는데, 그중 하나는 당사자만 올 수 있고, 가족 입국은 불허한다는 것이었다. 한국 정부는 값싼 이주 노동자의 노동력을 원했을 뿐, 거주 이주민을 원한 건 아니었기 때문이다. 외국인 노동자 대부분은 어쩔 수 없이 부모나 가족을 남겨두고 한국으로 왔다. 그 결과 일부는 외로움을 견디지 못하고 고국으로 돌아갔고, 일부는 모든 방법을 동원해 가족을 한국에 데려오기도 했다. 생활하면서 자연스럽게 한국에서 가족을 만든 사람도 있었다. 그렇게 태어난 아이는 한국 땅에서 한국어를 모국어로 사용하고 한국 사람을 친구와 이웃으로 삼으며 자랐다.

그런데 한국 정부가 시스템을 바꾸면서 이 아이들에게 문제가 생겼다. 한국 정부가 외국인 노동자 신분의 부모를 불법체류자로 분류하고 재입국을 불허하면서다. 정부는 외국인 노동자를 개별 존재가 아닌 국가를 위한 이해 수단으로 여기고 국내 산업에 유리하도록 외국인 노동자 고용 및 관리 시스템을 수시로 바꿨다. 안 그래도 복잡하고 어려운 법인데 언어까지 서투른 외국인 노동자들이 수시로 변하는 외국인 노동자 관리 시스템의 사정을 안다는 것은 불가능에 가까웠다.

운이 좋아서, 아니면 운이 나빠서 자신이 추방당할 처지임을 알게 돼도 외국인 노동자 대부분은 할 수 있는 일이 없었다. 그래도 어쨌든 아이들의 부모들은 문제를 해결하기 위해 고향에 다녀오거나 제삼국으로 나갔다가 돌아오는 방법을 모색했지만 안타깝게도 많은 사람이 돌아오지 못했다. 한국에 남은 사람들의 사정도 나을 게 없었다. 졸지에 불법체류자가 되어 유령처럼 떠도는 신세가 되어야 했기 때문이다.

그러면서 이들의 아이들도 졸지에 불법체류자가 되었다. 한국 정부는 부모가 불법체류자니 자식도 불법체류자라고 규정했다. 아이들에게서 가장 먼저 박탈한 것은 교육권이었다. 평소처럼 학교에서 친구들과 공부하고 놀던 아이들은 이제 그럴 수 없었다. 불법체류자의 자녀는 학교에 다닐 자격이 없기 때문이다. 한국인에게 주민등록번호가 있다면 외국인에게는 외국인등록번호가 있다. 국가가 제공한 고유 번호는 자신을 증명하는 유일한 수단인데, 등록번호 없이는 한국 학교에 다닐 수 없기 때문이다. 미성년 아이는 부모에 귀속된다는 이유 때문에 교육받을 권리를 박탈당했다.

여기에 그치지 않고 한국 정부와 한국인 친구들은 당장 너의 나라로 돌아가라고 명령했다. 그러나 아이들은 혼란스러울 뿐이다. 한국에서 태어났고 언제나 자신이 한국인이라고 생각했던 아이들에게 돌아갈 나라란 처음부터 없었기 때문이다. 아이들은 자유의지로 한국에서의 삶을 선택한 것이 아니다. 부모의 선택으로, 한국 정부가 만든 시스템의 허용 아래서 나고 자랐을 뿐이다. 그렇다고 해서 모든 결과를 아이들 부모의 책임으로 돌려서는 안 된다. 이들 부모 역시 불합리하고 빈틈 많은 한국 정부 시스템의 피해자일 가능성이 크기 때문이다.

아이들을 우선 보호해야 한다는 신념은 시공을 초월하며 통용되는 인류애의 기본이다. 하지만 우리는 부모가 불법을 저질렀다는 이유만으로, 한국 정부가 부여한 고유 번호가 없다는 이유만으로 법을 내세워 아이들을 공동체 밖으로 밀어낸다. 그렇게 국가 권력과 사회적 시선이 밀어낸 아이들이 갈 곳이란 신체적 안전이 보장되지 않는 곳, 인간적 취급을 받지 못하는 곳, 더 나은 삶을 살 수 있으리라는 희망을 꿈꿀 수 없는 곳 외에는 없어 보인다.

부모가 불법이라고 해서 그 아이들까지 불법으로 규정하는 것은 위험하다. 부모와 아이는 별개로 생각해야 한다. 적어도 이 아이들에게는 선택권을 주어야 한다. 아니, 선택할 수 있을 때까지 보호하고 기다려줘야 한다. 아이 한 명을 기르기 위해서는 온 마을이 필요하듯, 이 아이들이 부모 없이도 온전한 개인으로 성장하도록 기다려줘야 한다. 그게 어른이, 국가가, 인류가 해야 할 일이다.

모두 우리 아이들입니다

한국인 부모를 두지 않았지만 한국에서 태어나거나 한국에서 성장한 아이들에게는 특별하고도 구체적인 제도가 필요하다. 이 아이들은 부모의 선택으로 한국에 살게 되었지만, 한국 땅에 사는 이상 한국 정부가 돌봐주어야 하는 대상이다. 만약 어떠한 이유로 인해 부모가 아이들을 돌볼 수 없는 상황에 놓인다면 제2의 보호자는 국가가 되어야 한다. 국가가 만들고 보증하는 시스템보다 확실하고 안전한 것은 없다. 국가는 책임감을 느끼고 이 아이들을 보호할 수 있는 시스템을 만들어야 한다. 이 아이들은 우리의 아이들이기 때문이다. 이보다 더 분명한 이유가 있을까.

아프가니스탄에서 온 특별 기여자의 아이들이 즐겁게 등굣길에 오르는 날이 부디 중단되지 않기를 바란다. 조금 더 욕심을 부리자면, 이 아이들에게 외국인으로서의 금기를 가르치기보다 한국에 사는 시민으로서 하고 싶은 것을 해도 된다는 긍정적인 가능성과 희망을 가르쳐주는 사회적 분위기가 만들어지면 좋겠다.

사회보장 시스템은 공동체를 지속 가능하게 만드는 젖과 꿀인 동시에 개인을 가장 무기력하게 만드는 무기다. 인간은 시스템이라는 거대한 벽 앞에서 자신의 모든 노력이 쓸모없어질 때 가장 많이, 가장 크게 좌절한다. 반대로 자신이 시스템 안에 있다는 것을 아는 개인은 안전하다고 느낀다. 그렇기에 사회적 돌봄 시스템, 그중에서도 아이들을 위한 각종 시스템은 인종, 피부색과 종교를 초월하여 벽이 아니라 문이 되어야 한다. 손이 부서져라 두들겨도 꿈쩍하지 않는 벽이 아니라 두드리면 언제든지 열리는 문 말이다.

목숨 걸지 않고 일할 권리

"모두가 감당할 수 있는 세금을 내고
위험이 실현된 사람이 혜택을 받는 것,
그 사람이 낸 보험료로 언젠가 나도 보호받는 것,
그렇게 고양된 사회적 연대감만이 서로를 지켜줄 수 있다."
— 전혜원, 《노동에 대해 말하지 않는 것들》, 서해문집

독한 사장님들의 시대

하루 평균 노동시간: 16시간, 주 6.5회 근무

급여: 매출에 따라 월급 상이

4대 보험: 해당 없음

퇴직금: 협의

직급: 사장급

대충 봐도 열악한 조건이다. 생계가 어렵거나 돈이 급해도 이런 일자리는 피하는 게 상책이다. 하다못해 최저 시급 보장이라는 말이라도 붙이는 게 기본인데 눈을 씻고 찾아봐도 그런 조건은 없다. 혹시나 별별 이유를 대며 임금을 깎으려는 꼼수인가 싶어 심히 의심스럽다. 아, 그런데 직급이 눈에 띈다. 사장님. 우리가 말하는 자영업자다.

2018년 기준 우리나라 전체 취업자 중 자영업자의 비율은 25.1퍼센트로, 취업자 네 명 가운데 한 명인 셈이다.[*] 바야흐로 '사장님들의 시대'다. 사장님들이 넘쳐나는 시대라니. 모르긴 몰라도 이들에게서 부와 여유의 냄새가 풍겨오는 것만 같다. 하지만 이 냄새의 '정체'를 알게 되면 코끝이 찡해질지도 모르겠다.

경제구조상 자영업자와 국가 경제 상황은 따로 떼어 생각할 수 없다. 내수 경제가 활성화되어야 자영업의 숨통도 그만큼 트이기 때문이다. 그러나 유감스럽게도 1997년 IMF 사태 이후 한국의 내수 경제는 불황기와 침체기 사이를 벗어나지 못하고 있는 게 사실이다.

[*] "한국 자영업자 비율 OECD 7위… 4명 중 1명 자영업자", 〈서울신문〉, 2020년 6월 10일 자.

이러한 상황에서 자영업자는 줄어들기는커녕 늘어나는 현상은 언뜻 이해되지 않는다. 경제는 물건과 노동력을 분배하는 행위고, 화폐로 움직인다. 그런데 팔아야 할 상품(인적 서비스 포함)은 넘치는데 소비자가 쓸 수 있는 돈은 한정되어 있다. 여기서 발생하는 것이 경쟁이다. 경기 불황기에는 당연히 업체 간 경쟁이 심화될 수밖에 없는데, 사업주 입장에서 가장 쉬운 비용 절감 방법은 임금 삭감이다. 그렇다면 경제 불황이 장기화되는 국내외 상황에서 자영업자가 많다는 것은 어떤 의미일까.

첫 번째, 고용 불안정이다. 우리나라 자영업의 경우 특히 중장년층의 창업이 높은 비율을 차지하는데, 이는 퇴직 이후 재취업이 어려운 고용 구조에 기인한다고 할 수 있다. 경제 불황이 지속되면서 중년층의 재취업 기회 자체가 드물어졌을 뿐 아니라, 취업한다고 해도 노동환경이나 임금 조건이 기대에 훨씬 못 미치니 창업을 선택하는 것이다.

문제는 이러한 선택이 긍정적인 노동시장을 형성하지 못한다는 데 있다. 중장년층의 창업은 대개 영세업 형태여서 고용 창출로 연결되지 못하는 경우가 대부분이기 때문이다. 고임금에 대한 부담 때문에 자영업자들은 무료에 가까운 가족 노동에 기대거나 간헐적, 비정기적으로 노동자를 고용하는 데 그치는 경우가 대부분이다. 이렇게 형성된 노동시장은 장기적으로 볼 때 결코 긍정적이라고 할 수 없다.

두 번째, 지나친 경쟁이다. 업종이 비슷한 가게가 우후죽순 생겨나 한 건물에서 동종 업계 가게가 나란히 영업하는 일이 비일비재하다. 상생은 동화 속 이야기가 된 지 오래다. 소비자 입장에서 보면 선택권이 확대되었다고 할 수 있지만, 업주 입장에서는 생존에 대한 위협이자 전쟁이다.

경쟁 상대보다 많은 손님을 끌기 위한 방법 중 가장 강력한 것은 역시나 가격 할인이다. 그러나 가격 할인은 결국 제 살 깎아먹는 일밖에 되지 않는다. 고정 지출을 뺀 나머지 수익에서 비용을 조절하는 방법은 원가를 절감하거나 업주에게 돌아가는 이익을 줄이는 것인데, 요즘 같은 고물가 시대에 원가 절감은 쉬운 일이 아니다. 또한 원가 절감은 자칫 상품의 질을 훼손하여 고객을 잃을 수도 있다는 점에서 올바른 선택이라고 할 수 없다. 결국 가격 할인은 업주의 임금 할인으로 이어질 수밖에 없다.

자영업을 선언하는 사람에게 주위 사람이 조언하며 곁들이는 '회사 밖은 전쟁터'라는 표현은 은유가 아니라 현실이다. 경쟁 아닌 것이 없기 때문이다. 열 발자국만 걸어가면 보이는 경쟁 업체, 치솟는 물가와 임대료와 싸우는 것만으로도 지친다. 그런데 이 모든 것을 압도하는 엄청난 사고가 눈앞에 펼쳐졌다. 바로 예고 없이 닥친 코로나19 바이러스 사태다. 코로나19 바이러스는 말 그대로 자영업자들의 생존 공간을 넘어 생태계를 초토화했다.

그런데도 기어이 이 전쟁터로 걸어 들어가는 사람들이 있다. 자영업계에서는 단 10퍼센트만이 살아남는다지만 그 안에 자신이 포함될 수 있다는 자신감 때문일 수도 있고, 희망도 발전도 없고 노예와 다름없는 회사 생활보다 나을 것이라는 절박함 때문일 수도 있다. 어디에서도 미래를 발견할 수 없다면 차라리 원하는 일을 하는 쪽이 덜 불행할 테니 말이다.

하지만 그렇다고 무턱대고 덤벼서는 곤란하다. 이론과 계산기로 만들어진 상상은 현실과는 전혀 딴판이기 때문이다.

자영업 중 가장 많은 비중을 차지하는 외식업의 평균 영업시간은 10.9시간, 평균 영업일은 27.6일, 다시 말하면 주 6일 이상이다.[*] 그러나 이 통계는 그저 숫자에 불과하다. 자영업자들의 노동시간에는 영업시간만 포함되는 것이 아니기 때문이다. 영업을 위해 준비하는 시간, 영업 종료 후 정리하는 노동시간도 만만치 않다. 영업시간이나 강도만 보면 사장님이라는 호칭이 무색할 만큼 중노동에 가깝다.

　이미 고령화 사회에 진입한 우리 사회에서 빠른 은퇴는 퇴직이 아니라 실직이나 마찬가지다. 다른 직장을 구해야 하지만 이전과 같은 조건으로 재취업하는 건 불가능에 가깝다. 눈을 낮추든가 아니면 창업을 해야 한다. 창업을 위해서는 기본적으로 사업성, 전문성, 적합성 등등을 꼼꼼하게 확인해야 하지만 그러기엔 시간도 돈도 능력도 여의치 않은 경우가 많다. 그러다 보니 자연스럽게 진입 문턱이 낮은 업종을 찾게 된다. 요식업 창업이 다른 자영업보다 지나치게 많은 이유에는 이러한 배경이 놓여 있다.

　누구나 시작할 수 있다는 건 그만큼 경쟁자가 많다는 뜻

* 슈카월드, "기승전 치킨집 대한민국" 편, https://www.youtube.com/watch?v=dINOdh8os9U.

이다. 그리고 경쟁자가 많다는 건 그만큼 살아남기가 쉽지 않다는 뜻이다. 다수의 경쟁자를 압도할 만큼의 게임 체인저라면 '존버'라도 하면 되겠지만, 실제로 그런 경우는 흔치 않다. 자본주의 경쟁 사회에서 가장 강력한 게임 체인저란 자본 말고는 없기 때문이다. 유감스럽게도 대부분의 자영업자는 자본이란 승부수가 없는 영세 사업자이기에 자기 몸을 자본 삼아 갈아 넣을 수밖에 없다. 물론 몸을 자본 대신 갈아 넣는다고 해서 그만큼 자본으로 돌아오지는 않는다는 것을 뻔히 알지만서도 말이다.

대한민국의 '사장님'들은 이 딜레마 사이에서 오늘도 새벽같이 일어나 가게 문을 열고, 언제 올지 모를 손님을 밤늦게까지 기다린다. 어떻게 해서든 살아남은 10퍼센트의 자영업자가 되고 싶다는 간절함을 품고서.

사장의 탈을 쓴 노동자

전혜원의 《노동에 대해 말하지 않는 것들》은 노동하지만 노동자로 인정받지 못하는 종속적 자영업자, 노동자로 인정받지 못하는 플랫폼 노동자, 그리고 아무도 책임지지 않는 파견 노동자들의 노동을 담고 있다. 통상적으로 노동자는 일하는 사람을 가리키지만, 법적으로 노동자로서의 지위와 권리를 인정받는 사람은 많지 않다. 노동을 창출하는 주체(유무), 노동자를 고용하는 업주의 형태, 노동 계약 조건에 따라 노동자의 종류가 무려 10여 개로 갈리기 때문이다. 순수한(?) 노동자를 가려내기가 오히려 어려울 정도다.

자영업자는 어느 노동자보다 강도 높은 노동을 하지만, 고용주로부터 임금을 받거나 부림을 당하는 사람이 아니라는 이유로 노동자에게 주어진 사회적 안전장치로부터 배제된다. 자영업을 선택하는 이유는 저마다 다르겠지만, 자영업자 대부분은 노동시장에서 밀리고 밀린 40대 이상의 중년층이다.

자신의 노동을 자본으로 바꿀 수 있는 것은 자영업이 유일하다는 절박함 때문에 결심하긴 했지만 기술이나 능력이 없는 처지에서 가장 쉽게 선택할 수 있는 방식은 프랜차이즈 가맹점이다. 보통 프랜차이즈 가맹점을 운영하는 자영업자를 종속적 자영업자라고 부른다. 얼핏 들으면 거창한 프랜차이즈 매장에서 금전등록기 앞을 지키며 총매출 계산만 하면 되는 사장님 같지만 실상은 최저임금 노동에 준하는 대가조차 기대하기 힘든 영세업자임을 깨닫는 데는 오랜 시간이 걸리지 않는다.

무엇보다 프랜차이즈 자영업자들은 혼자서 결정할 수 있는 것이 없다. 인테리어부터 직원 고용, 물건 가격, 하다못해 일회용 수저 하나조차 맘대로 쓸 수 없다. 혹시라도 본사의 요구를 거절하거나 본사 방침을 어기면 손해배상은 물론 영원히 영업을 못 하게 될 수도 있다. 얻는 것은 무기력이요, 잃는 것은 돈과 의욕과 건강과 시간과 잠과 가족과… 기타 등등이다.

여기에 경쟁 업체들이 하루걸러 하나씩 생길 때마다 자영업자의 마음은 조급해진다. 내 물건보다 싸게 팔까 봐, 이름만 대면 아는 유명 프랜차이즈일까 봐, 손님을 뺏길까 봐. 자본주의 사회에서 상도는 하나다. 싸게 파는 것. 전통적 자영업자는 그나마 경쟁 업체보다 영업시간을 늘려 손님을 쟁취하거나, 이윤을 적게 하여 물건값을 내리는 방안이라도 고민할 수 있다. 그러나 종속적 자영업자는 그렇게 하는 것이 애초에 불가능하다. 속수무책으로 당하는 것 같아 분통이 터지지만, 본사는 매출 하락의 책임 대상이 아니라는 데 사인한 이상 모든 것은 업주가 감당해야 할 짐이다. 그렇게 따지면 전통적 자영업자가 나은 것 아니냐고 할 수도 있지만, 유감스럽게도 누가 더 나은지 비교하는 것은 의미가 없다. 힘들기는 오십보백보다. 전통적 자영업자는 과로로 병이 나고, 종속적 자영업자는 울화로 병이 난다.

10만 자영업자의 시대에 살아남는 길은 독한 사장님이 되는 것 말고는 없는 듯하다. 무식하게 들릴지 모르겠지만 사장님은 독해야 한다. 몸과 마음 모두 말이다.

위험을 고지받지 못하는 노동자

코로나19 바이러스가 한창 유행하던 시기에 방역 알바를 했다. 위기의 시대에 지역사회에 봉사한다는 명분으로 가장했지만 실제로는 간절한 경제활동이었다. 업무 조건은 주 14시간. 업무 시간이 15시간이 넘어가면 무기계약직이 될 수 있는 자격을 부여하지 않기 위한 교육지책이자 꼼수였다(담당자도 이 사연을 설명하면서 꽤 민망해했다). 주요 업무는 건물 내 소독 및 방역. 첫날 받은 방역 물품은 비닐

장갑과 면 걸레, 그리고 소독용 분무기가 전부였다. 소독액은 따로 준비되어 있으니 필요할 때마다 마음껏 쓰라고 했다. 하지만 소독 방법이나 관리 방법을 알려주는 사람은 없었다. 물어볼 사람도 없었다. 제대로 아는 사람이 아무도 없었기 때문이다. 그냥 집에서 소독하듯이 하면 된다고 했다. 하지만 어떤 사람이 자동 분사기로 집 전체에 소독액을 대량 분사할까. 내 집처럼 신경 써달라는 말이라고 해석한 나는 열심히 소독액을 뿌렸다.

소독액이 든 한 말(20리터) 통은 많이 쓸 때는 이틀이면 바닥났고, 적게 써도 사흘 이상 가지 않았다. 소독약이 줄지 않으면 내가 열심히 일하지 않았다는 증거처럼 보일까봐 나는 사람의 흔적이 닿는 곳이라면 귀신같이 찾아서 쉬지 않고 소독약을 분사했다. 한 달 정도 지났을 때 팔목과 손등에서 시작된 가려움이 발목까지 타고 내려갔다. 혹시 다른 사람도 그런지 궁금해서 같은 일을 하는 사람에게 물었다. 그는 자신은 아무렇지 않고, 아무래도 내 피부가 약한 것 같으니 고무 코팅 처리가 된 3M 장갑을 사서 끼라고 팁을 줬다. 매끈한 손을 내밀어 보이며. 결국 피부 문제는 내 탓이었고, 일할 장비를 제대로 갖추지 않은 노동자의 무지 때문에 생긴 병이었다.

내 피부를 본 친구는 소독약 성분이 가습기 살균제와 똑같으니 죽고 싶지 않으면 당장 그만두라고 호들갑을 떨었다. 고작 피부 질환 하나 때문에 겨우 구한 일을 그만두라고? 나는 이렇게 한마디했다.

"니가 대신 월급 줄래?"

생계 앞에서 건강은 잠깐 미뤄도 되는 변변치 않은 문제였다.

위험한 일을 하고 싶어 하는 사람은 없다. 다만 아래로 아래로 눈을 낮추고 몸을 낮추다 보면 위험한 일을 선택해야 할 때가 많다. 위험하다는 것도 알고, 보수는 턱없이 낮다는 것도 안다. 하지만 먹고살아야 하니까, 혹시라도 이일이 경력이 될 수 있으니까, 누구나 좋은 일을 할 수는 없으니까, 나는 유능한 조건을 갖추지 못했으니까, 라고 말하며 선택할 뿐이다.

화학약품 제조 업무를 하다 메탄올 중독으로 실명한 하청 노동자 전정훈 씨. 도금 업체에서 일하다 화학물질인 시안화수소에 중독되어 사망한 파견 노동자 김정민 씨, 철거 공사에 동원되었다가 수은에 급성중독된 다수의 노동

자. 법원의 판결에 따르면 번거롭다며 법적 원칙을 지키지 않고 영세함을 이유로 열악한 업무 환경을 제공한 업주의 책임보다는, 보호구를 제대로 착용하지 않아 본인이 피해를 입은 것은 물론 업주에게도 피해를 입힌 노동자의 책임이 더 컸다.

원청과 하청 사이의 거리는 하늘과 땅만큼 멀다. 원청은 단 하나지만 하청은 수십, 수백 개다. 원청 업체는 하청 업체에 일거리를 넘길 때 책임도 떠넘긴다. 그게 일을 넘기는 조건이다. 원청과 하청 사이의 단계가 많아질수록 이윤이 적어지기 때문에 하청 업체는 가장 만만한 안전 비용을 삭감한다. 산재보험이나 고용보험 같은 각종 보험 비용을 줄이고 안전 장비 구입 비용, 임금을 줄인다. 가령 보호 장비 열 개가 필요한 위험한 노동이 몇 단계의 하청 업체를 거치면 한두 개만 있어도 되는 가벼운 노동이 된다. 현장에서는 안전 장비가 없어 돌려 쓰고 나눠 쓰고 아껴 쓴다. 이게 싫다면 자기 돈으로 사는 방법도 있다. 그러나 언제 잘릴지 모를 곳에서 비싼 돈을 주고 장비를 사서 일하는 노동자가 얼마나 될까.

일하다 다치는 현상은 노동환경이 열악해서가 아니라

노동자가 안전 규칙을 제대로 지키지 않았기 때문에 벌어진 사고라는 생각, 일하다 다치고 죽는 것을 "교통사고 비슷한, 어쩔 수 없이 발생한 실수"[*]로 보는 시선이 사라지지 않는 한 일하다 죽는 사람은 사라지지 않을 것이다.

안전하고 즐거운 곳에서 일하고 싶습니다

한쪽에서는 일할 사람이 없다고 아우성이고, 한쪽에서는 일자리가 없다고 비관한다. 그러나 일할 노동자가 사라지는 이유는 배부른 사람이 많아서가 아니라 노동자를 보호할 최소한의 사회적 안전장치가 작동하지 않거나 없어서다. 모두가 대기업 입사를 꿈꾸는 이유는 눈만 높아서가 아니라, 경력이 없고 능력이 부족하다는 이유로 노동 가치를 인정해주지 않는 곳이 너무 많기 때문이다.

일할 만한 환경을 갖추지 않고는, 눈만 높은 애들이 천지고 기계가 사람보다 백배 낫다고 말하는 사장의 이기적인 분노를 듣고 있자면 내가 오늘 저 인간이랑 한판 붙고

---

[*] 전혜원,《노동에 대해 말하지 않는 것들》, 서해문집, 2021, 202쪽.

지옥 가겠다고 다짐하면서도 결국 아무 말도 못 하고 "내일은 더 열심히 하겠습니다"라는 말을 뱉고 퇴근하는 노동자가 많다. 나보다 더 저렴한 노동자를 데려와서는 나를 내칠까 봐. 여기가 바닥이라고 생각했지만 더 낮은 바닥을 찾아야 할까 봐.

● 나는 이 글을 쓰기 위해 온라인 중고 서점에서 《노동에 대해 말하지 않는 것들》을 구입했다. 보통 중고 서적은 서류 봉투나 택배용 비닐로 포장되어 있는데, 이 책은 좀 달랐다. 책 한 권을 택배로 보내면서 무슨 정성을 이렇게 들였나 생각될 정도로 신문지로 둘러싸고, 책 모서리가 구겨질까 봐 다시 한번 에어 캡으로 싸서는 박스에 담겨왔다. 혹시나 터질까 걱정되었는지 박스 연결 부위는 테이프로 꼼꼼하게 붙였다. 책을 보낸 분의 마음을 정확히 알 길은 없지만, 책 제목과 그분의 노동을 겹쳐 보면서 묘한 기분을 느꼈다. 그분은 혹시나 책에 흠이라도 생길까 싶어 빈틈없이 포장하며 '노동에 대해 말하지 않는 것들'을 담았던 것 아닐까. 우리의 노동시장에도 빈틈이 없으면 좋겠다. 법으로부터의 빈틈, 위험으로부터의 빈틈, 불안한 고용

으로부터의 빈틈이 없으면 좋겠다. 마지막으로, 자정 직전에도 집에 가지 못하고 이 책을 갖다 주기 위해 우리 집에 오신 택배 기사님께도 말이다.

II

누가 누굴
돌봐야 하나

돌봄에 대하여

독박 돌봄 대신 서로 돌봄

"우리는 언제나 서로의 짐이고 또한 힘이다."
— 김영옥 외, 《새벽 세 시의 몸들에게》, 봄날의책

누가 나를 돌봐줄까

돌봄이란 말처럼 온기를 품은 말이 또 있을까. 돌보고 보살피는 행위는 그 자체만으로도 숭고하다. 보살핌을 받으며 성장하는 사람들을 보면 돌봄의 힘이 얼마나 대단한지를 새삼 느낄 수 있다.

그러나 현실에서의 돌봄을 떠올리면 무거워지고 막막해지는 마음을 숨길 수 없다. 동시다발로 밀려오는 돌봄에 대한 필요 앞에서 누구를 먼저 선택해야 하느냐는 윤리적 문제, 돌봄에 드는 비용과 생계 비용을 동시에 해결해야 하는 현실적 문제, 오롯이 혼자서 돌봄의 짐을 짊어질지도 모른다는 두려움은 돌봄의 아름다움과 숭고함을 단숨에 갈아엎는다. 하지만 이러한 고민조차 쓸모없을 때가 올지도 모른다는 생각은 하지 않는다.

신체가 건강하고 평범한 성인은 자신이 돌봄의 주체가 될 수도 있다고 생각하지만, 대상이 될 수도 있다는 가정은 별로 하지 않는다. 그렇기에 돌봄의 대상이 되었을 때 느끼는 부끄러움과 수치심, 원치 않는 돌봄을 당할 때 겪는 수모에 대해서는 무지하다. 혹 안다고 해도 돌봄 혜택을 받지 못하는 사람보다는 처지가 백배 낫지 않느냐고 생각한다. 사실 나도 돌봄을 수시로 필요로 하는 아이와, 남은 생을 자식의 돌봄에 기대고 싶어 하는 부모를 생각하면 마음이 답답해진다.

의료 기술이 비약적으로 발달하고 헬스케어 시장이 보편화되면서 좋든 싫든 우리는 '백 세 시대'를 살게 되었다. 오래 사는 것은 인간의 가장 큰 욕망 중 하나였고, 그런 면에서 지금 시대를 산다는 건 한편으론 행복하고 다행스러운 일처럼 느껴진다. 죽음에 대한 두려움에서 조금이라도 멀어졌으니 말이다. 그러나 불행히도 우리는 백 세 시대로 인해 새로운 문제들을 겪어야 한다. 그중에서도 가장 큰 불행은 불편한 몸, 아픈 몸, 늙은 몸으로 오랜 시간을 살아내야 한다는 것이다.

탄생-성장-노화-죽음이 생명의 단계라면, 과학과 의료 기술의 발달로 지연할 수 있는 단계는 노화와 죽음 사이의 과정이다. 정확히는 노화의 기간을 늘려 죽음의 단계를 지연시키는 것. 그러나 노화는 신체적이든 정신적이든 필연적으로 질병을 동반한다는 측면에서 의료 기술에 상관없이 타인의 돌봄이 불가피하다. 결국 노화 기간이 길어진다는 것은 그만큼 돌봄이 필요한 기간이 길어진다는 의미고, 동시에 돌봄 노동자의 수와 노동의 양도 그만큼 필요하다는 의미다.

의료 기술과 서비스가 확보된 사회에서 그것을 누릴 만큼 돈이 있다면 백 세까지 사는 건 어려워 보이지 않는다. 그러나 오래 사는 것만큼이나 중요한 것은 '어떻게' 오래 사느냐다. 그리고 이 '어떻게'에는 돌봄에 관한 문제가 큰 비중을 차지한다.

돌봄이 위태로운 이유

《새벽 세 시의 몸들에게》는 우리 사회가 처한 돌봄의 현실을 살펴보고, 돌보는 사람과 돌봄을 받는 사람들이 가져야 할 마음가짐, 그리고 국가가 해야 할 돌봄 의무에 관해 이야기한다. 가볍게 읽을 만한 책은 아니다. 부제 "질병, 돌봄, 노년에 대한 다른 이야기"에 제시된 질병, 돌봄, 노년이란 단어만으로도 마음이 무거워지니 말이다. 그러나 이 책을 집어들게 만드는 것은 저 세 가지를 피할 수 있는 사람은 어디에도 없다는 사실이다. 저것들의 주체가 되든, 대상이 되든 상관없이 말이다.

돌봄을 어렵게 하는 걸림돌이야 많겠지만, 그중에서도 나는 독박 돌봄, 과도한 보호자의 책임, 그리고 비용을 말하고 싶다.

'독박'이란 말처럼 무섭고 피하고 싶은 것이 또 있나 싶다. 포털 사이트에서 '독박'을 검색하면 연관 검색어로 '독박 육아', '독박 가사', '독박 간병' 등이 딸려온다. 독박 옆에 붙은 단어들의 공통점을 발견했는가. 바로 종료 시점이 없다는 점이다. 육아와 집안일은 가정이 해체되지 않는 한

끝이 없고, 간병은 이른바 '죽지 않는 이상' 끝나지 않는다. 끝이 없다는 것도 무섭지만, 더 끔찍한 건 이 모든 행위를 단 한 사람에게 요구한다는 것이다. 그 한 사람은 대개 엄마, 아내, 딸로 불리는 사람들이다. 가족 중 돌봄이 필요한 사람이 생기면 남편은 아내를 떠올리고, 부모는 며느리 아니면 딸을 떠올린다. 이유는 간단하다. 여자의 노동은 남자의 노동보다 효율성이 낮고 흔하다 보니 무료에 가까운 비용으로 이용할 수 있기 때문이다. 여기에 희생과 사랑이 덧붙여지면서 '가족 같은 돌봄'은 기본값이 되어 돌봄 노동의 평가 지표로 활용되기도 한다. 혹 문제가 발생하기라도 하면 그 책임은 '가족같이' 돌보지 않은 사람에게 고스란히 돌아간다. 이 지경이 될 때까지 너는 도대체 뭐 했냐는 분노와 함께. 그야말로 독박이다.

이런 분위기가 사라지지 않는 이유는 돌봄에 더 익숙하거나 능숙한 사람이 잘할 수 있다는 막연한 믿음, 그리고 환자도 여러 사람보다 한 사람에게 의지하는 것이 좋을 것이라는 생각 때문이다. 그러나 그 사람이 여자나 가족이어야 한다는 근거는 없다. 예전부터 그랬으니 으레 그게 당연하다고 생각하며 딸이나 엄마, 아내, 며느리에게 희생을 요구하는 것은 엄연한 인권 침해다.

돌봄 노동의 또 다른 걸림돌은 보호자가 떠맡는 과도한 책임이다. 병원이나 의료 기관에서 장기 치료를 받는 환자는 보호자 동반이 필수적이다. 아픈 사람은 정상적인 움직임이나 판단이 어렵다는 이유 때문이다. 보호자는 환자를 대신해 의사의 설명을 듣고 판단하고 결정해야 하는 위치에 놓인다. 자신의 선택과 결정에 따라 환자를 돌봐야 하는데, 이때부터 갈등이 예고된다. 환자가 보호자의 선택에 동의하리라는 보장이 없고, 때에 따라서는 환자가 보호자의 결정을 거부할 수도 있기 때문이다. 그러나 치료에 적당한 타협이란 없다. 결국 의지가 강하거나 힘이 센 사람의 뜻에 따를 수밖에 없다. 그러다 보니 때때로 보호자는 감정적·신체적 폭력을 동반한다. 환자가 빨리 낫길 바라는 마음에, 돌봄의 무게와 시간을 조금이라도 덜고 싶은 마음에 말이다. 이해하지 못하는 건 아니지만 뭔가 이건 아니지 않느냐는 생각에 찜찜함을 숨길 수 없다.

《새벽 세 시의 몸들에게》의 한 장인 〈'보호자'라는 자리〉를 쓴 전희경은 보호자가 되면서 갖게 되는 태도를 '기울어짐'이라고 표현한다. 돌봄의 결정권을 환자가 아닌 보호자가 가지면서 돌봄의 근본 목적과 본질이 왜곡되는 현상을 비유한 말이다. 그에 따르면 간병 학대만큼이나 과도한 보호도 위험하다. 그 마음에 악함이 없다고 하더라도 근본적으로 "아픈 사람과 돌보는 사람 사이의 관계는 가파르게 기울어져 있기"* 때문이다. 가파르게 기울어진 비탈길에서 보호자와 환자 모두 지치지 않고 오래 버티기 위해서 '후회하지 않도록 최선을 다할 것이다'라는 명제를 버리라고 작가는 조언한다. 좋은 돌봄을 위해서는 '다가섬'만큼이나 '물러섬' 역시 필요하며, 보호자 스스로 불균형과 기울기를 감지할 때 돌봄을 잠시 중지하거나 거리 두기를 해야 한다는 점도 강조한다.

　마지막으로, 돌봄의 가장 큰 걸림돌은 역시나 비용의 문제다. 돌봄과 비용은 따로 생각할 수 없다. 돌봄받아야 하는 위치에 놓였다면 더는 경제활동을 할 수 없다는 뜻인 동시에 돌봄의 대가를 지불해야 한다는 뜻이다. 들어올 돈은 없는데 나갈 돈만 생기는 셈이다.

* 전희경, 〈'보호자'라는 자리〉, 김영옥 외,《새벽 세 시의 몸들에게》, 봄날의책, 2020, 119쪽.

내가 돌봐야 하는 위치라고 해도 다르지 않다. 혹 경제 활동을 하는 도중에 가족을 돌봐야 한다면 즉시 경제활동을 중단하고 무급의 돌봄 노동을 해야 한다. 주변 사람들은 '남의 손 빌리지 않고 가족을 직접 돌보는 게 남는 일'이라고 위로하지만, 경제활동이 단지 생활비 충당 때문만이 아니라 자아를 실현하고 자존감을 확인할 수 있는 중요한 수단이라는 점을 생각하면 그런 말은 누구의 마음에도 닿지 않는다.

돌봄이 가난으로 이어지기 쉽다는 건 이미 많은 조사와 통계 수치로 증명된 바다. 돌봄을 우선순위로 하다 보니 자연스럽게 경제활동 시간이 줄어들고 그만큼 경제적으로 힘들어지기 때문이다. 경제적 문제를 해결하는 방식은 적금이나 보험 해지, 대출, 그리고 집 같은 재산 처분 등[*]인데 이 과정에서 신용 등급 하락은 필수나 마찬가지다. 신용 등급이 하락하면 정상적인 금융권 거래가 점점 어려워지는데, 이는 앞으로 필요한 돌봄 비용 마련에 위협 요소가 된다. 긴 병에 효자가 없는 이유는 간병으로 인한 심

---

[*] 유영규 외,《간병살인 154인의 고백》, 루아크, 2021, 58~59쪽.

리적·육체적 고통 때문이기도 하지만, 더 근본적인 이유는 병이 깊어지고 간병 기간이 길어질수록 환자뿐 아니라 가족 전체가 가난의 나락으로 떨어지기 때문이다.

돌봄 중에서도 가장 강도 높고 비용이 많이 드는 치매 환자 돌봄은 말 그대로 '죽어야 끝나는' 돌봄 중 하나여서 많은 사람이 가장 두려워하는 것이기도 하다. 다행히 노령화로 인한 질병이 개인 문제에서 국가 문제로 전환되고 가정경제의 위기가 곧 국가 위기라는 명제가 성립되면서 치매를 국가가 관리(해야)하는 질병으로 규정하고, 개인과 가족이 감당했던 무게를 덜어주려는 움직임이 가시화되고 있다. 덕분에 돌봄 기관이 증가한 것은 다행이라고 할 수 있지만 환자나 가족 모두 만족할 만한 요양 기관을 이용하기 위해서는 자리가 날 때까지 하염없이 기다리거나 고가의 비용을 치러야 하는 것이 현실이다.

한편 돌봄 기관 운영자는 돌봄 노동의 어려움과 관리의 효율성을 이유로 환자의 상태나 질병의 중증 정도에 따라 필요한 서비스를 제공하는 대신 상대적으로 손이 덜 가는 격리·통제·차단 방식을 택한다. 돌봄 노동으로 일어날 수 있는 문제를 아예 만들지 않으려는 의도다. 이러한 관리 시스템은 화재 사고[*]나 전염병 집단 발병[**] 등으로 많은 사람이 희생된 이후에야 사회적 문제로 떠오르는 경우가 많다. 그리고 최종적인 책임은 결국 가족을 돌보지 않은 보호자에게 돌아간다.

돌봄으로 인해 발생하는 문제의 원인 대부분은 비용이고, 그 해결 방법 역시 비용이라는 점은 부인할 수 없다. 비용 앞에서 망설이지 않을 환자와 돌봄 노동자는 거의 없기 때문이다. 돌봄이 필요한 사람 모두가 만족스럽고 질 좋은 돌봄 서비스를 받는 것은 현실적으로 어렵다.

그러나 능숙하고 효율적인 돌봄만큼이나 필요한 것은 인간적인 돌봄이다. 의료 시스템 안에서 홀로 외롭게 생명을 연장하는 돌봄이 아니라 집에서, 공원에서, 길에서 다른 사람들과 함께 아픈 몸에 관해 이야기하고 고통을 공유하며 위안받는 돌봄 말이다. 돈이 필요한 돌봄만큼이나 돈이 필요 없고 돈이 할 수 없는 돌봄도 필요하다. 돌봄에 관한 모든 문제를 비용으로 환원해서는 안 되는 가장 큰 이유다.

* 2010년 포항에서 발생한 노인 요양원 화재 사건으로 10명이 숨지고 17명의 부상자가 발생했다. 참고로 사망자는 모두 여성 노인이었다.
** 2020년 3월 청도 대남병원에서 발생한 코로나19 집단 감염 사건은 열악한 상태에서 돌봄이 거의 방치되다시피 하는 요양 시설의 실태를 세상에 알린 중대 사건이었다.

올해 열한 살 장난꾸러기의 활기와 매력이 그득한 산호
는 발달이 느린 친구다. 내가 산호를 처음 본 건 초등학교
급식실에서였다. 산호는 같은 반 친구들보다 20분 정도 일
찍 급식실에 와서 돌봄 선생님과 밥을 먹고, 친구들이 올
때쯤이면 자기 반이 아닌 도움반으로 간다. 손 근육의 힘
이 부족해서 젓가락 대신 숟가락으로 급식을 먹는 모습을
보면 도움 없이도 식판을 싹싹 비우는 모습이 기특하고,
다른 한편으로는 친구들과 함께 밥을 먹지 못하는 것이 안
타깝다.

산호가 학교에서 점심을 먹게 된 지는 얼마 되지 않았
다. 급식실 근처에만 오면 심하게 거부했기 때문이다. 소리
를 지르고 바닥에 눕곤 했다. 그런 산호 때문에 친구들 역
시 불편해했다. 산호가 일으키는 소란이 불쾌했고 보기 싫
었기 때문이다. 산호가 알아들을 수 없는 말로 말을 시키
면 친구들은 우물쭈물하거나 피해버렸다.

갈등이 없었던 것도 아니었다. 학년이 올라갈 때마다,
학업에 불편을 준다는 말을 들을 때마다, 학교 선생님과

산호의 부모님은 특수학교로 전학시키는 방안을 생각해보기도 했다. 하지만 이들은 포기하지 않았다. 산호의 학교생활을 위해 교장 선생님, 특수반 선생님, 담임 선생님, 보조 선생님까지 동원되었다. 한 아이의 돌봄을 위해 부담을 조금씩 나눔으로써 서로가 짊어져야 할 무게는 가벼워졌고, 특수반 선생님 외에 여러 선생님과 접촉하면서 산호의 불안과 경계심 역시 많이 줄어들었다. 입학할 때만 해도 엄마와 함께 학교 정문에 서 있다가 집으로 돌아갔던 산호는 2학년이 되어서는 교실에 들어갔고, 3학년이 되자 잠깐이지만 친구들과 함께 수업을 받았다. 그리고 4학년이 된 지금은 급식실에서 밥까지 뚝딱 먹고, 4교시를 마치면 엄마와 함께 집으로 간다.

산호가 진심으로 즐거운 학교생활을 하고 있는지 나는 알 수 없다. 그러나 적어도 산호는 외롭지 않다고 믿는다. 매일 가야 하는 학교, 옆에 앉아서 밥 먹는 선생님, 이름을 불러주는 친구가 있으니 말이다.

돌봄 노동은 쉬운 일이 아니다. 돌봄을 받는 사람도, 돌봄을 하는 사람도 그 끝이 없다는 점에서 고되고 막막하다. 하지만 나눠서 하면 덜 힘들고 덜 슬프다. 일대일이 아니라 일대다 관계가 되면서 돌봄을 받는 사람이 다양한 사람과 함께하면 이 세상에는 나와 나를 돌보는 사람 둘만 존재하는 것이 아니라는 사실을 알게 된다.

독박 돌봄은 우리가 가장 경계해야 할 형태이자, 돌봄의 본래 가치를 왜곡하는 불행한 돌봄이다. 우리에게 필요한 진짜 돌봄은 한 사람에게만 책임을 묻지 않는 보편적 돌봄, 가족에게만, 혈연에게만 모든 책임을 전가하지 않는 '시민적 돌봄'이다.

"모든 사람이 건강하고 효율적으로 움직이리라고 생각하는 사회보다 모든 사람이 취약함을 갖고 있다고 전제하는 사회가 더 현실적"*이라는 책 속의 문장을 우리는 두고두고 곱씹어야 할 것이다. 자신은 독립적이고 효율적으로 살고 있다고 생각할지 모르지만, 돌아보면 우리는 단한 번도 돌봄을 받지 않은 적이 없다. 가까이는 부모님부터, 멀리는 알지 못하는 누군가가 나의 자립을 위해 도와줬다는 것을 안다면 돌봄은 나와 상관없고 아직은 필요 없는 것이라고 쉽게 생각할 수 없다. 자립적 인간이란 혼자

---

* 전희경, 〈시민으로서 돌보고 돌봄받기〉, 김영옥 외, 《새벽 세 시의 몸들에게》, 봄날의책, 2020, 55쪽.

서 사는 인간이 아니라 누군가에게 도움을 요청하고 또 받을 수 있는 인간이다. 그렇다면 돌봄은 분명 우리 일상에서 멀어진 적 없는, 그렇기에 독박처럼 씌워져서도 기울어져서도 안 되는 상호적·지속적·순환적 행위인 동시에 가장 강력한 힘을 지닌 행위다.

나를 돌보도록 허락하는 사회

"한국에서는 가족이 되는 비용이 너무 비싸다.
그 비용이 너무 비싼 나머지 가족 없는 사람이 되기로 결정한다."
— 황두영, 《외롭지 않을 권리》, 시사IN북

혼자 살 수밖에 없는 이유

지금이라고 해서 크게 달라지진 않았지만, 과거 가족 내 여성의 노동력은 쌈짓돈이나 종잣돈처럼 여겨졌다. 급할 때 뒤지면 나오는 쌈짓돈인 동시에 큰일이 생길 때 요긴하게 써먹는 종잣돈 말이다. 급할 때 쓸 돈이 있는 게 얼마나 다행이냐고 할 수도 있지만, 유감스럽게도 여자의 노동력은 아무나 꺼내 쓸 수 있는 것도 아니고 남아도는 노동력도 아니다. 그런데 아무 때나 갖다 쓰는 것도 화날 지경인데 공짜로 쓰고는 되돌려줄 생각도 하지 않는다. 이유는 비슷하다. 남자는 돈을 벌어야 하니까, 돌보는 일은 여자가 더 잘하니까, 더 많이 해봤으니까, 대가를 치르지 않아도 아무도 문제를 제기하지 않았으니까.

그런데 경제 불황이 장기화되고 가족 모두가 경제활동에 참여하지 않으면 생계가 어려워지자 이젠 여자도 직업 전선에 뛰어들어야 했다. 돈 버는 사람이 늘면서 경제적 여유는 생겼지만 가사와 돌봄 노동에 공백이 생겼다. 아이들은 집이 아닌 돌봄 교실과 학원을 떠돌아야 했고, 요양원이 마지막 거주지가 된 노인들은 늘어났다.

세상은 일하는 여자가 많아지면서, 정확히는 살림은 소홀히 하고 자기 일만 하려는 이기적인 여자가 늘어나면서 이런 문제가 생겼다고 진단했다. 그러나 여자들의 경제활동을 막는다는 건 시대착오적 해결 방안에 불과하기도 하고 남자 혼자서는 경제활동의 무게를 감당할 수 없자, 사회는 여자들에게 가정으로 돌아가 현모양처가 되라고 하는 대신 슈퍼맘이 될 것을 요구했다. 살림도 잘하고 아이도 잘 키우는 여자. 내조도 잘하면서 자기 일에도 '프로페

셔널'해서 다른 여자들의 귀감이 되는 슈퍼맘.

집안일은 식기 세척기니 로봇 청소기니 하는 전자 제품이 해주고, 아이는 어린이집이 돌봐주니 능력 있고 마음만 먹으면 슈퍼맘이 되는 건 쉽지 않냐며, 여자들이 살기 편한 세상 아니냐며 침이 마르도록 말하는데 정작 그 말을 하는 사람 중 여자는 없는 것 같다.

한편 한국 사회에서 공식적인 독립은 결혼이라지만, 최근에는 결혼하지 않고 가족에게서 떨어져 나와 독립을 이룬 청년이 급증했다. 역시나 경제적 문제가 가장 큰 이유였다. 일자리가 많은 곳을 찾기 위해, 더 나은 연봉을 위해 청년들은 가족을 떠나 이주했다. 개중에는 경제적 문제 말고 가족이라는 족쇄에서 자유롭기 위해 혼자 사는 삶을 선택하는 사람도 늘었다. 현명한 선택이라고 칭찬해주고 싶다.

그러나 혼자 살면서 치러야 하는 비용을 생각하면 좀 복잡하다. 조금이라도 더 벌고 더 모으겠다는 마음으로 혼자 살기로 했는데, 이상하게 써야 할 돈은 늘어나고, 모아야 할 돈은 점점 줄어들거나 아예 사라지기 때문이다. 우리 사회는 여전히 일인의 삶에 적합하지 않은 부분이 많다. 집이 그렇고, 차가 그렇고, 하다못해 마트를 가도 그렇다. 하나 사는 거보다 많이 사는 게 싸고, 한 개씩 파는 것보다 묶음으로 파는 게 훨씬 많다. 싸다는 이유로 많이 사긴 했지만 사실 먹는 것보다 버리는 것이 더 많다. 가족 단위로 구분하고 가족 단위로 소비하라고 요구하는 탓에 어쩔 수 없이 일인분 이상의 비용을 치러야 한다.

혼자서도 잘 살 수 있다는 믿음으로 가열차게 독립한 사람도 막상 혼자 살다 보면 혼자서 척척! 해내기가 어렵다는 것을 금세 깨닫는다. 혼자 해 먹는 밥은 취미가 아니라 미루고 싶은 업무에 가깝고, 무기력과 귀찮음은 규칙적 생활과 건강을 포기하게 만든다. 싱크대 개수대에 켜켜이 쌓이는 컵라면 용기들을 보면서 오늘은 제대로 차려 먹을 거라고 굳게 다짐해보지만, '집밥 같은' 음식을 찾아 '배달의 민족'들이 남겨 놓은 별들 앞에서 진짜 '집밥'은 또 밀려나곤 한다.

나이가 들어도 결혼하지 않는 청년들에게는 혼자서 궁상떨지 말고 결혼하라는 조언이 쏟아진다. 알콩달콩 사는 게 얼마나 좋은지 아냐며 가족을 만들어야 어른이 된다고 충고한다. 그러나 결혼하거나 가족을 만드는 비용은 상상을 초월한다. 결혼을 위해 치러야 하는 비용을 생각하면 알콩

달콤하며 사는 삶은 너무나 작고 하찮은 보상이다.

지금의 일인분 삶도 충분히 버거운데 결혼이란 제도에 발을 담그기라도 하면 사회적·경제적 부담이 성난 파도처럼 달려들 게 뻔하다. 그래도 '파도여, 나를 쳐라!' 하며 용감하게 뛰어드는 사람이 있다면 박수쳐주고 싶지만, 한편으로는 그렇게까지 목숨 걸고 결혼하지 않아도 된다고 말해주고 싶다. 좀 쉽고 덜 위험한 선택권을 생각해보라고 속삭이면서.

최근 가장 이슈가 된 혼자 사는 50대 이상 중년의 삶도 어렵기는 마찬가지다. 이혼, 사별, 경제적 이유 등 저마다의 이유로 일인 중년 남성 가구는 매해 급속히 늘고 있는데, 이들이 겪는 가장 큰 문제는 외로움과 질병이라고 한다.

특히나 중년의 연애는 청년의 연애보다 더 복잡한 셈이 필요하다. 당사자들의 순수한 사랑은 돈과 자식 앞에서 바람 앞의 촛불처럼 흔들린다. 경제적 조건이 괜찮은 사람을 만나기라도 하면 혹시 돈을 보고 연애하느냐는 말을 농담처럼 듣곤 하는데, 농담으로 흘려듣기엔 무시할 수 없는 현실이다. 반대로 경제적 조건이 좋지 않은 사람을 만나기라도 하면 늙어서 병시중하다 죽을 거냐며 아는 사람은 알아서, 모르는 사람은 몰라서 중년의 연애를 뜯어말린다. 서로 돌보며 살면 되지 않냐고 해봤자, 그 나이 먹도록 철없는 소리나 하고 있다는 지청구만 돌아올 뿐이다.

자식들도 마찬가지 이유로 부모의 연애를 환영하지 않는다(또는 못 한다). 새 부/모가 내 부/모 자리를 차지하는 것도 별로지만, 특히 법적 배우자로 승인받았다는 이유로 내 부모가 고생해서 모은 재산을 가로채는 꼴은 절대 볼 수 없다. 물론 새 부/모가 내 부/모보다 돈이 많다면 상황은 달라진다. 내로남불은 비열한 핑계지만 그 어떤 것보다 나를 변호해주는 타당한 생존 논리다.

그런데 돈만큼이나 부모의 연애를 반대하는 큰 이유는 역시나 돌봄이다. 앞으로 돌봄이 뻔히 필요한 사람을 집에 들인다는 건 쉬운 일이 아니다. 도리와 의무감을 장착하고 무급으로 돌볼 수 있는 대상은 친부모까지다. 부모를 돌보는 것도 버거운데 부모가 사랑하는 사람까지 돌봐야 한다는 요구라도 받으면 '부모 자식의 연을 끊자'고 협박하는 수밖에 없다. 그런 말을 듣는 부모는 내 사랑이 뭐라고 하늘이 주신 핏줄을 끊겠느냐며 죄책감과 자괴감을 느낄 수밖에 없다. 핏줄을 자르느니 외롭게 살다 죽는 게 덜 괴롭다고 생각하는 중년의 연애는 그렇게 끝을 맺는다.

근본적으로 사람은 혼자 살 수 없다. 따지고 보면 타인의 도움을 받지 않는 때는 한순간도 없다는 건 혼자 사는 사람이라면 잘 알 것이다. 혹 혼자서도 문제 없이 행복하게 잘 살고 있다면 그건 당신이 잘나서가 아니라 주변에 당신을 도와주는 사람이 많기 때문이다. 그렇기 때문에 돌봄은 당연하게 생각할 일이 아니라 감사할 일이고, 모른 척할 일이 아니라 반드시 알아야 할 일이다.

그러나 안타깝게도 돌봄은 남의 일, 아직 나에게는 도래하지 않은 먼 이야기로만 이해하는 사람들이 늘어나는 것만 같다. 해마다 급증하는 고독사 비율, 독박 돌봄 노동의 강도와 비용을 감당하지 못해 간병 살인이 늘고 있다는 뉴스는 이제는 익숙해져 더 이상 놀랍지도 않다.

이 모든 일이 그들에게 가족이 없어서 생기는 문제라고 생각하는 시기는 이제 종료된 지 오래다. 우리 사회의 돌봄은 가족 차원으로 운영되는 정도를 넘어서는 제도와 법이 간절히 필요하다. 가족의 무게를 줄여주는 시스템, 가족이 아닌 사람도 마음만 있다면 얼마든 도와줄 수 있는 새로운 돌봄 시스템 말이다.

함께 살면 좋겠다는 마음

생활동반자법이라니, 이런 법도 있나 싶다. 우리나라에는 아직 이 법이 없다. 생활동반자법은 《외롭지 않을 권리》의 지은이 황두영이 제안한 법이다. 그는 이 법을 만들어야 하는 이유에 대해 밤새 말해도 모자란다는 듯 구구절절 책에 써놓았다. 그러나 그의 노고가 무색하게 생활동반자법은 아직 표류 중이다. 이 법을 거부하는 사람들이 내세우는 이유는 단순명료하다. 동반자는 가족, 혈연이 아니기 때문이다. 도대체 그놈의 피가 뭐길래.

생활 동반자 관계란 혈연이나 혼인으로 이뤄진 민법상 가족이 아닌 두 성인이 합의하에 함께 살며 서로 돌보자고 약속한 관계다. 생활동반자법은 이러한 관계를 맺은 이들에게 법적 권리를 부여하는 법이다. 골자만 보면 보편적 돌봄에 관한 내용을 담은 법이라 할 수 있다. 그러나 이 법은 곧 동성혼을 합법화하는 법이라는 공격을 받으며 발의되지도 못하고 좌초되었다. 정상 사회가 허락하지 않은 비정상인은 법의 보호를 받아서는 안 된다는 것이 이유였다. 아무리 나에게 좋은 법이라 해도 내가 혐오하는 사람이 혜택받는 꼴은 보기 싫다는 뜻이라고 해석할 수밖에 없다. 이것이야말로 불평등이고 불공정 아닐까.

《외롭지 않을 권리》의 지은이 황두영에 따르면 한국에서 가족이 되는 비용은 너무 비싸다. 결혼식 비용부터 가족이 생활하는 공간을 얻는 데 드는 비용, 부모 혹은 자식을 돌보는 데 필요한 비용 등등. 가족이란 이름으로 요구되는 희생도 만만치 않다. 여성이 경제활동에 참여하면서 가정경제는 윤택해졌지만 가정의 돌봄에 구멍이 생기자 여성이 가장 먼저 경력 단절을 요구받는다. 남편뿐 아니라 자식이나 부모에게서. 여성에게 선택권은 없다. 그저 언제 그만두어야 할까를 고민할 수 있을 뿐이다.

아무나 가족을 만들 수 있는 것도 아니다. 이성 간의 섹스가 가능한 가족, 섹스를 통해 얻은 자식만 정상 가족으로 인정받는다. 입양 제도가 있긴 하지만 무척 복잡한 설차를 거쳐야 법으로 '찐'가족임을 인정받을 수 있다(이 복잡한 절차를 뚫고 입양하고는 천벌도 아까울 짓들을 하는 사람들이 뉴스에 등장하는 걸 보면 도대체 법은 누구를 위해 존재하는지 모르겠다). 좋은 마음으로 타인을 돌보고 싶어도 법이 그 마음을 자꾸만 사그라들게 만든다. 때때로 법보다 어렵고 무서운 건 주변의 불편한 시선과 편견이다. 사랑하는 마음만 있으면 된다는 말은 말 그대로 뭣도 모르는 사람들이나 하는 말이다.

혈연 중심의 가족을 재건하는 일은 이제 요원해진 지 오래다. 그렇기에 더 이상 돌봄 문제는 가족에게 기댈 수 있는 문제가 아니고, 그래서도 안 된다. 가족 시스템이 변화하고 있음에도 국가가 이를 외면하거나 방치하고 모든 문제를 개인이 해결할 수 있는 것으로 선언해버리면 행복할 개인의 권리를 포기하고 돌봄에 집중하다 서로 불행해지는 사태가 올 것이 뻔하다.

황두영은 서로를 돌보며 살겠다는 마음을 불편하다는 이유로 방치하는 것, 정상 가족을 복원하여 돌봄 문제를 해결할 수 있다는 주장은 현실을 제대로 읽지 못한 결과라고 지적한다. 그리고 믿고 의지하는 사람과 함께 살겠다는 마음을 최대한 조직해내는 것이 고독의 사회적 비용을 줄이는 시작점이라고 말한다. 나 역시 그의 주장에 전적으로 동의한다. 가족이 아니어도, 남편이나 아내, 자식이 아니어도, 혈연관계가 아니어도 서로를 돌보겠다는 마음을 국가가 인정하고 부응하면, 머지않아 나타날 보상과 혜택이 우리 사회를 지탱하는 힘이 될 것이다.

현재 우리 사회에서 돌봄이 가장 시급한 대상은 아마도 노인일 것이다. 노인 인구 증가와 동시에 부양 인구 감소가 가시화되고 있는 당장의 위기에서 노인에 대한 돌봄을 오로지 가족의 힘으로 해결하기란 너무 벅차다. 따라서 국가는 가족의 짐을 덜어주는 동시에 잠재적 부양자와 돌봄 노동자에게 사회적 안전망을 제공할 수 있어야 한다. 개인의 불행은 때로 사회의 안전을 흔들 수 있기 때문이다. 극단적인 예로 고독사를 들 수 있다. 혼자 살던 사람이 아무도 모르게 사망한 후 방치됐다가 발견된 죽음을 우리는 고독사라고 한다. 고독사는 그 자체도 비참하지만, 가족에게 버림받고 죽은 사람이라는 낙인이 죽음을 더 비극적으로 만든다. 그러나 고독사는 개인의 불행을 넘어 사회의 모순과 구조적 문제, 공공 돌봄의 부재가 얽히고설켜 만들어낸 사회적 비극에 가깝다. 개인이 외롭지 않을 권리의 반대편에는 외롭게 만들지 않을 국가의 의무가 있다는 것을 잊으면 안 된다.

외로움 해소 비용은 크지 않다

가족이란 이유로 개인이 너무 많은 짐을 떠안게 되는 현재의 구조는 어느 한쪽이 사라지지 않는 한 끝나지 않는다. 비극이라면 비극이다. 둘 사이를 연결한 책임의 고리를 하나만 덜어내도 온전한 개인으로서 최소한의 행복할 권리를 누릴 가능성이 훨씬 크지만 우리 사회는 아직 법적으로나 정서적으로 준비가 덜 되어 있는 듯하다. 국가 역시 정치적 이해관계를 이유로 소극적으로 대응하고 눈치나 보고 있을 뿐이다.

개인이 해결할 수 없는 돌봄과 부양과 관련된 구조적 문제는 국가가 적극 나서서 해결해야 한다. 국가는 사회구조의 변화에 맞춰 가족이나 혈연이 아닌 '개인'이 행복할 권리를 위해 가족에게 주어지는 책임과 의무를 덜어줄 필요가 있다.

인구가 급격하게 감소하고 노령 인구가 출생 인구보다 많아지는 상황에서 과거와 같은 책임과 의무를 가족에게 요구하는 것은 지나치게 가혹하다. 피부양자 입장에서도 국가가 법적, 제도적으로 돌봄 시스템에 관해 더 적극적으로 나선다면 부양받는 '을'이라는 이유로 개인의 권리나 욕망을 포기하지 않아도 될 것이다. 외로움을 그저 견뎌야 하는 감정으로, 고독을 당연한 운명으로, 노년의 사랑을 주책으로 여기는 생각은 자격지심이라고, 당신은 외롭지 않을 권리가 있다고 우리와 사회가 위로해줄 때다.

● 2023년 4월 26일 기본소득당 소속 용혜인 의원이 생활동반자법을 발의했다. 2014년에 더불어민주당 소속 진선미 의원이 발의를 준비했지만 보수 단체와 종교 단체의 반대에 부딪혀 번번이 좌절되었다가 비로소 만 9년 만에 발의된 것이다. 발의하는 것만으로도 9년이 필요했으니, 국회의 문턱을 넘기 위해서는 그만큼의 시간, 어쩌면 더 긴 시간이 걸리지 않을까 생각한다. 그러나 확실한 건 돌봄의 형태가 바뀌어야 한다는 것, 돌봄의 대상이 지금보다 훨씬 넓어지고 다양해져야 한다는 목소리는 더 커지고 높아질 것이라는 점이다.

때로는 이기적인 사람이 좋다

"누구하고든 사이좋게 지내려고 하면
누구하고도 사이좋게 될 수 없다."
— 야스토미 아유무, 박동섭 옮김, 《단단한 삶》, 유유

너무 빨리 태어난 탓

심리학자 지그문트 프로이트는 인간이 불완전한 이유를 "너무 빨리 태어난 탓"이라고 설명했다. 정말 그렇다. 대부분의 짐승은 태어나자마자 네 발로 걸어 어미의 젖을 찾고, 석 달쯤 지나면 덩치가 부모와 비슷해진다. 모든 면에서 부모와 대등해지면 자기만의 영역을 찾아 부모 곁을 떠난다. 혹 떠나지 않으면 부모가 등을 떠민다. 둥지에서 밀

어내고, 품을 파고들면 콱! 물어댄다. 새끼가 꼴 보기 싫어서가 아니라 부모보다 더 넓게 기댈 곳, 자연을 찾아가라는 뜻이다. 그래서 저들은 사람이 아니라 짐승이고 동시에 대자연이다.

그런데 막 태어난 인간은 혼자서 할 수 있는 것이 없다. 걸을 수 없으니 젖을 찾아갈 수도 없다. 젖을 먹을 수 있는 방법은 하나다. 엄마가 나타날 때까지 젖 먹을 힘을 다해 우는 것. 배고픔은 우는 것으로 해결된다지만 움직이는 것은 여전히 어렵다. 네 발로 기려면 6개월 정도가 필요하고, 두 발로 걷기 위해선 최소한 1년이 지나야 하니까. 프로이트 말대로 너무 빨리 태어난 게 분명하다.

아기에게 엄마는 사랑하는 대상이 아니라 절대적 생존 수단이다. 엄마는 곧 자신이고, 자신의 생존은 엄마의 생존이기도 하다. 엄마가 사라진다면 불안해지는 것이 당연하다. 생존을 장담할 수 없기 때문이다. 여기서 만들어지는 것이 분리불안이다. 자신과 하나라고 생각했던 사람이 멀어지려 한다는 걸 느끼는 순간 불안이란 감정이 자신을 그러쥐고 흔든다. 눈물이 나고 무섭다. 그런데 문제는 분리불안 자체가 아니라 불안을 해소하려는 방식을 두고 발생한다는 것이다.

분리불안은 말 그대로 어떤 대상으로부터 분리될지도 모른다는 위기 앞에서 느끼는 불안감이다. 아이는 부모가 시야에 보이지 않을 때 가장 불안해하고, 연인은 사랑하는 사람이 자신을 떠나려 한다는 걸 느낄 때 불안해한다. 자기만 믿으라며 내 어깨를 두드렸던 상사가 나보다 잘난 후배와 미래를 약속할 때 불안하고, 나를 똑 닮아 자랑스러웠던 자식이 세상 똥멍청이 짓을 하고 다닐 때 불안하다. 똥멍청이는 자식이 아니라 곧 나니까.

불안을 이길 방법은 두 가지다. 모든 힘을 동원해 대상을 통제하거나, 대상에게 내 모든 것을 올인하거나. 권력이 있거나 돈이 많다면 전자를 선택하는 쪽이 쉬울 것이고, 그 반대라면 어쩔 수 없이 후자를 선택할 것이다. 선택은 처지와 상황에 따라 자유겠지만 '그렇게 하면 나는 불안하지 않을 수 있을까?'라는 질문은 여전히 남는다. 지금 당장은 불안이 해소될지 몰라도 가까운 미래에 같은 문제로 나를 괴롭힐 게 뻔하다. 게다가 어느 순간 상대의 힘이 나를 능가한다면, 내가 줄 수 있는 게 없어지기라도 한다면 선택할 수 있는 것은 하나다. 납작 엎드려 살려달라고 구걸

하는 것. 비루하기 그지없다.

독립, 분리, 혼자라는 단어는 얼핏 그럴듯해 보이지만 실상은 딜레마를 잔뜩 안고 있는 단어다. 혼자 사는 건 로망이지만 외로운 건 견딜 수 없다. 내 삶을 내가 선택하는 건 멋지지만 선택의 결과가 좋지 않으면 쪽팔려서 죽고 싶다. 혼자서도 잘해내는 건 자랑스러운 일이지만 혼자서는 도저히 해낼 수 없는 현실 앞에서는 무기력해진다.

하지만 우리 모두는 잘 알고 있다. 인생에서는 전자보다 후자의 경우가 8할 이상이라는 것을. 그리고 세상에는 둘 중 하나만 있는 게 아니라는 것을. 그런데 이상하게도 주변을 둘러보면 하나같이 잘난 것들만 가득하다는 것을. 결국 못난 건 나 하나뿐이라는 것을.

많은 사람은 경쟁이 가장 공정하고, 타인에게 무시당하지 않기 위해 좋은 것은 드러내고 나쁜 것은 억압하라고 가르치고, 또 배운다. 1등이 가장 좋다는 명분으로 공생보다 각자도생을 권유한다. 딜레마를 해결하라고 하기보다 다른 한쪽을 외면하라고 요구한다. 효율성을 이유로, 나와 다른 것은 곧 비정상적이란 이유로 말이다.

그 결과 우리는 오만 가지 문제로 골머리를 앓는 중이

다. 외면했던 딜레마의 한쪽 문제가 결국 부메랑처럼 돌아와 괴롭히고 있기 때문이다. 그중에서도 가장 괴로운 건 어려움에 처했을 때 사방을 둘러보아도 도움을 청할 곳이 없다는 점이다. 타인의 어깨를 누르고 승리하는 방법은 배워도 어깨를 다독이는 법은 배우지 못했기에, 도움을 청하는 것은 곧 능력이 없음을 증명하는 꼴이기에, 의존은 부족한 사람들이나 하는 짓이라고 생각하기에 무능력한 내 모습을 공개하느니 차라리 숨어버리는 게 낫다며 스스로 고립시킨다. 그 어느 때보다 지금 우리가 외롭다고 부르짖는 이유다.

자립은 의존하는 것이다

각자 다양한 처지와 이유로 타인과 분리되었지만 그 과정이 건강하지 못했던 탓에 불안을 안고 살아가는 사람이 많다. 너무 일찍 태어난 탓에 태생적으로 완벽할 수 없음에도 그것을 인정하지 않고 완벽하지 못한 자신을 탓하며 스스로를 혐오한다. 결국 자신은 이렇게 살다 무너지고 말 것이라는 자기혐오는, 내 생존을 좌지우지하는 사람에게 목숨만은 살려달라고 구걸하는 것만큼이나 비루한 일인지도 모른다.

비루한 자신을 발견하며 새로운 삶을 살기 위한 방법을 터득하여 스스로를 '나' 전문가라고 밝히는 야스토미 아유무는 《단단한 삶》 첫 장에 잘 살기 위해 필요한 명제로 다음과 같은 문장을 제시한다.

"자립은 많은 사람에게 의존하는 것이다."

야스토미는 인간관계 형성에서 종속과 의존을 구분한다. 종속은 주체와 대상의 관계가 일방적이다. 주체는 대상을 선택할 수 있지만, 대상은 주체를 선택할 수 없다. 대표적인 예가 주인과 노예의 관계다. 주인은 노예를 선택할 수 있지만, 노예는 주인을 선택할 수 없다. 노예가 할 수 있는 거라곤 부디 주인이 자비로운 사람이길, 그것도 어렵다면 덜 폭력적인 사람이길 비는 것뿐이다. 주인에게 선택당한 순간부터 노예는 주인에게 충성해야 한다. 그렇게 쫓겨나지 않기 위해, 먹고살기 위해, 잘 보이기 위해 애쓴다. 좋은 주인은 그 마음을 기특하게 여기기라도 하겠지만, 못된 주인은 노예의 안타까운 마음을 악용한다. 너보다 능력 좋고 저렴한 노예는 많다며, 나니까 너 같은 사람을 거둬준다며 자신의 시혜에 감사하라고 요구한다. 일을 못한다는 이유로 무급 노동을 시키거나 폭력을 일삼기도 한다. 노예가 이런 수모를 당하는 이유는 주인이 나빠서가 아니라 노예가 못난 탓이다. 노예에게는 '박차고 나간다'는 선택지가 없다. 나가면 굶어 죽으니까.

주인과 노예의 관계는 '갑을 관계'라는 이름으로 바뀌어 여전히 우리 사회에 존재한다. 나이가 어리다는 이유로, 경력이 없다는 이유로, 경력 단절이란 이유로 고용주는 노동의 값어치를 후려친다. 을이 갑질을 당하는 이유는 바보 같아서, 법을 몰라서, 능력이 없어서가 아니라 그것이 당연하다고 우리 사회가 말하고 있기 때문이다. 능력에 따라 차별하는 것이 공정하다고 말하고 있기 때문이다. 그렇게 을은 벼랑 끝으로 몰린다.

종속 관계는 연애에서도 나타난다. 집착이나 헌신을 사랑으로 착각하는 경우가 그렇다. 종속되는 것이 나인지 상대방인지도 모른 채 모든 언행을 사랑으로 포장한다. 한 사람에 대한 사랑은 고귀하지만 '나만이 이 사람을 사랑할 수 있어!'라고 생각하는 순간 집착으로 변한다. 그런 나를 보며 상대는 사랑이 아니라 공포를 느낀다. 반대의 경우도 마찬가지다. '이 사람에게 버림받으면 나는 끝이야'라고 생각하고 절절매며 일희일비하다 보면 내 주변엔 아무도 없다. 세상에서 제일 힘든 사람은 못된 사람이 아니라 변덕이 죽 끓듯 하는 사람이니까.

종속과 반대어인 의존은 주체와 대상의 관계가 상호적이다. 주체든 대상이든 선택권이 있다는 점이 종속과 다르다. 의존은 말 그대로 기대는 것이다. 그러나 누구에게 기댈지는 어디까지나 나의 선택에 달렸다. 엄마나 아빠, 배우자나 친구에게 기댈 수도 있다. 하다못해 전혀 모르는 사람에게 기댈 수도 있다. 물론 거절당할 수도 있고, 상처를 받을 수도 있다. 그러나 거절당했다고 해서 주눅 들거나 부끄러워할 필요는 없다. 다른 대상을 찾으면 되니까. 거절로 인해 자존심이 좀 상할지 모르지만, 내 선택에 대해 비난이나 모욕은 당하지 않아도 된다. 혹 비난하는 사람이 있다면 더 늦기 전에 그 사람을 손절할 기회를 얻은 셈이니 행운이라면 행운이다.

의존할 수 있는 대상이 많으면 많을수록 내 삶 역시 윤택해지기 마련이다. 의존할 수 있는 사람이 많다는 건 도움을 많이 받을 수 있다는 뜻이니 인생의 큰 재산이나 마찬가지다. 사람들은 인생의 수많은 위기에 부딪힐 때마다 자기 능력으로 극복할 수 있다고 생각하지만, 대개는 뜻하지 않은 사람의 도움으로 극복하는 경우가 훨씬 많다. 응급 환자를 위해 길을 터주는 자동차 운전자들, 길에 쓰러진 사람에게 심폐 소생술을 하는 얼굴 없는 영웅, 엄마를 잃고 우는 아이를 집까지 데려다주는 또 다른 아이는 내 능력과 상관없이 기꺼운 마음으로 도움을 주는 감사한 사람들이다.

그런데 우리가 타인에게 의존하기 위해서 해야 할 것이 있다. "도와주세요!"라고 당당하게 말하는 것이다. 유감스럽게도 우리는 이타적인 사람이 되어라, 이기적인 행동을 하지 말라는 교육은 받았어도 도와달라는 말을 하라는 교육은 받지 못했다. 독립적인 인간은 남에게 민폐를 끼치면 안 되기 때문이다.

실제로 우리는 스스로 이루어내는 것만이 진정한 자립이라고 배워왔다. 그러다 보니 '정글(같은 사회)에서 살아남는 법', '경쟁에서 살아남는 법', '(혼자서) 잘 먹고 잘사는 법' 등 살아남는 법에만 집중했다. 핵심은 '혼자', '능력', 그리고 '승리'였다. 하지만 영원한 승리는 없듯이 승리자도 언젠가는 의존해야 한다. 힘이 빠지고, 늙고, 병들고, 지치기 때문이다. 그런데 누구에게 의존할 수 있을까? 옆에 있는 것은 자신이 누르고 밟고 무너뜨렸던 사람, 무시하고 비난하고 혐오했던 사람뿐이라면?

종속 관계는 선택권이 없다(고 믿)는 데서 발생하는 불안을 억압하기 위해 어쩔 수 없이 유지하는 관계다. 하지만 의존관계는 무엇이든 언제든 선택할 수 있고, 그 선택권은 상대가 아니라 나에게 있다는 점 때문에 불안하지 않다. 때에 따라서는 나와 관계가 없었거나 사이가 불편했던 사람에게 도움을 청해도 상관없다. 의리나 예의가 없어서가 아니라 그저 도움의 종류와 질이 다를 뿐이다.

종속 관계에서는 상대방이 나를 거부하면 그것으로 관계가 끝난다. 그러나 어떻게 해서든 관계를 유지하기를 원한다면 나는 매달릴 수밖에 없다. 최대한 절박한 모습으로, 불쌍한 모습으로, 네가 아니면 나는 죽어버릴 것이라는 비참한 마음으로. 그야말로 비루한 '을'이 될 가능성이 크다. 의존관계는 그렇지 않다. 둘 중 한 사람이 그 관계를 끊는다고 해도 삶에 큰 지장이 없다. 다른 사람을 찾으면 되고, 운이 좋으면 훨씬 괜찮은 파트너를 만날 수도 있다. 선택이 주는 기대감과 흥분은 내가 절절매지 않게 만들어주는 에너지다.

내가 나를 미워하지 않는 세상

자기혐오는 나의 욕망을 타인으로부터 강요당하면서 만들어진다. 예를 들어 "훌륭한 사람이 되어야 한다", "성공한 사람이 되어야 한다" 같은 말을 오랫동안 반복적으로 들으면 이 말은 무의식적으로 감시자 역할을 하면서 나의 욕망을 컨트롤한다. 성공에 실패하는 경우 그 이유가 내가 감시자의 말을 듣지 않았기 때문이라고 생각하게 되면 그때부터 자기혐오는 후회와 죄책감을 영양분 삼아 싹터 올라온다. 후회와 죄책감의 주체가 곧 나라면 증오하고 미워할 수 있는 대상은 나밖에 없다.

자기혐오는 때에 따라 좋은 자극이 되기도 하지만, 타인에게 휘둘리게 만든다는 점에서 위험하다. 《단단한 삶》에서 야스토미는 자기혐오가 어떤 식으로 표출되느냐에 따라 이기주의자, 이타주의자, 그리고 변변치 못한 자로 나뉜 다고 설명한다.

이기적인 사람은 설명하지 않아도 우리가 다 아는 종류 의 사람이다. 이러한 사람들은 자기 것을 챙기고 채우느라 바빠 주변 사람들의 평판 따위에는 신경 쓰지 않는다. 이 들은 친구가 없지만 그래도 자기 이익을 챙겼다는 점에서 뭐, 큰 손해는 없다.

이타적인 사람은 주변으로부터 좋은 평판을 얻기 위해 자신에게 이익이 되는 것을 포기한다. 착한 사람 콤플렉스 가 대표적인 경우다. 이들은 친구나 지인이 많다. 나를 찾 아주고 필요로 하는 사람이 많다는 것만큼 이들에게 의미 있고 즐거운 일은 없다. 그러나 여기에도 대가가 따르는데, 턱없이 부족한 자기 시간과 빈 지갑도 견딜 수 있어야 한 다는 점이다. 경쟁 사회, 자본주의 사회에서 '거 사람 참 괜 찮네!'와 같은 평판은 내가 투자한 시간과 돈에 비례하기 때문이다.

마지막으로 변변치 못한 사람. 이기적인 성향은 욕을 먹 을까 봐 싫고, 이타적인 성향은 귀찮아서 싫고 그만한 에 너지나 열정도 없어 둘 사이에 어정쩡하게 서 있는 사람이다. 야스토미는 이들은 좋은 평판을 얻는 데 실패하고, 물질적 이익을 얻는 데도 실패한 사람들이라고 말한다.

주위를 둘러보면 다른 사람의 말에 휘둘리거나 지나치게 주변의 눈치를 보는 사람이 있다. 타인에게 지적이라도 받으면 부들부들하거나 집에 가서 이불킥을 하는 사람, 좋은 사람이란 칭찬을 포기할 수 없어 하기 싫은 일도 꾸역꾸역 하는 사람들. 아… 바로 나다.

하지만 나만 그런 것은 아니다! 내 친구도 그렇고 내 상사도, 하다못해 내 부모도 그렇다. 사실 사람들 대부분이 그렇지 않을까? 살다 보면 변변치 않게 살 수밖에 없다는 것은 누구나 아는 사실이다. 이것도 얻고 저것도 얻으려다 모두 놓치는 경우가 한두 번이던가. 이 세상은 8할의 변변치 못한 사람들로 굴러간다.

이러한 세상에서 승자에게 조종당하지 않고 잘 살아가려면 되도록 많은 사람에게 의존하라고 야스토미는 조언한다. 물론 그 과정의 주체는 당연히 자신이 되어야 한다. 내가 무언가 필요할 때 적절한 도움을 요청할 수 있는 대상이 있고, 혹 그 대상에게 거절당하더라도 씩씩하게 털고 다른 대상을 선택할 수 있는 용기만 있다면 타인에게 종속

될 일도, 거절당했다고 해서 부들부들거릴 필요도 없다.

완벽하게 독립적인 사람은 세상 어디에도 없다. 'Born to be 난놈'으로 태어나지 않은 이상 말이다. 세상은 소수의 이기적인 사람의 욕심이나 이타적인 사람들의 희생으로 굴러가는 것이 아니다. 다수의 변변치 않은 사람이 서로 도와주고 의존하며, 그를 통해 고마워하고 그 마음을 드러냄으로써 굴러간다는 건 완벽하지 않고 온전하지 않은 인류가 탄생한 이래로 한 번도 변하지 않은 명제요, 진리다.

내가 돌봐야 할 최후의 인물

"다시 태어나면 아프시지 마시고 건강한 몸으로
좋은 사람들 많이 만나 행복하시기 바랍니다.
대학도 다니시고 하고 싶은 공부도 많이 하시기 바랍니다.
이제 걱정 안 하셔도 됩니다. 꼭 좋은 데 태어날 겁니다."
— 박희병, 《엄마의 마지막 말들》, 창비

가기 싫지만 가야 하는 곳

사는 곳이 시골인 탓에 봄부터 가을까지 농작물 사이로 둥그렇게 말린 할머니들의 등을 흔하게 본다. 길에서 아는 할머니라도 만나면 몸도 힘들고 날도 더우니 적당히 하고 들어가 쉬시라고 인사하지만, 집에서 누워만 있으면 갑갑하다고 손사래를 치며 웃으신다. 이마저도 못해 요양원으로 가면 누워 있기만 해야 할 텐데 뭐 하러 벌써부터 억울하게 누워 있냐는 농담도 빼먹지 않으신다. 그러면서도 허리를 펴지 못하고 손으로 무릎을 감싸며 입으로는 신음을 뱉는다.

가을이 되고 겨울이 지나고 이듬해 봄이 올 때쯤엔 오며 가며 농담을 주고받았던 할머니들이 꼭 한두 분씩 사라진다. 계절이 바뀌는 사이에 어디가 아파서 앓고 계신지, 혹시나 돌아가신 건 아닌지 쓸데없는 걱정이 앞선다. 들리는 소식에 의하면 자식들이 근처 요양원으로 모셨다고 한다. 다행이다 싶다가도 요양원이 어떤 곳인지 뻔히 아는 터라 마음이 쓸쓸하다. 그것이 모두에게 최선의 선택일까 하는 생각과 함께.

바야흐로 '대요양원의 시대'다. 평균수명이 길어지고 돌봄 노동 서비스를 받아야 하는 사람들이 많아지자 가족 구성원으로는 더 이상 돌봄 노동을 해결할 수 없게 되었다. 무료 돌봄 노동은 유료 서비스 노동으로 바뀌고 이른바 돈이 되는 '핫한' 사업이 되었다. 예전에는 기피 시설, 혐오 시설이란 이유로 도심에서 가능한 한 먼 곳(좋게 말하면 물 좋고 공기 좋은 곳, 사람이 없는 곳)에 주로 숨어 있었던 요양원과 요양 병원을 이제는 번화가나 고층 건물에서도 어렵지 않게 볼 수 있다. 수요와 공급의 법칙 때문일 수도 있고, 무엇보다 수익이 보장되는 사업이기 때문일 수도 있다. 변하는 세상의 변화하는 풍경이라고 생각하면 쓸쓸할 것도 없지 싶다.

이유가 무엇이든 앞으로도 요양 기관은 장소와 지역을 가리지 않고 증가할 것이다. 참고로 2017년 기준 65세 이상 노인 사망자 중 요양 병원과 요양원 입원 기간은 평균 22개월이고[*], 2020년 기준 전체 사망자 중 75.6퍼센트가 요양 병원을 포함한 의료 기관에서 사망했다고[**] 보고되었다. 이 수치는 매해 경신되고 있다. 노인 인구가 증가하는 한편 돌봄 노동을 담당했던 가족이 해체되면서, 혹은 돌봄 노동보다 임금노동이 더 시급해서 등등 이유와 사정은 많을 것이다. 특별한 이유가 없더라도 돌봄 시설이나 요양 기관을 이용하는 사람과 이용 기간은 앞으로 더 많이, 더 길게 증가할 것이다.

주위를 보면 이런저런 이유로 부모를 요양원에 모신 사

[*] "노인 사망 전 22개월 요양 기관 입원… 진료비 1인 4,600만 원", 〈뉴스1〉, 2018년 6월 15일 자.
[**] 신영전, "'최빈도 죽음', 즉 우리가 맞이할 죽음", 〈한겨레신문〉, 2022년 5월 18일 자.

람이 많다. 요양원에 모시지 않고 집에서 돌보고 있다는 사람의 이야기를 들으면 오히려 놀랄 정도다. 대단해 보이지만, 한편으로는 그래도 경제활동을 하지 않아도 먹고살 만하니 효도할 수 있는 거 아니겠냐고, 그게 아니라면 물려받을 재산이 있으니 모시는 거 아니겠냐며 잘 알지도 못하면서 부러워하기도 한다.

　부모의 죽음을 앞두고 후회할 일을 하지 않는 것이 자식의 도리라지만, 사실 무엇을 택해야 후회하지 않을지 확신할 수 있는 사람은 없다. 효도라는 명분으로 자신의 삶을 미뤄둔 채 부모를 돌보는 데 에너지를 쏟는 것, 아니면 더 나은 의료 서비스를 제공하겠다는 명분으로 부모를 돌봄 기관이나 의료 기관에 맡기고 그 비용을 감당하기 위해 일에 집중해야 하는 것 중 어느 쪽이 덜 후회할 선택인지 답할 수 있는 사람은 당사자뿐이기 때문이다.

　죽음을 앞둔 부모를 돌보는 것에 관해 무엇을 상상하든 실제로는 역부족인 경우가 많다. 나는 의학 지식이 없거니와, 지식이 있어도 실천할 용기나 돈이 없다. 게다가 생계를 유지하고 다른 가족을 짊어져야 하다 보니, 모든 것을 제쳐두고 부모의 죽음을 옆에서 지키겠다고 장담할 수도 없다.

할 수 있는 최선은 다른 사람처럼 저렴하지만 시설이 괜찮다는 요양원을 알아보고, 부모를 잘 봐달라고 부탁하며 담당 요양사와 긴밀한 관계를 유지하고 수시로 들여다보는 것일 테다. 다른 건 몰라도 임종은 반드시 옆에서 지켜볼 것이라는 야무진 다짐도 해본다. 하지만 이 모든 것은 어디까지나 내가 원하는 그림일 뿐 정작 부모님이 어떤 마지막을 원하는지 묻지도 들어보지도 못했다. 사실 두려워서 묻지 못했다는 말이 정확하다. 자식이란 고작 이것밖에 안 된다.

엄마의 마지막 길

박희병의 《엄마의 마지막 말들》은 환갑이 넘은 아들이 죽음을 앞둔 90세 노모를 1년 동안 간호하면서 들은 말들을 담담하게 적어 내려간 책이다. 환갑이 넘은 지은이의 입에서 나온 '엄마'란 단어가 어색하면서도, 다른 한편으로는 그것 외에는 어떤 언어로도 치환할 수 없다는 생각에 애틋하다. 엄마. 입 밖으로 터뜨리는 순간 나이와 사회적 지위, 체면을 지워버리고 달려가 안기고 싶어지는 이 아름다운 단어보다 아름다운 말이 또 있을까.

지은이 박희병의 '엄마'는 말기 암과 인지 장애를 판정받고 죽음을 앞둔 상태였다. 마지막 돌봄에 관해 몇 가지 선택지가 있었지만, 어머니가 편안한 죽음을 맞길 바란 지은이는 요양원 대신 호스피스 병원을 선택한다. 그러나 한 병원에 오래 있을 수 없는 의료 시스템 때문에 일정 기간이 되면 전원해야 하는 불편함, 완화 치료 과정에서 발생하는 담당 의사와의 의견 충돌, 죽음을 일상화해야 하는 호스피스 병동 생활은 병마로 고통받는 환자나 환갑이 넘은 보호자 모두에게 녹록하지 않았다.

그런데도 지은이가 요양원을 선택하지 않은 이유는 자존심 때문이었을 수도 있고, 외로운 곳에 어머니를 홀로 둘 수 없다는 죄책감 때문이었을지도 모른다. 적어도 환자를 사물화하는 의료 시스템에 생때같은 '엄마'를 밀어 넣을 수는 없다는 의지 때문에 지은이는 어머니의 마지막을 함께할 수 있었다.

길어야 두 문장에 불과한 엄마의 말들은 그간의 생에 관한 고달픔과 안타까움을, 자식에 대한 걱정과 사랑을, 가족을 두고 먼저 떠나야 하는 설움과 걱정을 담담하게 담고 있다. 특히 누워서도 수시로 아들에게 "밥은 묵나?", "요새 많이 말랐다. 밥은 묵나?", "밥 묵고 가라"라고 묻는 별것 없는 말은 어머니의 표정과 말투와 몸 상태에 따라 매일 다르게 느껴진다. 밥을 먹어야 생을 유지할 수 있으니, 밥을 먹지 않는 건 죽음을 준비하는 일이다. 어머니의 "밥 묵나"라는 질문은 아들에게 하는 말인 동시에 어쩌면 어머니의 마음과 심리 상태를 짐작할 수 있는 말이어서 가슴이 아프다.

"이제 고마 옷 갈아입고 집으로 가자. 안 갈래?"
"집에 가자, 어서 가자, 이 손 잡고 어서 가자."

부모의 죽음을 앞두고 자식이 할 수 있는 것은 두 가지다. 모든 의학의 도움을 끊고 편안하게 죽음을 맞도록 해드리는 것, 아니면 모든 의료의 힘을 동원해서 죽음으로부터 멀어지게 해드리는 것. 둘 다 쉽지 않은 선택이다. 선택이 쉽지 않은 이유는 환자가 무엇을 원하는지 배우자든 자식이든 알 수 없고, 치료와 돌봄을 선택할 수 없는 상태에서 환자의 생명은 오로지 의료진의 의견과 보호자의 판단에 좌우되기 때문이다. 생의 존엄성은 자신이 스스로 선택했을 때 비로소 빛나기에, 보호자가 어떻게 선택한다 한들 환자 당사자의 마음을 온전히 헤아리는 것은 불가능하다. 선택이란 그저 산 사람의 마음을 편하게 해주는 것뿐이다.

예전에는 죽음이 가까워지면 병원에 있던 환자도 집으로 돌려보냈지만, 지금은 병원이나 요양원으로, 이후 장례식장으로 가는 것이 죽음을 맞이하는 순서가 되었다. 특히나 의학이 비약적으로 발전하면서 병원에 대한 의존도는 과거보다 크게 높아졌다. 게다가 노환을 고칠 수 있는 질병 중 하나로 생각하는 사회적 분위기 때문인지 죽음을 늦추기 위해 첨단 의학, 신약 개발에 기대는 것이 당연하고 자연스러운 일처럼 되었다. 경제적 여유만 있다면 최고의 실력을 갖춘 의사와 병원을 찾아다니며 늙음을 최대한 미루는 것을 주저하지 않는다.

그럼에도 나이 들고 질병이 하나둘씩 늘면 어쩔 수 없이 장기간의 병원 신세를 면치 못한다. 병세가 좋아지면 집으로 돌아갈 거라고 생각하면서. 아무리 병원이 안전하고 편하다고 해도 내 집에 가서 편히 눕고 싶기 마련이다. 만약 병세가 악화되거나 돌이킬 수 없게 되면 마지막으로 주변을 정리할 수 있는 시간이라도 갖고 싶은 게 인간의 본능이다. 하지만 결정권이 당사자가 아닌 보호자에게 넘어가기라도 하면 이제는 어떤 의견이든 제시하기가 어려워진다. 자신의 선택이 자녀나 다른 가족에게 부담이 되고 귀찮은 일이라고 말하는 분위기에서 이기적이고 고집 센 늙은이가 되고 싶진 않을 테니까.

그렇게 끝내 집으로 돌아가지 못하고 남은 생을 요양원이나 요양 병원에서 보내는 사람이 늘고 있다. 게다가 코로나19 팬데믹 이후로는 요양원에 계신 부모의 임종을 자녀가 지키는 것도 어려워졌다. 유감스럽지만 이러한 분위기는 코로나19 바이러스가 사라져도 바뀌기 어려울 것 같다. 마음의 준비를 하라는 통보를 받은 사람의 준비된 슬픔보다는 사랑하는 사람의 죽음이 늘 한발 빠르다. 사랑하는 사람의 마지막을 보지 못한 사람의 슬픔도 크지만, 외롭게 떠난 사람의 슬픔도 크다.

요즘은 집에서 죽음을 맞이하는 사람이 별로 없다. 그래서 극단적인 경우를 제외하면 사람들 대부분은 자연적인 죽음을 경험할 기회가 없다. 의학이 발달할수록 죽음이 인생에서 더 멀어지고, 그러니 죽음이 더 두려워지는 것은 어쩌면 당연한 일이다. 태어난 이상 죽음을 피할 수 없다는 것은 너무도 분명한 진실이지만, 가능한 한 외면하고 싶은 게 사실이다.

과학과 문명이 발달하여 탄생의 신비를 배우지만 죽음의 신비는 아무도 가르쳐주지 않는다. 탄생의 두려움은 얼마든지 희망으로 바꿀 수 있지만 죽음의 두려움은 무엇과도 바꿀 수 없기 때문일까. 죽음은 그 자체로도 두렵지만, 그것이 무엇이고 그다음은 무엇이 있는지 몰라서 두렵기도 하다.

내 소원이 엄마에게 닿길

엄마와의 안부 통화는 늘 어디 아픈 데 없냐는 말로 시작된다. 괜찮다는 말이 거짓말임을 알지만 나는 그 말을 믿는다. 아마도 늙고 병들어가는 부모의 모습을 믿고 싶지 않은 나의 이기심 때문일 것이다. 부모가 내 곁에 오랫동안 머물며 떠나지 않길 바라는 마음은 소원이라기보다는 욕심이어서 그런지 걱정과 위로는 늘 짜증 아니면 화로 표현된다. 욕심을 버리면 더 친절하고 더 오래 이야기할 수 있는데, 부모의 죽음을 외면하고 싶은 자식의 욕심이 오히려 부모와 멀어지게 만드는 것 같다.

죽음으로 가는 길도, 그다음도 몰라 두려워하는 내가 엄마 앞에서 죽음을 지켜보며 맞이할 수 있는 용기가 있으면 좋겠다. 더 욕심을 부리자면 내가 아닌 엄마가 원하는 곳에서 마지막 인사를 하고 싶다. 아무 말도 못 하고 울다가 보내는 일도, 남의 손에 맡겨놓고는 생계를 이유로 부모의 고통을 잊고 있다가 죄책감에 가슴을 쥐어뜯는 일도 없으면 좋겠다. 꼭 그랬으면 좋겠다.

III

사는 집이
계급이다

집에 대하여

공생과 기생 사이

"집의 상태를 보고하는 그의 폰 각도가 바뀔 때마다
우리는 빛을 비춘 바퀴벌레처럼 이쪽 벽에 붙었다가
저쪽 벽으로 달아났다가 해야 했다."
— 손원평, 《타인의 집》, 창비

왜 내 집이 아니란 말이오

노동의 가치가 하락하고 돈이 돈을 버는 시대가 도래한
이후 한국 사회에서 부동산, 그중에서도 아파트가 가장 강
력하고 확실한 부의 레버리지로 자리매김했다는 데는 사
람들 사이에 이견이 없다. 과거에는 비싼 집=넓은 집이라
는 공식이 어느 정도 통했지만 지금의 집값은 단순하게 계
산할 수 없다. 지역, 위치, 이름(브랜드 건설사냐 듣보잡 건설

사냐는 가격 형성에 중요한 조건이다), 재개발 가능성 등에 따라 손바닥만 한 집도 부르는 게 값이 되는 경우가 많기 때문이다.

동시에 집에 대한 물리적·심리적 정의 역시 달라졌다. 좀 더 구체적으로 말하자면 자본에 따라 집의 크기와 의미가 쪼개지고 다양해졌다. 긍정적인 부분만큼이나 부정적인 부분도 많이 발생했는데, 그중에서도 일인 가구가 급증하면서 집의 전체 수가 늘어났다지만 질은 무척 낮아졌다. 집이라는 이름 대신 방의 개수에 따라 원룸, 투룸으로 불리는 곳에 사는 사람이 급증했다. 욕실과 주방이 딸린 원룸에 사는 것은 그나마 형편이 괜찮은 정도고, 방 이외의 모든 것을 다른 사람과 공유해야 하는 고시원이나 셰어하우스에 사는 경우도 흔하다.

집을 선택할 때는 신중해야 한다. 특히나 '빚끌'도 모자라 '영끌'해야 하는 상황이라면 말할 것도 없다. 최소 투자로 최대 이익을 끌어낼 수 있는 집을 찾아 영리하게 머리를 써야 하는 건 필수다. 가능한 한 초역세권, 좀 어렵다면 역세권, 그것도 어렵다면 옆세권(역세권 옆에 있어 호재의 이익을 누리는 지역)에 있는 집을 사야 한다.

혼자서 벌고 혼자서 쓰는 것만으로도 버거운 개인이 방 세 개, 거실 하나, 욕실 두 개의 '국민주택형' 집을 얻는 일은 로또 당첨에 가까운 행운이 따르지 않으면 불가능해 보인다. 정책적 배려가 필요한 계층을 지원하기 위한 특별 공급이나 특별 전형이라는 이름의 제도가 있지만 이 제도야말로 보통 특별하지 않고서는 넘사벽이나 마찬가지다. 즉, 태어나서 한 번도 집을 가져본 적 없고, 교환가치가 있는 재산이 없으며, 부양해야 할 가족은 많다는 것을 서류를 통해 증명해야 한다. 이러한 서류는 수치화, 점수화되어 당락을 결정한다. 꼴랑 1점이 훗날의 벼락부자와 벼락거지를 가르는 결정적 점수가 되기에 어떻게 해서든 나의 불우함을 증명하는 서류가 많을수록 유리하다. 제발 떨어져라, 가벼워져라 하며 기도했던 가난과 책임의 무게도 쓸모가 있으니 다행이라면 다행인가. 뿌듯함보다 쓸쓸함이, 설렘보다 박탈감이 느껴진다.

영리한 집을 구합니다

손원평의 단편소설집 《타인의 집》에 실린 동명의 단편

소설 〈타인의 집〉은 여러 등장인물이 셰어하우스에 거처를 얻으면서 벌어지는 해프닝을 담은 소설이다. 주인공 시연을 포함한 등장인물들은 이 집에서 쫓겨나지 않기 위해, 그리하여 집이 주는 각종 혜택을 오랫동안 누리기 위해 남보다 못한 가족의 모습을 시전한다. 그 방식이 기발하면서도 한편으로는 너무나 현실적이어서 짠할 정도다.

주인공 시연에게 필요한 건 '내 몸 하나 누일 수 있는' 안락한 집 너머 '그럴듯한' 집이다. 이를테면 텔레비전 드라마에 흔하게 나오고 20대 시절 내가 꿈꾸었던 '턱도 없는 집' 말이다. 당연(?)하겠지만 시연에게는 그런 집을 구할 능력이 없었다. 그런데 기회가 찾아왔다. 그것도 저렴한 가격으로. 하지만 세상에 공짜가 어디 있겠는가. 싸고 좋은 물건은 없듯이 싸고 좋은 집도 없다.

집주인 자격은 있지만 정작 그 집에 자기 방은 없는 주인 아닌 주인 같은 쾌조와 계약하려는 방이 '망자의 방'이라고 고지받자 시연은 아주 잠깐 고민한다. 그러나 그럴듯한 집을 구할 수만 있다면 그 정도의 찜찜함 정도는 기꺼이 감수할 수 있다고 확신한다. 그 찜찜함이 결과적으로 이익을 가져다줄 것이라는 희망이 있기 때문이다. 물론 희망이란 놈은 비과학적이고 지극히 주관적인 믿음에 불과해 로또처럼 하나도 맞지 않아서 문제지만 말이다. 그러고 보면 시연에게 집은 생존과 과시 사이의 어디쯤 놓여 있는 듯하다.

사실 시연은 몇 년 전 파혼했다. 파혼의 이유는 분명했다. 제2의 인생의 시작이라 할 수 있는 결혼 생활을, 내 집이 아닌 예비 남편의 부모 집에서 합가라는 이름으로 기생하며 시작해야 한다는 것을 수용할 수 없었기 때문이다. 장거리 연애 끝에 길에다 돈 쓰느니 결혼하는 것이 낫겠다며 결혼을 결심했지만, 예산을 훌쩍 넘는 집값이 두 사람의 발목을 잡았다. 남자친구는 부동산 시장이 잠잠해질 때까지 자기 부모와 공생하는 방안을 제안했고, 시연은 끝내 거절했다.

시연에게 결혼이란 사랑의 끝이 아니라 인생의 시작이었다. 그리고 시작은 시작다워야 한다는 것이 시연의 생각이었다. 시작다워야 한다는 것은 무슨 뜻일까. 타인의 개입이 없어야 한다는 뜻일 테다. 개입은 언제든 타인이 내 권리를 박탈할 수도 있음을 뜻하기 때문이다. 시작부터 지고 들어가는 게임에 '윈-윈'은 없다는 게 시연의 생각이었다.

'우선'은 부모님 집에 살면서 현실의 고통을 피해보자는 남자친구의 말에 시연은 정이 떨어졌다. '우선'은 자신의 권리를 야금야금 박탈할 명분으로 툭하면 쓰일 것이 뻔했기 때문이다. 결국 새로운 시작이 주는 권리를 포기할 수 없었던 시연은, 부모의 자본에 편입되길 바라는 남자친구에게 실망하여 파혼을 선언한다.

시연이 원하는 집은 타인의 간섭을 받지 않되 타인과 너무 멀어지지 않는 공간, 영리한 관계를 유지할 수 있는 공간이다. 원할 때 분리되고, 원할 때 적당히 친밀해질 수 있는 관계 말이다. 남자친구네 집은 외롭지 않지만 간섭과 눈치를 견뎌야 하는 감시의 공간이다. 반대로 고시원은 사방이 벽으로 밀폐된 사적 공간이지만 내 존재를 드러내는 순간 민폐가 되기에 고립의 공간이다.

많은 일을 겪은 시연은 편입이나 순응 모두 결과적으로 손해임을 깨닫고, 그 깨달음을 바탕으로 영리한 집을 찾아다닌다. 그리고 운 좋게 원하는 집(에 가까운 방)이 나타났다. 시세보다 훨씬 저렴한 가격, 집 주변의 각종 편의 시설은 자신이 꿈꿔왔던 공간에 가깝다. 거실을 통해 방에 들어가면 욕실까지 딸려 있어 남 보기엔 원룸이 아니라 어엿

한 집이다. 게다가 역세권, 슬세권에 속해 있어 사람들과 멀어지지 않으면서 일상을 즐길 수 있다. 사람들은 내가 어느 아파트에 사는지 궁금해하지, 어느 방에 사는지는 궁금해하지 않을 테니 내가 입을 열지 않는다면 타인의 부러움은 '하이 리스크'에 따른 썩 괜찮은 '하이 리턴'이다.

집주인 쾌조를 중심으로 또 다른 세입자인 재화, 희진 그리고 시연의 이해관계가 지속 가능해지기 위해 지켜야 할 규칙은 하나다. 자신이 지불한 것만큼만 누리는 것. 다른 방의 세입자인 희진과 재화가 매일 다투는 이유는 뻔하다. 자신이 지불하지 않은 것을 탐했기 때문이다. 각자도생과 마이웨이가 디폴트인 이 집단에서 살아남는 방법은 두 가지다. 기회주의자가 되거나, 철저한 자본주의자가 되거나.

그런데 각자도생 원칙을 버리고 협력해야만 하는 사건이 발생한다. 진짜 집주인이 등장했기 때문이다. 쾌조가 만들고 세입자가 동조한 편법적 계약이 들키지 않으려면 이들은 가족이 되어야 했다. 쾌조와 재화는 남매로, 시연과 희진은 재화의 친구가 되어 남의 집, 즉 타인의 집에 놀러 온 손님 행세를 해야 했다. 시연은 이 집에 사는 대가를 치렀다고 생각할지 모르지만, 어디까지나 남이 빌린 집의 일부를 다시 빌린 불법에 가까운 계약자에 불과하다.

그런데 집주인이 다른 예비 집주인을 초대하고는 이 집을 팔 것이라고 예고한다. 예비 집주인은 집 곳곳을 누비며 마치 집주인처럼 행세한다. 그가 휴대전화 카메라를 들이댈 때 카메라에 잡히지 않기 위해 피하는 자신들의 모습이 마치 '빛을 피해 도망가는 바퀴벌레' 같다는 시연의 표현은 소설의 핵심이라면 핵심이다.

나의 선택과 타인의 결정

쾌조와 시연, 그리고 희진과 재화에게 집을 잃고 길거리를 떠돌 수도 있다는 문제는 현실이 될 수도 있고, 결코 일어나지 않을 상상에 불과한 것일 수도 있다. 이 문제를 해결할 수 있는 사람은 오로지 자본을 가진 그 누군가다. 주인이 바뀐다고 해도 시연은 지금처럼 문제없이 슬리퍼를 신고 스타벅스에서 커피를 마시며 쇼핑할 수도 있고, 반대로 보증금도 돌려받지 못하고 빈털터리로 고시텔로 돌아가 숨죽이며 살아야 할 수도 있다. 시연의 운명은 오로지 사슬처럼 엮인 타인과의 관계로 규정된다. 시연이 사는 그

곳이 내 집인지 아니면 타인의 집인지는 시연 자신이 아니라 타인의 결정에 달려 있다. 자신의 자본으로 집값을 치른 사람이 들어와 살지 않는 이상 이 집은 영원히 '타인의 집'으로 남아 있을 것이다. 그리고 이 집에서 살아가는 인물들은 공생과 기생 사이를 오가며 일상을 보낼 것이다.

극단적 자본주의 사회에서 극적인 이벤트가 일어나지 않는 이상 대부분의 평범한 사람들은 '타인의 집'에서 또 다른 '타인의 집'으로 옮겨 사는 과정을 반복한다. 우리가 타인의 집에 기생하며 사는지, 아니면 타인의 집에서 공생하며 타인의 재산 불리기에 기여하는지 알 수는 없지만, 확실한 것은 그 안에서 일상을 살아가야 한다는 것이다. 기껏해야 할 수 있는 일은 조금이라도 낮은 금리를 쳐주는 은행을 찾아 대출을 갈아타거나, 경매로 싸게 나오는 집을 기다렸다가 운 좋게 낚아채는 것 정도다. 그러나 종종 나의 기쁨이 누군가의 슬픔이 된다고 생각하면 기분이 썩 좋지 않다. 타인의 파멸로 먹고사는 삶이 공생인지 기생인지는 누구도 쉽게 말할 수 없으니 말이다.

공생과 기생은 사실 내가 정하는 것이 아니라 타인이 정해주는 것이고, 유감스럽게도 우리는 입으로는 공생을 말하면서 몸으로는 기생을 피할 수 없는 슬픈 자본주의적 인간에서 벗어나기가 쉽지 않을 것 같다.

집 떠나면 다 어른

"어떤 사람이 어른인 줄 아니?
자기 힘으로 살아보려고 애쓰는 사람이야."
— 유은실, 《순례주택》, 비룡소

어른이 되어도 독립하기 어려운 이유

우리 사회의 보편적 가족 형태는 부모와 그 자녀로 구성된 핵가족이다. 이들은 물리적, 심리적으로 가장 가깝고 오랜 시간을 함께 지내는 까닭에 가장 편한 사이지만, 그런 이유로 가장 쉽게 상처를 주고받기도 한다. 또한 가족 구성원의 수가 적다 보니 서로가 서로에게 의지하는 밀도가 다른 집단에 비해 높기에 자식이든 부모든 부양에 대한 부담도 크다. 특히 자식의 성공 여부는 부모의 역량에 달려 있다는 믿음은 종종 부모에게 과도한 권력을 부여하며 자식을 독립된 주체로 인정하지 않도록 만든다. 자녀 입장이라고 해서 크게 다르지 않다. 부모의 그늘이 길어질수록 신체적·정신적 독립에 대한 의지는 약해진다. '부모 찬스'는 많고 클수록 좋다고 생각하고, 부모 찬스와 자신의 능력을 등가로 여기며 부모와 자신을 분리하지 못한다.

또한 핵가족의 장점은 동시에 가장 큰 단점이기도 하다. 가족 구성원 사이의 높은 친밀감과 유대는 반대로 외부인과의 관계에서 배타성으로 드러나기 때문이다. 그러다 보니 가족이 없는 사람은 불가피하게 소외감이나 상대적 박탈감을 느낀다. 특히나 가족 형태가 아닌 다른 형태로 성장하거나 이런저런 사정으로 인해 너무 빨리 독립한 경우, 경제적으로나 물리적으로 자립할 조건을 갖추지 못한 경우에는 도움을 받을 만한 조력자나 어른을 만나기 쉽지 않다. 대부분의 사회보장 시스템은 개인보다 가족 단위로 제도화되어 있고, 미성년자는 반드시 성인 보호자를 대동해야 하는 경우도 다반사다. 친인척이 있다면 그나마 운이 좋은 경우라고 할 수 있지만 현실적으로 핵가족이 보편화된 한국 사회에서 친인척의 끈은 생각만큼 단단하지 못한 것도 사실이다.

결국 경제적, 물리적으로 자립할 조건을 갖추지 못한 청소년이나 사회에 막 진입한 성년은 조력자가 없어 시행착오를 온몸으로 겪어야 하는 경우가 다반사다. 사회 공공 서비스의 문턱도 높은 탓에 정당한 복지 혜택을 누리기 위해 불법과 편법 사이에서 위태롭게 일상을 유지하거나 아예 이 모든 것을 포기하고 외부로부터 고립된 생활을 하기도 한다.

앞서 짧게 언급했지만 부의 대물림 현상이 고착화되면서 부모의 경제력에 따른 자녀 양육과 교육 방식이 잠재적 재테크이자 새로운 파이프라인이 된 지 오래다. 부모의 관심과 경제적 지원이 자녀의 성공을 좌우한다고 믿고 실제로 그렇게 굴러가며 유지되는 우리 사회의 모습은 다른 어느 나라보다 강력한 아우라로 작용한다. 이러한 분위기 아래서는 자녀와 부모가 진정한 독립의 필요성이나 가치를 느낄 수 없다. 더 정확히 말하면, 느낄 필요가 없다.

한국 사회에서 부모는 대개 자녀가 경제적으로 독립할 조건을 갖출 때까지 양육과 주거 그리고 교육을 책임진다.

빠르면 대학에 진학하면서, 보통은 직장을 구하면서 자녀는 경제적으로 독립하고, 결혼하고 새로운 가족을 꾸리면서 물리적·심리적 독립을 이룬다. 그러나 내 주변을 보면 경제적으로 독립할 조건을 갖추었거나 새로운 가족을 꾸렸다고 해서 부모로부터 완전히 분리되는 경우는 생각보다 흔치 않다.

법적 성인이 되고 경제적 독립이 가능한데도 자식이 부모 집을 떠나지 않는 가장 큰 이유는 부모 곁을 떠나 사서 고생할 필요가 없다고 생각하기 때문이다. 혼자 쓰기도 빠듯한 연봉을 받는 처지에 부모가 무료로 제공하는 집을 나와 봤자 몸 고생, 마음고생만 하지 얻을 게 없다는 현실적인 계산이다. 엄마가 해준 밥은 정말 맛있기도 하겠지만 사실은 공짜라서, 무한 리필이 가능해서, 눈치 안 보고 먹고 싶을 때 먹을 수 있어서, 먹기만 해도 "아이고, 먹는 것도 복스럽네" 하며 특급 칭찬을 받을 수 있어서 맛있는 것인지도 모른다.

자식만큼이나 부모 역시 자식의 독립을 쌍수 들고 환영하지는 않는다 결혼이나 출산 같은 명분이 있지 않은 이상 자녀의 독립을 격려하거나 응원하기보다는 걱정과 우려를 많이 한다. 소소하게는 끼니와 건강을 걱정하고, 혹시나 허락 없이 '못된' 연애라도 해서 앞길이라도 망치면 어쩌나 싶어 자녀의 친구나 애인 전화번호를 저장하고는 비상연락망을 핑계로 자식의 인간관계를 관리하고 통제한다.

퇴근하고 돌아와 밥을 먹는 다 큰 자식 맞은편에서 부모는 오늘은 누구를 만나 무엇을 했는지 묻고, 잘했니 잘못했니 하며 하루를 평가한다. 자식이라고 해서 부모의 관심이 마냥 좋을 리는 없다. 집밥을 공짜로 얻어먹는 대가이니 묵묵히 참고 듣지만, 그 나이 먹도록 '엄마 말 안 들으면 혼난다'라는 잔소리를 듣고 있으면 자기 검열과 동시에 자괴감이 밀려온다.

결혼하더라도 이러한 풍경은 크게 달라지지 않는다. 자타가 인정하는 커리어우먼도 결혼하거나 출산하는 동시에 친정 근처로 이사하고, 여의치 않으면 시가의 눈치를 살피며 아이를 맡기고, 화장기 없는 얼굴로 출근하며 동료와 상사의 눈치를 보기 십상이다. 양가 부모가 없었으면 어쩔 뻔했냐며 한숨을 돌리면서도 한편으로는 자기 처지를 한탄한다. 남들 부모는 애도 봐주고, 집이나 차 사라고 목돈을 턱턱 쥐여주던데 우리 엄마 아빠는 왜 그렇게 못 하나

아쉬워한다. 아무리 능력이 있어도 물려받을 게 없어서 일할 수밖에 없는 자신이 세상에서 제일 불쌍하다고 생각한다. 자기 힘과 능력만으로는 잘살 수 없는 세상이기에.

하지만 돌이켜 생각해보았을 때 한 번이라도 오로지 나의 힘으로 부모나 세상으로부터 독립해보겠다고 진심으로 애쓴 적이 있던가. 남 보기에 초라할 것을 걱정하며 자발적 가난보다 남에게 기대는 허세를 선택하지는 않았는가. 부끄럽지만 나 역시 자신 있게 아니라고 대답하지 못한다. 기회만 되면 비빌 언덕이 없나 매의 눈으로 살피고, 혹시나 엄마가 나를 위해 거금을 넣어둔 통장은 없는지 두리번거리면서도, 부모 잘 만나 호강하는 사람만 보면 시기와 질투를 꼭꼭 숨기고 겉으로는 언제 어른이 될 거냐며 어른인 척 쓸데없는 말만 늘어놓기 때문이다.

그런데 여기, 당당하게 그렇다고 말할 수 있는 사람이 있다. 바로 순례주택에 사는, 고작 열여섯 살밖에 되지 않은 오수림이다.

요구하는 관광객, 감사하는 순례자

거북로 12길 19에는 '힐 포레스트 에듀파크 센트로 메트로 시티빌'(이런 아파트가 있을까 의심하겠지만, 똑같지는 않아도 이름의 길이가 비슷한 아파트가 꽤 많다!)에 버금가는 집이 있다. 좋게 말하면 주상복합이고, 사실대로 말하면 다세대주택이다. 이름은 순례주택. 순례 씨가 건물주인 주택이다. 주상복합이니 만큼 1층에는 미용실과 분식집 등 상업 시설이 있고 각 층마다 두 세대씩 살고 있다.

순례주택의 입주 경쟁률은 거짓말 좀 보태서 강남 한복판에 분양한다는 아파트 청약률을 찜 쪄 먹는다. 나가려는 사람은 없는데 들어오고 싶은 사람은 넘쳐나기 때문이다. 사람들이 순례주택에 입주하고 싶어 하는 이유는 무엇보다 월세가 저렴하기 때문이고, 그다음 이유는 한번 들어가면 몇 년이 지나도 월세가 오르지 않기 때문이다.

순례주택에 들어온 사람들의 처지는 적당히 슬프고 적당히 즐겁다. 견딜 만큼 가난하고, 힘들다고 할 만큼 열심히 산다. 1층 미용실을 운영하며 홀로 자식 둘을 키운 조 원장이 그렇고, 예순넷에 요양보호사 자격증을 따서 취직을 준비하는 홍길동 씨가 그렇고, 아침마다 순례주택을 청소하고 알바비를 벌어 생활하는 박사님 허성우가 그렇다. 하나같이 순례주택을 딛고 일어선 사람들이다.

순례주택 건물주 순례 씨의 최측근 오수림은 열여섯 살 중학생이다. 입주하기 어렵다는 순례주택에 오수림이 입성한 것은 아이러니하게도 가족과 잘 지내지 못한 덕분이다. 부모의 그늘에서 벗어날 생각조차 하지 않는 나약한 엄마와 아빠, 그 아래서 자신의 권리만 깨알같이 챙기는 언니 오미림은 오수림에게 남보다 못한 관계다. 예쁘고 멋지고 좋은 건 모두 제 것으로 챙기고, 창피하고 부끄러운 것은 오수림에게 미루는 사람들.

사건은 철없는 오수림네 가족이 원더 그랜디움에서 쫓겨나면서 시작된다. 그것도 가족이라고 당장 살 곳이 없어지자 오수림은 순례에게 부탁을 한다. 순례와 20년간 장기 연애를 한 당사자이자 오수림 엄마의 아버지였던 박승갑 씨가 살았던 201호를 자기 가족에게 빌려줄 수 있겠느냐고. 마치 가족에게 어른이 될 기회를 줄 수 있냐고 묻는 것 같다. 오수림의 진정성을 간파한 순례는 기꺼이 오수림 가족에게 어른이 될 기회를 준다. 하지만 오수림을 제외한 가족은 순례와 수림의 깊은 뜻을 알 리 없고, 가만히 앉아 구원자가 나타나기만을 기다린다. 그러면서 그동안 고통을 피하기 위해 순례주택으로 관광을 떠난다. 이를테면 오수림을 가이드로 하는 관광 말이다.

　오수림의 가족은 순례주택에 잠시 머무르기 위해 온 관광객이나 마찬가지다. 관광은 모든 것이 쾌적하고 만족스러워야 하지만 오수림의 가족에게 순례주택이 마음에 들리가 없다. 창문을 열면 들리는 시끄러운 소리, 음식물 쓰레기 냄새, 바람이 들지 않는 더운 공기. 만약 내돈내산이었다면 당장 '환불각'이다.

　게다가 감사와 인내는 오수림네 가족에게는 탑재되지 않은 개념이다. 엄마와 아빠, 그리고 오미림은 그동안 자신들이 누리고 살았던 유복한 환경은 당연한 것이지 감사할 일은 아니라고 생각한다. 또한 남들보다 더 많이 누리지 못한 이유는 자신들을 책임져야 하는 사람들이 제대로 책임지지 않았기 때문이지 자신들 때문이 아니라고 믿어 의심치 않는다. 그렇게 눈치 없는 '마흔일곱 짤' 아빠와 철없는 '마흔세 짤' 엄마는 자신을 책임지지 않은 부모를 원망하고, '열일곱 짤' 오미림에게는 엄마 아빠가 다 알아서 할 테니 BMW 미니를 타고 도시를 달릴 생각만 하라며 되지도 않는 꿈과 희망을 불어넣는다. 오미림이 철들 기회를 뺏은 인물은 엄마와 아빠다.

철없는 것도 환장할 일인데, 오수림의 엄마와 아빠는 틈만 나면 거북마을 사람들의 재산에 쓸데없이 관심을 둔다. 순례주택에서 나오는 수익을 따져보고, 쓰러져가는 방앗간 건물의 시세를 알아본다. 그리고 그것을 물려받을 누군가를 부러워한다. 동시에 그런 재산을 물려줄 부모가 없는 자신의 처지를 억울해한다. 고통스러운 현실을 잊기 위해 (사실은 도망치기 위해) 놀러 온 관광객 모드로 생활하기로 했으면 적당히 놀다 갈 것이지, 여기서 몇 년을 산 주민보다 불만은 훨씬 많고, 자신들과는 아무런 관계가 없는 마을 주민들 재산에 관심을 쏟는 이런 오지라퍼 관광객도 없지 싶다.

순례주택이 순례자의 숙소인 알베르게라면 순례주택 주민들은 쉬어 가는 순례자들이다. 그러나 순례주택은 순례자들에게 단순한 쉼터를 넘어 성지에 가깝다. 이곳이 없었다면 인생을 비관하며 고행을 포기하거나 더 고통스러운 고행의 길로 빠져버렸을지도 모를 일이기 때문이다. 그렇기에 그들은 자신을 선택하고 쉼터를 내어줬으며 오랫동안 변하지 않고 순례주택을 지켜준 김순례에게 진심으로 감사한다.

한편 김순례는 순례자들에게 쉴 수 있는 공간을 내어줄 수 있다는 것, 그들이 순례주택을 통해 고행을 견디고 일어설 수 있는 것에 감사한다. 하다못해 여전히 정신 못 차리고 떡고물에만 관심 있는 오수림의 가족에게조차도 감사하다고 말한다. 그래도 삶을 포기하지는 않았으니 얼마나 감사한 일이냐며.

태생이 대인배라서, 갓생을 즐기는 사람이라서 그럴 수도 있다며 김순례라는 인물에 대해 쉽게 말하고 싶진 않다. 쥐뿔도 가진 것 없이 처음부터 대인배인 사람이 어디 있고, 남 보기에나 좋지 피곤하기 짝이 없는 갓생이 좋아서 사는 사람이 얼마나 될까.

김순례가 다른 사람과 다른 점이 있다면 그저 마음과 다른 말이나 행동을 하지 않을 뿐이다. 싫으면 싫다고 말하고, 틀렸으면 아니라고 표현하고 엄중히 경고한다. 원칙이 있고 그것을 어기지 않으면 모든 것은 물 흐르듯이 자연스럽게 흘러간다는 것이 김순례의 유일한 신념이다. 적어도 순례주택에서는 이 신념을 누구도 훼손하지 않는다. 원칙을 비웃고, 내 편이 아니면 모두가 적이라고 손가락질하고, 돈이 무서운 줄 알면서도 우스운 줄은 모르는 세상에서 순례주택이 유독 빛나는 이유는 이곳을 거쳐 간 사람 모두가 이 과정을 거치며 제대로 어른이 되었기 때문이다.

쓸모없는 고생은 없다

쇼핑 앱, 배달 앱, 데이트 앱, 소셜 네트워크 서비스 앱만 있으면 일주일이고 한 달이고 집 안에만 있어도 시간 가는 줄 모르고 불편한 것도 없는 완벽한 세상이다. 게다가 돈을 지불하는 사람이 나인 이상 나는 영원한 갑이다. 이보다 좋은 세상은 없다. 손끝만 잘 놀리면 갑이 되고 괜찮게 살 수 있는데 뭐 하러 집 밖에 나가서 사람들과 만나 기 빨리고 돈 뜯기며 더러운 꼴을 보겠는가. 집 떠나면 개고생하는 것은 확실하다.

하지만 개고생이 주는 기쁨과 슬픔은 돈 주고도 살 수 없다. 배달 앱은 노동자의 땀과 보람을 보여주지 못하고, 소셜 네트워크 서비스 앱은 부자보다 평범한 사람이 더 많다는 사실을 보여주지 않는다. 극단적으로 아름답거나 혐오스러운 것을 보여줄 뿐이다. 데이트 앱은 상대가 좋은 사람인지 나쁜 사람인지 알려주지 않는다. 평범한 사람이 훨씬 많다는 사실을 깨닫거나, 상대가 좋은 사람인지 나쁜 사람인지를 알려면 휴대전화 앱을 닫고 집 밖으로 나와야 한다.

싫지만 개고생을 해야 한다. 나답게 살고 싶다면, 오롯한 내가 되고 싶다면.

혹시 엄마나 아빠가 모두 해줄 테니 너는 꽃길만 걸으라며 이불을 꾹꾹 눌러 덮어주는 부모님 아래서 살고 있는가. 그 이불은 이제 그만 걷어차길 추천한다. 몸만 큰 어른이 되어서는 밖에서 아무런 말도 못 하고 집에 와서 이불킥이나 하는 사람이 되고 싶지 않다면 말이다.

장담컨대 집 떠나서 하는 개고생은 죽을 때까지 써먹고도 남을 만큼 엄청난 밑천이다.

특명: 세권에 진입하라

역세권이 아니라면 옆세권이라도

어디에 살고 싶은가? 5분만 걸으면 지하철을 탈 수 있는 역세권? 단지 내에 학교와 학원을 품고 있는 학세권? 슬리퍼를 신고 나가도 모든 것을 해결할 수 있는 슬세권? 걸어서 스타벅스에 갈 수 있는 스세권? 그런 곳들은 집값이 비싸니 진작 포기했고 그저 도보 10분 거리에 마을버스 정류장이라도 있으면 좋겠다고 소박한 꿈을 품고 있다면 그러지 마시라. 각종 세권에 속하지는 못하더라도 세권 '옆'에 있어서 예비 세권으로 자처하며 혜택을 누릴 수 있는 '옆세권'도 있으니 말이다. 말장난하지 말라니? 너무 억지라니? 무슨 소리! 중요한 것은 세권에 입성한 나 자신이지 세권의 종류가 아닌걸.

세권勢圈. 세력이 미치는 범위다. 무리 짓고 살 수밖에 없는 나약한 생명체(우리는 이런 생명체를 인간이라 부른다)일수록 세권은 중요하다. 그러나 아무나 세권에서 살 수는 없다. 범위는 한정되어 있고, 진입하고 싶어 하는 사람은 많으니까. 그러다 보니 세권은 그야말로 전쟁터고 정글이다. 자칫 잘못하다가는 순식간에 세권 밖으로 밀려난다. 운이 좋아 세권에 입성했다 할지라도 유지할 능력이 없거나, 세권을 영리하게 이용하지 못하거나, 세권의 변화에 민첩하게 대응하지 않으면 벼락거지가 되어 변두리로 밀려나기 십상이다. 그럼 어떻게 해야 세권에 진입할 수 있고, 그 바운더리 안에서 버틸 수 있을까.

첫 번째, 영리한 자본 증식 수단을 찾아야 한다. 어떤 레버리지가 가장 큰 수익을 안겨줄지 계산하고, 어디에 파이프라인을 갖다 대면 부수입이 생길지 고민해야 한다. 뭐,

3대가 먹고살아도 남을 만큼 여유 있고 능력도 된다면 부의 사다리를 대차게 걷어차도 상관없지만, 유감스럽게도 자신이 모은 재산이 허투로 쓰일까 봐 전전긍긍하는 부자는 봤어도, "이만하면 됐다"라며 진심으로 밀려드는 돈을 거부하는 부자는 아직까지 보지 못했다.

돈의 힘을 잘 아는 사람들은 머리와 돈을 동시에 굴린다. 내가 가진 자본 수단 중 어떤 것이 가장 큰 이익을 가져다줄지, 누가 유익한 정보를 물어다 줄지, 어떤 정치인이 나의 금쪽같은 재산을 지켜줄지를 생각하며 쉬지 않고 계산기를 두드린다. 이때 중요한 것은 계산기를 두드리며 자본 증식에 심취해 있는 나의 모습을 다른 사람에게 드러내지 말아야 한다는 것이다. 윤리도 철학도 없는 천박한 자본주의자로 오해받을 수 있으니 말이다. 자고로 자신의 셈법을 드러내지 않는 것이야말로 진정한 교양 있는 지성인의 미덕이다.

두 번째, 세권에 걸맞은 교양을 갖춰야 한다. 이 말은 곧 세권에 어울리는 사람이 되어야 한다는 뜻이다. 사는 곳이 곧 그 사람의 경제 수준이자 교양 수준이자 가정환경 수준을 평가하는 대표적 지표가 된 지 오래다. 예를 들어 강남

주민은 다른 지역 사람보다 경제적으로 여유 있는 사람, 표준어를 쓰는 수도권 사람은 사투리를 쓰는 지방 사람보다 교양 있는 사람, 유명 브랜드 아파트에 사는 아이는 경제적으로 안정된 부모 아래서 가정교육을 잘 받은 아이로 인식되곤 한다. 누군가는 꼭 그렇지는 않다며 이른바 케바케를 말하지만, 그래도 서울, 그래도 강남, 그래도 브랜드 아파트에 사는 사람은 뭐가 달라도 다르다며 서울 사는 친구, 강남 사는 언니, 고급 브랜드 아파트에 사는 아이 친구를 예로 들며 성급한 일반화의 오류를 범하곤 한다. 그러면서 동시에 그들과의 친분을 과시하는 것도 빼먹지 않는다. 그러나 친하다는 이유만으로 자신이 그들과 같은 레벨이 될 수 있다는 착각이야말로 성급한 오류라는 건 안 비밀이다.

우연이나 선택 때문에 이들과 관계를 유지하게 될 경우 나도 이들처럼 교양 있게 행동해야 한다는 강박이 생기고, 이 강박은 자신을 끊임없이 단속하고 검열하도록 만든다. 언젠가 저들이 사는 세권에 편입될 수 있길 바라고, 혹 편입될 수 없다면 그렇게 보이고라도 싶어 그들의 외모, 생활 습관, 하다못해 소비 방식까지 맞춰 자신의 몸과 마음을 여기 붙였다 저기 붙였다 하며 해체한다. 가랑이가 찢어지고 과부하가 걸릴 것 같지만 참아야 한다. 세상에 공짜가 어딨겠는가. 타인의 평판은 얻는 게 아니라 만드는 것이고, 교양은 타고나는 게 아니라 관리하는 것이다.

세 번째, 경제적 이익 앞에서 부끄러움쯤은 타인의 몫으로 돌릴 줄 알아야 한다. 보통 사람이라면 자신의 말과 행동이 일치할 때 뿌듯하고, 다를 때 부끄럽기 마련이다. 그러나 인간은 기본적으로 이기적이고 정치적인 동물이라 말과 행동이 다른 것을 아주 이해 못 하는 것은 아니다. 이 원칙을 지키는 것이 얼마나 힘들었으면 먼 조상님들이 언행일치라는 사자성어를 만들어 대대손손 물려주셨고, 우리 후손은 그 정신을 이어 내로남불이라는 신박한 신조어를 만들었겠는가.

부끄러움을 느끼지 않는 가장 쉬운 방법은 순진한 척하는 것이다. 못 본 척, 아닌 척, 모르는 척. 그래도 부끄러우면 다른 사람에게 부끄러움을 나누어주거나 전가하면 된다. 너도 나와 같지 않냐고. 나만 속물이 아니라 너도 속물이라고.

속물이 나쁜 진짜 이유는 혼자 속물이 되고 싶지 않아서 타인을 물고 늘어지며 모두를 나쁘게 만들고는 결과적으로 자신은 나쁘지 않다고 말하기 때문이다. 속물이 전가한 부끄러움은 또 다른 타인의 몫이 되고, 돌고 돌아 자기 몫으로 돌아온다는 건 한 번이라도 경험해본 사람이라면 다 아는 진리다. 누군가가 나에게 속물이라고 말했을 때 아니라고 당당하게 말한 적보다는 어떤 말로 대꾸해야 할지 몰라 당황해서 움찔거리거나 마른 입술을 훔친 적이 더 많지 않은가.

그러나 안심하시라. 나만 그런 게 아니니. 너도 속물이지 않냐는 비난으로부터 자유로운 사람은 거의 없다. 그 이유는 현대사회에서 선한 것과 악한 것, 좋은 것과 나쁜 것, 이익과 손해는 절대적인 것이 아니라 상대적이기 때문이다. 나에게 좋으면 선한 것, 좋은 것, 이익이고 나에게 나쁘면 악한 것, 나쁜 것, 손해다. 그것이 무엇이든 간에. 결국 남는 것은 더 나쁜 속물과 덜 나쁜 속물뿐이다.

우리의 자산을 깎아내리려는 자

조남주의 《서영동 이야기》는 서영동에 있는 아파트에

157

사는 사람들의 이야기다. 서영동 주민들의 최고 관심사는 당연히 아파트 가격이다.

아파트는 여러 의미로 공동주택이다. 큰 건물을 여러 공간으로 나누고 그 안에 수십 명이 산다는 점에서 공동주택이고, 아파트 가격은 주민이 책정하는 것이 아니라 암묵적인 공동 합의로 정해진다는 점에서 공동 가격 주택이다. 그러다 보니 어느 집이 급매로 싸게 나왔다는 소문이 들리면 모두 기가 막혀 한다. 아무리 급매라지만 가격을 너무 후려쳐서 내놓은 것 아닌가. 어떻게 개인주택도 아니고 공동주택에 살면서 그렇게 이기적인 생각을 할 수 있지?

공동주택인 아파트의 경우 옆집 가격은 곧 내 집 가격이기도 하다. 만약 옆집이 비싸게 팔렸다면 내 집도 비싸게 팔릴 가능성이 있다. 당장 내 손에 현금이 쥐어진 것도 아닌데 갑자기 재산이 불어난 느낌이다. 계좌 잔액에 '0'이 하나 더 찍힌 것마냥 괜히 뿌듯하다. 하지만 반대로 옆집이 말도 안 되게 싸게 집을 내놓으면 상황이 달라진다. 생각 없는 옆집 때문에 내 집값도 후려쳐질지도 모른다는 두려움이 밀려온다. 이것보다 무서운 공포는 없다. 분노가 대장 끝에서부터 치민다. 생각 없고 이기적인 주민의 행동으로 금쪽같은 내 자산이 줄어든다는데 가만있을 사람이 어디 있겠는가. "열심히 일하고 알뜰하게 일군 소중한 자산을, 우리의 가치를 스스로 깎아내"*려는 사람은 그야말로 공공의 적이다.

이 공공의 적을 해결하기 위해 서영동에 용자가 나타났으니 바로 아이디: 봄날 아빠다. 봄날 아빠는 집의 제 가치를 찾기 위한 수단으로 세 가지를 제시한다.

첫 번째, 아파트 가격 잘 쳐주는 부동산 이용하기
두 번째, 서영동 학군의 가치 발견하기
세 번째, 아파트 근처에 지하철역 입구 설치 추진하기

그의 주장에 아무 근거가 없는 것은 아니니, 만약 그의 말대로 된다면 서영동 아파트 가격은 날개를 달고 훨훨 날 것이 분명하다. 그러나 인생은 멀리서 보면 희극이고 가까이서 보면 비극이라는 말은 서영동 아파트 주민들에게도 적용된다. 멀리서 보면 서영동은 잠재적 세권이 될 희망

---

* 조남주, 〈봄날 아빠〉,《서영동 이야기》, 한겨레출판, 2022, 9쪽.

찬 곳이지만, 주민들은 자신들이 처한 현실 때문에 괴롭다 못해 절망에 빠져 있기 때문이다. 그중에서도 남편 덕에 가장 좋은 아파트에 산다는 부러움을 받는 유정, 부동산의 귀재인 줄 알았지만 알고 보니 속물 오브 속물이라는 평판의 주인공을 아버지로 둔 보미, 오르는 집값으로 불행한 일상을 위로받는 희진이 겪는 비극은 말 그대로 하이퍼리얼리티다.

남편 덕분에 서영동에서 가장 비싼 아파트에 사는 유정은 남들의 부러움을 받고 있다. 엄연히 말하면 남편 덕이 아니라 부유한 시부모 덕이다. 그러나 사람들은 유정이 남편을 잘 만났다며 부러워하고, 남편에게 잘하라고 조언한다. 그러나 사람들은 모른다. 실질적 가장은 남편 세훈이 아니라 유정이라는 것, 가족을 먹여 살리는 것은 집값이 아니라 유정의 월급이라는 것. 그리고 이 사실은 유정의 남편 세훈의 치명적 약점이기도 하다. 이 집이 없었다면 직업이나 스펙이 유정보다 한참 부족한 자신은 자격지심에 견디지 못했을 것이라는 점은 세훈 본인이 가장 잘 안다.

한편 보미는 자신의 부는 죽도록 노력한 결과라는 아버

지의 주장이 반은 맞고 반은 틀리다고 생각한다. 사실 아버지의 부는 성실함과 피땀, 노력으로 얻은 결과라기보다는 시대를 잘 타고난 운발과 각종 편법 활용의 종합 세트에 가깝다. 하지만 보미는 아버지를 비난할 수 없다. 보미 역시 아버지가 운발과 편법으로 벌어들인 돈을 레버리지 삼아 남부럽지 않게 공부했고, 또 34평 아파트에서 신혼살림을 시작했기 때문이다.

그러나 보미는 알면 알수록 속물스럽기 짝이 없는 아버지의 부동산 셈법이, 부동산에서만큼은 선택적 정의로움을 시전하는 아버지가 영 불편하고 불쾌하다. 하지만 정작 무엇보다 보미를 불쾌하게 만드는 건 바로 그녀 자신이다. 당연히 아버지의 부를 물려받을 것이란 믿음이 깨지자 분노하는 자신의 모습을 보며 아버지의 속물근성이 자신에게도 흐르고 있음을 확인했기 때문이다. 그러나 남들이 가장 부러워한다는 부모 레버리지를 박차고 나올 자신이 없고, 손바닥만 한 원룸에서 남편과 알콩달콩 살 자신은 더더욱 없어 슬픈 보미다.

한편 부동산 사팔사팔법과 갈아타기법으로 자산을 축적한 부동산계의 우등생 희진은 스스로 교양 있는 서영동 주민이라고 생각하고 또 그렇게 행동한다. 그런데 교양을 탑재하지 못한 이웃과 전쟁을 치르느라 희진은 그야말로 미칠 지경이다. 이른바 층간 소음전. 아랫집 남자는 하루가 멀다하고 시끄러워 살 수가 없다며 올라와 전면전을 선포하고, 윗집 아이는 밤낮을 가리지 않고 쿵쿵거리며 게릴라전을 펼친다. 교양이라곤 빌어먹으려 해도 없는 위아래층 이웃 때문에 희진은 딱! 죽고 싶은 심정이다. 이사를 할까 심각하게 고민해보았지만 모든 재산이 이 집에 묶여 있는 이상 이사는 불가다.

희진의 발목을 잡는 진짜 이유는 따로 있는데, 바로 매일 최고가를 경신하는 아파트 가격이다. 층간 소음으로 시름시름 앓는 희진과 가족에게 치솟는 아파트 가격은 보상금이자 위로금 같다. 물론 위로금이 적정한 금액인지는 집이 팔리고 집값이 통장에 찍힐 때나 확인할 수 있지만 말이다. 희진은 원하는 만큼의 이익을 확정 지을 때까지는 집을 포기할 수 없다고 다짐하고 존버를 택한다.

더 좋고 비싼 아파트에 살고 싶은 욕망, 자신이 구입한 가격보다 비싸게 팔렸으면 하는 욕망은 자본주의 사회의 혜택을 누리는 사람이라면 누구나 가질 수 있고, 또 당당히 말할 수 있다. 그러나 자신을 유일하게 위로하는 것은 치솟는 집값이라는 속물근성을 가릴 수 있는 수준 정도는 갖출 수 있어야 한다. 고도로 지능화된 자본주의 사회에서 야만은 교양을 이길 수 없고, 본능적 불쾌감은 초자아의 위선을 이길 수 없다.

다수가 행복하면 나도 행복할까

솔직함과 위선, 욕망과 교양 사이에서 고민하는 서영동 주민들은 복잡하게 얽혀서 각자의 셈을 한다. 어떤 사람은 자신의 셈이 가장 정확하다고 확신하고, 어떤 사람은 끊임 없이 의심한다. 더 많은 이익을 위해 그럴 수도 있고, 자신 이 옳다고 생각하는 신념에 가장 적합한 셈을 찾기 위해서 일 수도 있다.

그런데 때때로 현타가 온다. 셈이 틀려서도, 셈의 결과 가 기대보다 낮아서도 아니다. 옆 사람의 셈 결과가 내 셈 보다 훨씬 커 샘나서 미칠 것 같을 때, 셈에만 집중하느라 자신이 고립되고 있다는 것조차 모르고 있다가 주변에 아 무도 없을 때, 그리고 언제까지 이 거지 같은 셈만 하며 살아야 하는지 모르겠고 도무지 끝을 알 수 없어 비참할 때다. 그래도 다행히 현타를 겪고 정신이 바짝 들 때가 있다. 이것만이 유일한 길이 아니었구나, 라는 깨달음이 뒤통수를 칠 때다. 그때가 바로 인생에서 또 다른 선택을 할 수 있는 절호의 기회이자 시간이다.

가장 안타까운 사람은 현타를 경험하고도 아프지 않다고 우기며 자신의 고통을 솔직하게 말할 타이밍을 놓치는 이들이다. 남 앞에서는 더할 나위 없이 행복하다고 우기는 사람, 우리의 행복이 곧 나의 행복이라고 착각하는 사람이다. 그러나 우리의 행복과 나의 행복이 늘 일치하지는 않는다. 서영동의 행복이 곧 서영동 주민 모두의 행복을 뜻하는 것은 아니고, 다수의 결정이 모두 옳은 것은 아니듯 말이다.

세권이 주는 행복만큼이나 세권이 외면하는 불행에 대해서도 솔직하게 말할 수 있는 사람이야말로 진정한 교양 시민이자 건강한 시민 아닐까.

집은 나의 힘

"어떤 집은 공간 이상의 의미를 지닌다."
— 하재영, 《친애하는 나의 집에게》, 라이프앤페이지

넌 어디 사는 '거지'니

누가 이런 단어를 만들었는지 묻지 않을 수 없다. 처음 들었을 때 나는 생각지도 못한 단어 조합에 박장대소했고, 뒤돌아 곱씹을 때는 어이가 없었고, 이 말이 놀림거리로 쓰인다고 생각하니 전혀 웃기지 않았다. 바로 '휴거'라는 단어다.

나름 신에게 선택받은 사람들이 천국에 올라간다는 뜻

을 지닌 휴거가 임대아파트에 사는 사람들을 조롱하는 '휴먼시아 거지'의 줄임말로 쓰일 줄을 신은 알기나 했을까. 모르긴 몰라도 "왜?"라는 질문을 인간에게 던지지 않았을까. 적어도 휴거의 근거가 사람이 아닌 집이고 집의 이름이 곧 차별의 이유가 될 것이라는 생각은 쉽게 하지 못했을 테니 말이다.

'휴거'가 학생들 사이에서 유행하는 신조어라는 뉴스 보도에 사람들은 혀를 찼다. 세상이 어떻게 되려고 이런 말을 쓰는가, 까져서 못된 것만 먼저 배운다며 요즘 아이들을 비난했다. 그러나 요즘 아이들을 만든 것은 요즘 어른이다. 사람을 평가하는 수단으로 돈 아니면 직업, 직업 아니면 차, 차로도 안 되면 집 브랜드를 운운하는 요즘 어른 말이다. 적어도 아이들은 '휴먼시아'에 담긴 은유를 몰랐을 것이다. 휴먼시아란 인간의 땅이 아니라 가난한 사람들이 사는 집이라는 어른들의 설명을 듣기 전까지는 말이다.

자본주의 사회에서 가장 환영받는 것은 자본, 아니면 자본으로 바꿀 수 있는 환금성 자산이다. 그런데 자본의 특성상 윗대에게서 물려받거나 극적인 이벤트의 주인공이 되지 않는 이상 평범한 개인이 거대 자본을 가지는 것은 쉽지 않다. 우리나라에서 개인이 자본을 가질 수 있는 가장 극적이고도 현실적인 방법 중 하나는 환금성 높은 수단을 쟁취하는 것인데, 그 수단 중 독보적인 것은 바로 부동산, 그중에서도 아파트다.

한국에서 부동산의 대장이라고 할 수 있는 아파트는 가장 확실하고 신뢰할 수 있는 재산인 동시에 가장 빠르게 자산을 증식하는 수단 중 하나다. 거품이 꺼졌다지만 부동산 신화는 여전히 유효하다. 부동산 관련 업자들은 어떻게 해서든 도심-신축-대단지 브랜드 대장 아파트를 노리라고 조언한다. 개인들은 영혼이라도 팔아 그 아파트를 사겠다고 다짐하며, 먹고 입는 것을 줄여서라도 대출을 감수한다. 이유는 분명하다. 무리해서라도 확실한 재산 증식 수단을 소유해야 다음 스텝을 구상할 수 있다는 간절하고도 절박한 믿음 때문이다.

그러나 유감스럽게도 집이 지닌 잠재적 힘과 자본으로부터 멀리 떨어져 있는 사람은 남의 집을 빌려야만 한다. 월세로든 전세로든 말이다. 이마저 여의치 않으면 국가가 제공하는 임대아파트에 들어가 살기도 한다.

집이 있는 사람보다 없는 사람이 훨씬 많았고 집이 비교의 수단이 아니라 목적이었던 시절엔 자신과 가족이 단란하게 지낼 수 있는 공간이라면 전세든, 월세든, 임대아파트든 상관없다고 생각하는 사람이 많았다. 대신 더 열심히 일해서 돈을 벌면 지금보다 나은 집을 살 수 있다는 기대와 믿음도 포기하지 않았다.

그러나 기울어진 성장, 불공평한 자본 배분으로 인한 사회적·구조적 문제는 자본을 쥔 집단과 그렇지 못한 집단의 격차를 벌릴 대로 벌려놓았고, 둘 사이를 연결하는 사다리는 부러지다 못해 실종됐다. 그래도 열심히 일하면 자신도 언젠가 저런 집을 살 수 있을 거라고 힘을 내보지만, 아무리 계산기를 두드려도 월급만으로는 도저히 살 수 없는 현실에 맥이 풀린다.

이런 현실을 살아내는 것만으로도 충분히 속상한데 휴거도 모자라 월거지, 전거지, 빌거지라는 말까지 등장했다. 월세 사는 거지, 전세 사는 거지, 빌라 사는 거지의 줄임말이란다. 각종 단어 뒤에 '거지'를 꾸역꾸역 붙이는 이유는 어떻게 해서든 다름을 드러내고, 나의 우월함을 드러낼 수 없다면 너와 나는 같은 레벨이 아님을 선언함으로써 깎아내리기 위해서라면 지나친 해석일까.

한국 사회에서 집, 아니 아파트는 주거 공간을 넘어 자본의 양과 질을 결정하는 동시에 소유자의 사회적 위치까지 가늠하게 하는 수단이라는 측면에서 가장 강력한 힘이다. 부모는 아이들에게 말한다. 다른 아파트에 사는 애랑은 놀지 말라고. 동시에 아이의 친구에게 묻는다. 너희 아파트 이름은 뭐냐고. 상대의 부와 권력을 측정하는 수단이었던 "너그 아부지 뭐 하시노?"라는 말은 이제 "네가 사는 아파트 이름은 뭐니?"로 바뀌었다.

부모의 말을 기막히게 학습한 아이들은 친구에게 "엄마가 아파트에 살지 않는 애랑은 놀지 말랬어", "같은 아파트에 사는 애들하고만 놀라고 했어"라고 말하며 차별을 일상화한다. 이른바 아이들의 계급화, 서열화가 시작되는 셈이다. 아파트가 아니고, 놀이터랄 것이 따로 없는 주거 공간에 사는 아이들은 이 이유로 졸지에 친구들로부터 거부당한다.

그렇게 계급 쟁탈전에서 밀려난 아이는 자신이 당한 방법대로 다른 아이들을 차별하고 어떻게 해서든 계급사회의 서열에서 밀리지 않기 위해 안간힘을 쓴다. 결국 밀려난 최후의 아이는 벌레 아니면 거지라고 놀림받는다. 책이나 학교에서 배운 대로 하면 이러한 현실에 맞서 저항하고 투쟁해야 마땅하지만, 그래 봤자 저들에게는 그저 가지지 못한 자들의 불평불만처럼 보일 뿐이다. 이 상황에서 할 수 있는 일이란 고작 이런 '거지' 같은 세상에 자신을 던져 놓은 부모를 원망하며, 빛을 피해 어두운 집구석으로 숨는 바퀴벌레 같은 자신을 탓하는 것 말고는 없어 보인다.

그러나 집이란 누구에게나 가장 안전하고 평온한 공간이고, 또 그래야 한다. 귀소본능은 가장 안전한 곳으로 돌아가고 싶어 하는 동물적 본능이다. 일과가 끝나면, 해가 지면, 위험을 감지하면 지극히 자연스럽고 당연하게 집에 가고 싶다는 마음이 든다.

내 집이 아니라 빌린 집이라도, 좁아터졌더라도, 하다못해 거지 같더라도 사람은 힘들고 고단할 때 집에 가고 싶어 하기 마련이다. 그곳이 소진된 에너지를 채울 수 있는 유일하고도 가장 편안한 공간이라는 건 5천만 년 전이나 지금이나 달라지지 않은 사실일 테다.

나의 힘을 좌우하는 집

하재영의 《나의 친애하는 집에게》는 집이 가진 힘에 대한 이야기를 담고 있다. 때때로 집의 힘은 세기도 하고 약하기도 하다. 집을 통해 내 신분, 자본, 계급이 다른 사람보다 위에 있음을 확인할 때는 집의 힘이 세다고 느낀다. 반대로 힘이 약하다고 느낄 때는 집이 나를 보호해주지 못한다고 느낄 때다. 휴식을 방해하는 층간 소음, 나를 향하는 것 같은 집 밖의 욕설과 비명, 죽으면서도 알을 낳는다는 바퀴벌레를 비롯해 수시로 출몰하는 벌레와 악취는 두렵고 끔찍하다. 그러나 당장 떠나고 싶다는 마음은 당장 떠날 수 없는 현실을 이길 수 없다.

지은이 하재영은 이때 필요한 것은 힘을 가진 또 다른 집이 아니라, 힘이 생기도록 집에 마음과 태도를 부여하는 것이라고 말한다. 이 말을 자신 있게 할 수 있는 이유는 아마도 지은이 자신이 산증인이기 때문일 것이다.

지은이의 집은 자본 사정과 처지에 따라 위치와 형태가 바뀌었다. 변하지 않은 점이 있다면 그가 살았던 동네와 옮겨 간 동네 모두가 말만 하면 다들 아는 유명한 곳이라는 것이다. 다만 그전에 살던 곳은 부자들이 사는 동네로 유명하다면, 이사한 곳은 가난한 사람들이 사는 동네로 유명하다는 점이 다를 뿐.

가난한 동네는 멀리서 보면 '가난'이란 그물로 한꺼번에 묶을 수 있는 공간이지만 그 안에서도 차악과 최악은 구별되었다. 가난한 사람은 더 가난한 사람을 보며 자기 처지를 위로했고, 더 가난한 사람은 '제발 살려달라'와 '이럴 바엔 다 죽어버려라'를 번갈아 외치며 절규했다. 이 공간에서 지은이가 유일하게 할 수 있는 일은 숨는 것이었다. 그래도 쟤보단 낫지 않냐며 자신을 위로할 수도, 그렇다고 다 죽어버리라고 모두를 향해 총을 겨눌 수도 없는 사람은 할 수 있는 게 없다. 외면하며 귀와 눈을 막거나 아예 숨어버리는 것 외에는.

그런데 어째서 집을 선택하는 일은 늘 어려울까. 물론 집이란 것이 평생 일해서 모은 돈으로 살 수 있는 수준이 아닐 만큼 고가이기도 하고, 한번 정착하면 최소한 몇 년은 살아야 하니 쉬운 일은 아닌 것은 분명하다. 하지만 단지 그 이유 때문만은 아닐 것이다. 돈이 넉넉한 사람은 넉넉하다는 이유로, 부족한 사람은 부족하다는 이유로 쉽게 선택하지 못하는 모습을 흔히 볼 수 있기 때문이다. 나는 그 이유로 두 가지를 들고 싶다. 하나는 집은 내가 선택하는 것이기도 하지만 동시에 선택할 수 없는 것이기도 하기 때문이다. 우리 대부분은 형편에 따라 집을 선택한다. 가장 이상적인 것은 자기 형편에 맞는 집이지만, 욕심이 늘 조건보다 한두 발짝 앞서 있다는 게 문제다. 욕심내는 것이 뭐가 문제겠냐만, 진짜 문제는 욕심이 감당할 수 없는 위기를 가져다줄 때다. 다른 건 몰라도 자본주의 사회에서 부동산은 '위기가 곧 기회', '오늘이 가장 싼 가격'이라는 명제가 절대적이기 때문인지 많은 사람이 형편에 맞지 않는 집을 선택지에 포함시키곤 한다. 아파트 광고는 당신이라고 못 가질 이유가 뭐냐며 부추기듯 속삭이지만, 광고에 보일듯 말듯 쓰여 있는 "모든 투자의 책임은 개인에게 있습니다"라는 문구는 얄밉기 짝이 없다.

다른 하나는 사는 곳을 바꾼다는 것은 쉬운 일이 아니기 때문이다. 새로운 환경에 적응하려면 그동안 익숙했던 습관을 바꿔야 한다. 새로운 교통 노선을 익혀야 하고, 자신에게 맞는 카페, 미용실, 마트를 검색하는 것도 여간 귀찮은 일이 아니다. 아이가 있다면 해야 할 일이 2배 이상 많아진다. 좋든 싫든 낯선 사람과 교류해야 하는 상황도 피할 수 없다. 알고 보니 그 낯선 사람이 동네에서 내로라 하는 '개꿀' 정보원일 수도 있고, 살면서 저런 사람과는 마 주치지 말아야겠다고 생각했던 사람이 내 아이 절친의 보 호자일 수도 있다. 친절한 이웃이라고 생각했지만 알고 보니 시끄럽다고 매일 인터폰을 울리며 온갖 욕을 퍼붓거 나 틈만 나면 민원을 제기하며 없는 문제도 일부러 만드 는 빌런일 수도 있다.

아파트 이름으로 신분과 자본을 계산하는 법을 몰랐던 유년 시절의 하재영은 남들이 부러워하는 곳에 산다는 이 유로 또래 친구들로부터 차단당한다. 질투하는 사람이 나 쁜 거라고, 그런 애와는 안 놀면 그만이라고 생각하면 되 겠지만, 마음은 그렇지 않다. 친구가 되는 것과 사는 곳 사 이에 어떠한 연관이 있는지 '있는 집 아이'인 하재영은 도 무지 몰랐기 때문이었다. 다른 아이들이 보기에 어린 하재 영은 좋은 집에 산다는 이유 때문에 원하는 대로 친구를 만들 수 있다고 착각하는 오만한 아이였을지도 모른다. 그 런데 하재영이 그들을 이해하는 데는 많은 시간이 걸리지 않았다. 잘사는 동네와 못사는 동네를 오가며 스스럼없이 어울리며 노는 '깍두기'라고 생각했지만 사실은 그들에게 어린 하재영은 불편하고 불쾌한 '왕따'에 가까웠음을 비로소 알게 된 것이다. 아이들이 나쁜 게 아니라 그렇게 보고 배웠을 뿐이라는 것, 그렇게 사는 것은 나쁜 게 아니라 어쩔 수 없는 일이라는 것을 어린 하재영은 인정하며 아이들의 계급투쟁에 본격적으로 참여한다. 그러면서 자신이 당했던 방식 그대로 다른 아이에게 묻는다. "너는 어디 사니?"

상대보다 먼저 위치를 묻는 건 중요하다. 상대의 대답에 따라 나는 유리한 위치를 선점할 수 있을지 없을지 결정할 수 있기 때문이다.

사람들은 본능적으로 타인의 조건을 알고 싶어 한다. 조건이 비슷한 사람인지 아닌지 판별해야 자신을 얼마나 드러낼지 정할 수 있기 때문이다. 그리고 우리 사회에서 집은 이것을 가장 민첩하게 측정할 수 있는 잣대 중 하나다. 그런데 이조차 피곤하다고 느끼는 사람들이 있을 것이다. 만나는 사람마다 어디에 사냐고 묻고, 무슨 아파트에 사냐고 묻고, 몇 평에 사냐고 묻는 건 교양 없거나 못 배운 사람들이 하는 짓이라며 애초에 그런 천박한 사람들과 섞이는 것을 거부한다. 대신 자신과 자본, 교양, 문화 수준, 그리고 사회적 위치가 비슷한 사람들이 모여 있는 집을 선택한다. 국평 아파트, 각종 세권, 학군은 이런 방식으로 탄생한다.

동시에 이들은 외부인이나 잡상인이 자신들의 공간에 들어오는 것을 끔찍이 싫어한다. 이 모든 것은 나의 질을 떨어뜨리기 때문이다. 아파트 담장은 최대한 높아야 하고 집으로 들어가는 관문의 단계는 많고 복잡할수록 안전하다고 생각하며, 이것이 제대로 지켜지지 않으면 자신의 재산권이 침해되었다고 분노한다.

지은이 하재영은 집값으로 규정되는 계급을, 계급으로 차별하고 차별당하는 방식을, 가난한 집이 주는 불안을, 그것을 거쳐 비로소 원하는 집을 얻었을 때의 안온함을 모두 경험한다. 운이 좋다고 할 수도 있다. 결과적으로 원하는 집에서 사랑하는 사람과 안온함을 만끽하고 있기 때문이다. 그러나 그 안온함을 다행스럽게 여기는 이유는 오랜 과정 속에서 자기 공간을 갖기 위해 치열하게 싸우고 얻어낸 결과이기 때문이다. 그 결과에 멈추지 않고 더 많은 것을 가장 애정하는 집 안에서 싹 틔우고 있기 때문이다.

집이 주는 위로

넘쳐나는 일을 하루 종일 마주하고 있다 보면 그저 빨리 끝내고 집에 가서 눕고 싶다는 생각뿐이고, 좋은 곳에서 여행을 즐기더라도 때가 되면 집으로 돌아가야겠다는 마음이 든다. 무언가가 마음에 들지 않거나 불안한 아이는 부모에게 달려가 빨리 집에 돌아가자고 울먹이고, 죽음을 앞둔 사람은 마지막 숨만큼은 집에서 쉴 수 있길 간절히 원한다. 회사보다 집이 넓어서, 화려한 호텔보다 내 집이 훌륭해서, 집에 더 좋은 친구가 있어서, 병원보다 내 집이 안전해서가 아니다. 현관문을 닫고 집 안에 발을 딛는 순간 인간은 본능적으로 편안함과 안도감을 느끼기 때문이다. 집은 존재만으로 위로가 된다. 어쩌면 귀소본능이란 외부로부터 받은 상처를 치료하고 위로받기 위해 기를 쓰고 집으로 돌아가려는 동물적 본능일지도 모른다.

그렇기에 집이 내 소유인지 아닌지, 아파트인지 아닌지, 넓은지 좁은지는 위로의 크기나 깊이와 상관이 없다. 만약 상관 있다고 믿는다면 당신은 지금 사는 집에서 오래 살지 않을 가능성이 크다. 집이 괜찮은 수익을 안겨주거나 더 이상 이익을 볼 수 없다고 생각될 때쯤 당신의 욕망을 위로해줄 또 다른 집을 찾아 미련 없이 떠날 것이기 때문이다. 운이 좋으면 몇 번으로 끝낼 수도 있고, 아니면 평생 이리저리 옮겨 다닐 수도 있다. 그러나 누구와 비교하여 만족할 때가 있었거나 만족이 오래 지속되었느냐는 질문에 쉽게 대답이 나오지 않는다면 아마도 당신의 이주는 쉽게 끝나지 않을 것 같다고 조심스레 예상해본다.

어느 쪽이 좋은지는 당신만이 알고 당신만이 확신할 수 있겠지만, 다만 말하고 싶은 것이 있다. 집의 안락함은 오래되어 친근할수록 커지기 마련이라는 것, 위로는 새로운 것이나 낯선 것보다 낡고 익숙한 것들에서 더 크게 받는다는 것 말이다.

IV

피하고 싶어도
피할 수 없는 것

두려움에 대하여

급변하는 사회는 불안하다

"가장 견디기 힘든 성공은 가까운 친구들의 성공이다."
— 알랭 드 보통, 정영목 옮김, 《불안》, 은행나무

내 뒤의 위험인물

2등도 1등도 해본 적 없는 사람에게는 2등이 드디어 1등을 했다는 소식은 어디 있는지 모르고 이름도 생소한 제3세계에서 일어나는 그저 그런 이벤트나 다름없다. 나에게 아무런 타격감을 주지 않으므로. 나의 바로 위의 상사가 승진하는 것은 자연스런 일이다. 이변이 없는 이상 상사의 자리는 곧 나의 자리가 될 것이므로. 가장 편안한 친구는 나와 처지가 비슷하거나 나보다 잘나지 않은 친구다. 세상에서 가장 힘이 되는 소리는 '그래도 내가 쟤보다는 낫구나'라는 마음의 소리이므로.

그러나 서 있는 위치가 달라지면 보이는 풍경도 달라지기 마련이다. 언제나 내 뒤였던 친구가 나를 추월하여 좋은 성적이라도 받으면 밤새워 공부했을 친구에 대한 배신감을 숨길 수 없다. 나를 제치고 상사의 빈자리를 꿰찬 후배의 성과는 최악의 하극상이다. 그런데 이 하극상이 나의 사회적 위치를 바꾸더니 종결어미도 바꾸어버리네? 어제까지 나에게 썼던 '-습니다'는 '-해요'도 아니고 '-하게'로 곤두박질쳐버린다. 울컥하는 마음에 사직서 봉투를 만져보지만, 후배 앞에서 허리가 부서져라 굽히는 상사를 보며 그래도 내가 낫지 싶어 그대로 봉투를 숨긴다. 가장 견디기 힘든 친구는, 불과 몇 달 전만 해도 내가 용기를 내라고 위로했지만 지금은 나를 가장 딱하게 바라보는 친구다.

누가 자신에게 욕망이 뭐냐고 물으면 꽤 소박하다고 답한다. 남들이 사는 정도? 평균이라고 하면 조금 아쉽고 평균보다 조금만 나으면 좋겠다. 굳이 나열하자면 친구보다 연봉이 1천만 원 정도만 높으면 좋겠다. 집 평수는 국평,

가능하다면 국평보다 조금 더 넓으면 좋겠다. 더 욕심을 내자면 내가 사는 아파트는 옆 아파트보다 더 비싸면 좋겠다. 내 아이가 친구 아이보다 공부를 잘하면 좋겠다. 너무 잘하는 아이들과는 어울리지 않으면 좋겠다. 우리 아이 기죽을 테니 말이다.

여기서 포인트는 친구, 아파트, 아이 같은 주어가 아니라 '-보다'라는 부사다. 혼자 쓰일 수 없는 사소한 말이지만 어느 주어의 뒤에 위치하느냐에 따라 주어의 지위가 결정되고, 동시에 불안의 크기도 결정된다.

'쟤보다'는 낫길 바라는 소박한 욕망을 이루기 위해 오늘도 우리는 자기를 개발하고 계발한다. 오늘 걷지 않으면 내일 뛰어야 한다고 스스로를 채찍질한다. 그러다 번아웃 오겠다고 옆에서 걱정이라도 해주면, 그건 성공한 사람들이나 앓는 거라며, 나는 그 정도가 되려면 한참 멀었다며 손사래 치고 겸손을 떤다. 생각해보면 남들 보기에 다 이룬 듯한 사람들도 자신을 가만두지 않는다. 그 정도면 이제 편히 쉴 만도 한데 말이다. 그러니 아직 아무것도 갖지 못한 나에게 번아웃은 뭐다? 사치다.

안 그래도 쫄리는데 더 쫄리고, 마음은 급해진다. 시간은 없고 성질은 급한 사람을 위한 각종 프로그램과 몸값 비싼 멘토들이 사방에 넘쳐난다. 벼락부자가 된 유튜버는 '48시간이면 당신도 투자 왕이 될 수 있다'라고 말하고, 3개월 만에 원어민 발음을 구사했다는 광고 모델은 '야, 너도 할 수 있어!'라고 용기를 준다. 그렇게 나는 용기를 돈 주고 산다. 며칠 지나지 않았는데 효과를 보는 것 같아 흥분된다. 이런 속도라면 머지않아 인생이 달라질 수도 있겠다는 자신감도 생긴다. 하지만 그 순간 당신의 친구, 동료, 후배는 한 단계 위인 프리미엄급 정보를 얻고 있다는 사실은 비밀이 아니다. 물론 당신이 치른 것보다 훨씬 비싼 가격으로 말이다. 성취감을 느끼기도 전에 박탈감이 밀려오니 무엇이 진짜 내 감정인지도 헷갈린다.

초경쟁과 무한 경쟁의 시대에 우리는 하루에도 열두 번씩 능력과 성과 앞에서 엎치락뒤치락하며 마음을 쓸어내리다, 불안에 떨다를 반복하다 집에 온다. 숟가락을 들 힘조차 없어 자리에 눕는다. 하루에도 수없이 등락과 당락을 경험하다 보니 나의 진짜 자리는 어디인지, 나의 동료는 누구인지, 나의 편은 누구인지 가늠할 수 없다. 믿을 수 있는 건 움직이지 않는 침대와 낮은 천장뿐이다.

서 있는 곳이 위태로울 때

알랭 드 보통의 《불안》의 원제는 '지위 불안Status Anxiety' 이다. 지위는 다른 말로 사회적 신분을 뜻한다. 사회적 신분의 가장 큰 특징은 역사나 시대에 따라 의미가 그대로 이어지기도 하고 전복되기도 한다는 점이다.

세상이 아무리 달라졌다고 해도 금수저 출신은 3천 년 전이나 지금이나 최고의 사회적 지위를 차지한다. 다른 점이 있다면 지금은 금수저 출신이 아니더라도 신분을 상승시킬 방법이 다양하다는 점이다. 가장 확실한 상승은 역시나 좋은 직업을 갖거나 많은 자본을 축적하는 것이다. 특히 자본주의 시대에 신분을 결정하는 강력한 조건은 직업과 자본이다. 여기서 만들어진 말이 자기 계발, 능력 개발이고 이것을 수단으로 사회적 지위를 얻은 사람을 우리는 성공한 사람이라고 부른다.

공동체의 안위보다 개인의 욕망을, 타고난 운명보다 개인의 노력을 우선시하는 지금의 관점에서 보면 사회적 지위에 대한 개념은 분명 과거보다 좋은 쪽으로 진보했다. 적어도 노력이라도 해볼 기회를 주니 말이다. 그렇다고 해서 지금의 개인이 과거의 개인보다 더 행복하다고 단정할 수는 없다. 우리는 때때로 소원한다. 차라리 주어진 대로 살면 좋겠다고, 경쟁만 하다가 죽고 싶진 않다고. 주어진 운명에 맞춰 그럭저럭 사는 소박한 인생도 나쁘지 않기 때문이다.

신분을 통한 차별을 당연시했던 시대의 사람들은 신분 상승을 위해 노력할 필요가 없었다. 신분은 노력으로 얻을 수 있는 것이 아니었기 때문이다. 신분 사회에서 품을 수 있는 욕망이란 기껏해야 주어진 신분 안에서 할 수 있는 최대한을 욕망하는 것이다. 당연히 그 욕망은 끝이 정해져 있기 마련이다. 노예가 품을 수 있는 가장 큰 꿈은 훌륭한 노예가 되어 주인의 사랑을 받는 것이지, 자신이 주인이 되는 것이 아니다. 여자가 품을 수 있는 가장 큰 꿈은 좋은 아내나 훌륭한 엄마가 되는 것이지, 훌륭한 사람이 되는 것이 아니다.

반대로 신분이 높은 사람은 하락하지 않기 위해 끊임없이 애써야 했다. 귀족은 신분에 맞는 품위를 유지하기 위해 빚끌, 영끌이라도 하고, 무식함을 감추기 위해 끊임없이 자신을 위장해야 했다. 왕은 마음대로 권력을 누릴 수 있지만, 왕위에서 마음대로 내려올 수는 없다. 왕위는 타인에 의해 주어진 것이기에 내쫓기기 전까지는 목이 부러지든 말든 왕관의 무게를 견뎌야 한다. 안 하거나 포기하는 것은 선택지에 없다. 국가나 공동체는 한낱 개인이 신분과 그에 따른 사회적·계급적·도덕적 의무를 허락 없이 저버리지 못하도록 감시와 처벌을 쉬지 않기 때문이다.

그나마 신분 사회에서 다행인 점을 꼽자면 타인과 비교하지 않아도 된다는 것이다. 특권층을 제외한 사람들은 대개 비슷하게 살기 마련이다. 비슷한 인생 주기를 거치고, 비슷한 경제적 조건에서 근근이 살아간다. 사는 곳을 곧 죽는 곳으로 받아들이며, 전쟁이나 정치적 혁명과 같은 극적인 계기가 있지 않는 이상 딱히 좋아질 것도 나빠질 것도 없이 살다 보니 내 이웃과의 경쟁은 큰 의미가 없다. 누가 더 가난한지 경쟁하는 건 의미가 없으니까.

그런데 아이러니하게도 우리가 세상이 살 만하다고 느낄 때는 나와 다른 사람보다는 비슷한 사람이 더 많다는 것을 확인할 때, 이렇게 사는 게 인생 아니냐며 서로의 어깨를 두드리며 불안을 잠재울 때다. 우리는 이것을 연대라고 한다. 신분 사회의 세계관 아래 공동체의 연대감은 지금보다 상대적으로 견고하고 강했다. 좋은 쪽으로든 나쁜 쪽으로든 말이다.

그러나 공동체를 공고하게 떠받치던 신분제도가 붕괴했다. 공동체의 이익보다 개인의 이익이 우선하고, 개인의 능력에 따라 신분이 얼마든지 바뀔 수 있다는 세계관 속에서 욕망의 경계선은 사라졌고, 동시에 연대도 사라졌다. 경계선이 사라지면서 모든 평가는 타인과 비교하는 일이 되었고, 나와 비슷한 이들은 연대할 사람이 아니라 치고 나가야 할 경쟁자가 되었다. 여기서 만들어지는 감정이 바로 알랭 드 보통이 이야기하는 지위 불안이다. 그는 불안과 울화의 원천은 나와 동등하다고 여긴 사람들이 더 나은 모습을 보일 때 느끼는 감정이라 설명한다.

학교 다닐 때 선생님은 성적을 가장 빨리 올리는 비결은 경쟁자를 친구로 두는 것이라고 말했다. 서로에게 동기부여가 되고 윈-윈할 수 있다는 이유였다. 그러나 1등과 꼴등이 분명히 구분되고 그에 따라 대우가 달라지는 계급사회에서 윈-윈 법칙은 전제부터 틀렸을지도 모른다. 어떻게든 등수를 매기려 하는 세상에서 '선의의 경쟁자'란 말은 어디까지나 내가 이기거나 이익을 보았을 때나 유효하기 때문이다.

내가 경쟁자로부터 밀리는 순간 선의의 경쟁에서 선의
는 사라진다. 이제 내가 할 일은 수단과 방법을 가리지 않
고 이기는 것이고, 기왕이면 빠른 시간 안에 많은 결과물
을 끌어내는 것이다. 그래서인지 몰라도 최근 가장 핫한
시장은 온갖 타이틀이 붙은 각종 자격증 시장이다. 되도록
많은 자격증을 따서 내가 능력을 갖춘 사람임을 보여줘야
하기 때문이다.

게다가 자격증 취득에 걸리는 시간은 최대한 짧아야 한
다. 그래야 조금이라도 빨리 능력을 펼칠 수 있기 때문이
다. 족집게 과외나 3개월 속성반 수업료는 다른 수업보
다 훨씬 비싸지만 늘 수강생으로 꽉 찬다. 이것마저도 오
래 걸려서 싫다면 인강만 듣고도 시험에 응시하여 자격증
을 딸 수 있다. 물론 인강은 2배속으로 들어야 한다. 내가
정확하게 알고 있는지는 중요하지 않다. 중요한 건 실력이
아니라 자격증 개수이므로.

주변에는 쉬지 않고 무언가에 도전하고 능력을 시험하
는 사람이 많다. 도전하고 자신의 능력을 측정하는 건 좋
은 일이지만, 막상 왜 하는지 물어보면 대개 대답이 시원

치 않다. 혹시 나중에 쓸모 있을까 해서 준비해두는 거라고도 하지만, 돌고 돌아 돌아오는 진심은 남들 다 하니까 나도 해야 할 것 같아서, 아무것도 안 하면 아무것도 되지 못할까 봐 불안해서다. 불과 몇 분 전까지만 해도 온갖 자격증 이름을 대며 자신의 자격을 자랑하던 희망 가득한 표정은 사라진다. 그러고는 생각처럼 앞으로 나아가지 못하는 자신의 자리를 불안해한다. 그럼 나는 그 사람을 위로한답시고 다들 그렇게 산다고, 사는 거 다 비슷하다고 말한다. 그러면서도 마음 한구석에서는 '내 처지가 저 사람보다는 그래도 낫구나' 하며 안도하는 천박한 마음을 숨길수 없다. 동시에 나는 불안하다. 나도 뭐라도 해야 하는 것아닐까. 이렇게 있다가 결국은 위로조차 받지 못하고 실패자로 낙인찍히는 건 아닐까.

밥 먹는 것에도 자격이 필요한 사회

사람마다 삶의 의미나 이유, 그것을 만들어가는 방식은 천차만별이다. 우리는 이것을 다양성이라고 한다. 다양성은 개인에게는 자기만족과 행복을 주는 수단이 되지만, 공동체를 운영하거나 책임지는 사람에게는 귀찮고 성가신 것이기도 하다. 특히 공동체를 일정 수준 이상으로 끌어올려야 하다는 명제를 확고하게 가진 집단일수록 다양성을 비효율적인 방해 요소로 판단한다. 이 문제를 해결하기 위해 등장한 것이 바로 평균, 평준화다. 비슷한 환경에서 태어나 비슷한 공간에서 성장하고 비슷한 교육을 받으며 사회 구성원 자격을 부여받은 우리는 평균에 못 미치면 자격이 부족하다고 평가받고, 평균 이상이 되면 열심히 살았다고 평가받는다. 그렇게 능력주의와 결과주의를 통해 다양성의 자리를 자격의 자리로 바꾸고 등수를 매기고 당락을 결정한다.

자격. 일정한 신분이나 지위를 가지거나 어떤 역할이나 행동을 하는 데 필요한 조건 또는 능력을 뜻한다. 자격은 당사자가 선언할 때보다 남들이 인정해줄 때 더 큰 효용감을 발휘한다. 왜냐하면 자신이 생각하는 자격과 타인이 요구하는 자격 사이에는 좁힐 수 없는 간극이 있는데, 그 넓이를 정하는 사람은 늘 자기보다 위에 있거나 위치를 결정하는 인물이기 때문이다.

우리는 적어도 자신이 예상한 만큼, 아니면 그 이상의

자격을 인정받을 때 존재의 이유를 느낀다. 반대로 능력이나 자격을 인정받지 못하거나 부족하다는 이유로 제외되거나 차별당할 때 울컥하는 동시에 자기 검열이 작동한다. 타인의 평가와 인정을 가장 중요시하는 우리 사회에서 당신이 틀렸다고, 나는 충분히 자격을 갖췄다고 말할 수 있는 사람이 몇이나 될까. 슬프지만 자격 앞에서 자유로운 사람은 많지 않아 보인다.

자격이란 말은 그렇게 우리를 작고 납작하게 만든다. 혜택을 누릴 자격이 있는지 묻고, 권리를 주장할 자격이 있는지 묻는다. 일할 자격이 있는지 묻고, 쉴 자격이 있는지 묻는다. 하다못해 밥 먹을 자격이 있는지까지 묻는다. 열심히 살았다고 자부하더라도 '그러고도 밥이 넘어가냐?'라는 말을 듣고서 아무렇지 않게 입에 숟가락을 밀어 넣을 사람은 별로 없다. 독보적인 능력자라고 해도 말이다. 오히려 불안을 에너지 삼아 위로 올라온 절박한 사람이나 능력자일수록 아이러니하게도 자기 검열이 가장 먼저 작동한다. 모든 것이 내가 부족한 탓이라고 생각하기 때문이다. 하지만 그렇게 생각하는 사람 치고 정말로 부족한 사람은 별로 없다. 죽을 만큼 노력하고 애쓰는 사람은 있어도.

밥은 자격으로 먹는 게 아니라, 먹어야 하니까 먹는 것이다. 자연 아래에서는 어떤 존재든 자격과 능력과 평가로 먹고사는 것이 결정되거나 규정되지 않는다. 지금 여기에 존재하는 것만으로도 우리에게는 밥을 먹을 이유가 충분하다.

가난이 꿈인 사람은 없다

"기술적 진보와 기업 조직의 변화,
소비자의 한 번 쓰고 버리는 물건을 사용하는 습관,
불완전한 도시 당국의 쓰레기 수거 시스템,
그리고 생산자가 생산품의 처리에 대한 의무를 다하지 않는 상황이
재활용품 수집 노인들을 존재하게 한다."
— 소준철, 《가난의 문법》, 푸른숲

늙고 가난한 사람이 할 수 있는 일

길거리를 지나다 보면 리어카를 끌고 다니는 노인을 어렵지 않게 볼 수 있다. 시골이나 농촌보다는 도시에 많고, 아파트가 밀집되어 있는 신도심보다 다세대 주택이 몰려 있는 구도심, 주택가나 먹자 골목 등 각종 상점이 즐비한 골목에서 자주 볼 수 있다. 이들이 끌고 다니는 리어카엔 종이 박스나 폐지가 수북하게 올려져 있다. 우리는 이들을 폐지 줍는

노인 또는 폐지 노인이라 부른다.

폐지 줍는 노인. 이보다 직관적인 용어가 있을까. 무엇 하는 사람인지, 나이가 어떻게 되는지가 단 하나의 명칭에 모두 담겨 있기 때문이다. 이 단어를 말하면서 우리는 굳이 덧붙이지 않아도 될 이들의 인생에 대한 평가를 기어이 빼먹지 않는다. 이를테면 안타까운 사람, 불쌍한 사람, 부끄러운 사람, 하다못해 남에게 '빌어먹을' 주제도 못 되어서 저런 거나 주우러 다니는 사람이라는 등의 비난 말이다. 그렇게 한 개인의 삶은 리어카와 폐지로 은유되는 가난의 무게에 사정없이 짓눌린다.

폐지 줍는 행위는 근본적으로 직업이나 노동으로 인정받지 못한다. 폐지가 돈으로 교환되는 수단인 것은 맞지만 그 가치가 형편없기도 하고, 그저 사용가치가 없어진 물건을 줍는 행위, 남이 버린 물건으로 이익을 취하는 행위라는 개념에서 한 발짝도 나아가지 못하기 때문이다. 여기에 오물, 불결, 더러움 같은 단어가 딸려오면서 발생하는 차별적 시선도 무시할 수 없다. 폐지 줍는 노인들은 자신의 노동이 노동으로 인정받지 못하고, 하면 할수록 혐오와 차별이 따라오는 것을 알면서도 쉽게 놓지 못한다. 죽지 않는 이상 이렇게 해서라도 먹고살아야 하기 때문이다.

모든 노동은 사회에서 부여하는 가치와 수준에 따라 계급이 나뉘기 마련이고, 그에 따라 받는 대가도 달라진다. 상위 계급을 차지하는 노동은 이른바 질 좋고, 충분한 대가를 받을 수 있으며, 사회의 인정도 받는다. 상위 계급 노동시장은 경쟁이 매우 치열하다. 자리는 한정되어 있고 진입하려는 사람은 어마무시하게 많기 때문이다. 그러다 보니 이러한 일자리는 주로 관련 경험이 풍부한 경력자, 고학력자, 그리고 사회구조상 상대적으로 다양한 노동 분야에 참여할 기회와 경험이 많은 남성이 차지한다.

반대로 아래에 위치한 노동은 질 나쁘고, 대가를 제대로 받지 못하며, 사회적 지위 따위와는 상관없는 노동이 대부분이다. 주로 위에서부터 시작된 경쟁에서 밀리고 밀리다 마지막에 다다른 사람들이 담당한다. 대개 고등교육을 받지 못한 사람, 상대적으로 사회 경험이 적은 여성(특히 경력 단절 기간이 긴 중년 여성), 그리고 힘과 경쟁력에서 모두 밀리는 노인이 대부분이다. 이 중에서도 노동의 밑바닥을 차지하는 노동자는 노인 여성이다. 이들은 배운 게 없고, 힘이 없고, 생산성이 낮다는 이유로 많이 일하고 적게 받는다.

약하거나 힘없어 보이는 사람이 무거운 짐을 들고 걷는 모습을 보면 도와주고 싶은 것이 보통 사람의 마음이다. 그러나 리어카에 폐지를 잔뜩 싣고 다니는 노인을 보면 무심히 지나간다. 자기 일은 자기 혼자 하는 것이 당연하듯이. 그들은 그들의 일을 하고 있을 뿐이라고 생각하기 때문일 수도 있고, 오지랖을 떨며 도와주는 것보다 쳐다보지 않고 무관심하게 지나가는 것이 오히려 그들을 위한 행동이라고 생각하기 때문일 수도 있다. 그런데 그들을 향한 마음에는 정말로 무심함 하나만 있는지 묻고 싶다. 보이지 않게 혀를 차진 않았는지, 그들의 옷과 신발을 훑어보며 평가하진 않았는지, 먼지와 오물로 더러워진 손을 보며 얼굴을 찡그리진 않았는지.

시대가 변하고 사회가 변해도 부자가 사라지지 않듯 가난한 사람 역시 사라지지 않는다. 가난뱅이는 기초 수급자로, 넝마주이는 폐지 줍는 노인으로 불리듯 다만 모습과 이름을 달리할 뿐이다. 자본주의 사회에서 부의 총량은 정해져 있고, 누군가의 부는 필연적으로 다른 누군가의 노동이나 재산을 착취해서 얻은 것이므로. 자본주의 구조상 모두가 잘 먹고 잘사는 공평한 사회는 불가능하므로.

그렇기에 우리가 기억해야 할 것은 가난은 개인의 능력이나 불운의 결과가 아니라 사회가 만들어낸 필연적 산물이며, 가난한 사람은 비난과 혐오의 대상이 아니라 사회적인 관심과 돌봄의 대상이라는 것이다.

가난으로 가는 길

지난해 좋은 기회가 닿아 지역 사회혁신센터에서 기획한 '리어카 프로젝트'에 참여했다. 폐지 줍는 노인들에게 보다 나은 노동환경을 제공하자는 취지로 기획된 프로젝트였다. 처음 참여할 때만 해도 폐지 줍는 노인들의 극적인 이야기를 기대했다. 폐지를 주울 수밖에 없는 눈물 없이 들을 수 없는 '팔자'와 가난을 극복하지 못하고 등에 지고 살게 된 '실패담'을 듣고 싶었다. "왜 하필 폐지를 줍게 되었나요?", "언제부터 가난해졌나요?", "왜 가난을 벗어나지 못했나요?"라고 묻고 싶었다. 어떤 이유로 스스로 가난으로 가는 길을 선택했냐고 묻고 싶었다. 그러나 이 질문이 얼마나 무례하고 나 스스로를 무지렁이로 만드는 것인지 깨닫는 데는 오랜 시간이 걸리지 않았다.

내가 만난 폐지 줍는 노인은 이런 일을 하는 게 쪽팔린다고 말한 일흔 살의 남자 활동가와 서른일곱 살 때부터 일을 시작했다는 여자 활동가였다. 거칠게 말하면 두 사람 모두 넉넉하지 못한 집에서 태어나 그냥저냥 가난하게 살다 더 가난해진 사람들이었다. 물론 사연이 없는 건 아니었다. 남자의 경우 오랜 송사 끝에 아내와 이혼했고, 그 과정에서 자식들도 등을 돌려 그를 부양할 만한 가족이 없었다. 여자의 경우 질병으로 인해 생계 해결 능력이 없는 남편과 몸이 불편한 자식 때문에 정기적 노동을 할 수 없어서 시간에 얽매이지 않고 할 수 있는 일을 찾다가 폐지를 줍게 되었다. 그러나 이들과 사연이 비슷한 사람 모두가 폐지 줍는 노인이 되는 건 아닐 테다.

먹고사는 방법은 많다. 그렇다면 이들의 폐지 줍는 일도 먹고사는 방식 중 하나일 뿐이다. 남자가 일하다 다쳐 몸을 쓸 수 없었고 괴로움을 잊기 위해 술을 마시다 알코올의존증에 빠졌고 이로 인해 노동자 자격을 얻지 못해 어쩔 수 없이 폐지 줍는 일을 선택한 것, 여자가 아픈 아이를 돌봐야 했기 때문에 시간이 정해진 노동을 할 수 없었고 다친 몸으로 일하기 어려운 데다 밑천 없이 할 수 있어서 선택한 폐지 줍는 일은 우리가 살기 위해 선택한 수많은 것 중 하나와 다르지 않다. 물론 그들도 그 선택이 가난으로 가는 길임을 모르지 않았을 것이다. 다만 가난하게라도 살기를 원했기 때문에 그 경로를 선택한 것뿐이다.

소준철의 《가난의 문법》은 도시 공간에서 폐지 줍는 노인들이 만들어지는 과정과 문제점, 그리고 현실적 해결 방안들을 제안하는 책이다. 이 책에 등장하는 윤영자는 작가가 만들어낸 가상의 인물이지만 현실에서 쉽게 볼 수 있는 인물이기도 하다. 베이비부머, 도심 변두리에 살며 가사와 돌봄 노동을 전담했던 주부, 자식을 위해 집을 담보로 대출받은 어머니, 아픈 부모와 남편의 병간호를 책임지는 돌봄 노동자 윤영자의 이야기는 너무나 흔해 특별하지 않은 우리나라 여성들의 이야기다.

이 책을 읽는 내내 마음을 서늘하게 만들었던 건 이들이 폐지 줍는 노인이 되며 이른바 빈곤층으로 떨어지는 과정에서 극적 사건이나 잘못된 선택 따위는 거의 없었다는 점이다.

많은 자본을 축적한 사람들 중에는 오로지 혼자만의 노력과 능력으로 부를 쌓은 경우가 드물다. 특히나 부가 부를 이끄는 가장 강력한 레버리지가 된 요즘일수록 이러한 현상은 두드러진다. 부동산 투자로 돈을 벌었다는 친구 이야기, 주식 투자로 몇 달 만에 3년 치 연봉을 벌었다는 동료 이야기, 부모님에게 물려받은 재산으로 재테크에 성공했다는 아는 사람의 아는 사람 이야기를 들을 때마다 부러움과 동시에 박탈감이 드는 이유는 내가 저들의 경로를 밟는 것은 (자)극적인 이벤트에 '당첨'되지 않는 이상 불가능하다는 사실을 알기 때문이다. 갑자기 부자가 되는 것만큼이나 갑자기 가난해지는 경우 역시 드물다면 드문 일이다.

가난으로 가는 경로도 비슷하다. 극적인 이유로 가난해진 사람보다 처음부터 가진 게 없었던 사람이 많고, 그러다 보니 어쩔 수 없이 빚을 내야 하는 일이 생기는 확률도 높다. 가난했는데 더 가난해진 것이다. 게다가 돌봐야 할 가족이 생기면 예상하지 못한 비용을 지출하는 동시에 돌봄 노동으로 인해 경제활동을 할 수 없다 보니 더 가난해진 경우도 적지 않다.

그럼에도 가난한 사람에 대한 우리 사회의 평가는 엄격하다 못해 잔인하다. '못 배워서', '부모 잘못 만나서', '자식을 잘못 키워서', 하다못해 '지 팔자 지가 꼬아서'라는 말도 가난의 이유가 된다. 이쯤 되면 가난은 거스를 수 없는 팔자이자 '더럽게 꼬인' 운명이 분명해 보인다. 이 말이 진실이라면 가난에 대해 고민할 필요도, 가난으로부터 탈출하기 위해 애쓸 필요도 없지 않을까. 감히 어떤 인간이 운명을 거스른단 말인가.

그러나 가난은 임금도 구제 못 한다는 옛말이 지금도 유효한 이유는 그것이 단지 개인의 문제가 아니라 공동체의 문제이고, 돈으로 해결할 수 있는 문제가 아니라 사회, 정치, 경제가 얽히고설켜 만들어낸 구조적 문제이기 때문이다.

사회는 분명 진보하고 삶은 과거보다 윤택해졌지만, 가난한 사람은 예전이나 지금이나 여전히 존재하고, 가난의 형태는 어찌 된 일인지 더 나빠졌으면 나빠졌지 좋아졌다고 할 순 없어 보인다. 한쪽에서는 요즘 세상에 굶어 죽는 사람이 어디 있냐고 반문하지만, 다른 한쪽에서는 하루의 유일한 한 끼인 무료 급식을 먹기 위해 새벽부터 몇 시간을 걸어와 줄을 선다. 어떤 사람은 돈이 있어도 사고 싶은 명품을 사지 못하는 자신의 처지를 슬퍼하지만, 어떤 사람은 주머니 속에서 달랑거리는 동전 몇 개를 만지작거리며 컵라면 하나도 살 수 없는 자기 처지를 슬퍼한다.

가난을 등에 진 사람에게 사람들은 말한다. 돈이 없을수록 돈 되는 일을 해야지 고작 그런 일을 하느냐고. 그러니까 당신이 가난에서 벗어나지 못하는 거라고, 남이 버린 것을 주우러 다니며 푼돈을 버느니 정당하게 노동하고 돈을 벌라는 조언은 밥이 없으면 다른 걸 먹으면 되지 영양가 없는 라면이나 먹고 있느냐는 비아냥과 다르지 않다. 가난은 더 이상 개인의 노력과 능력으로 극복할 수 있는 문제가 아니다. 자본주의 사회에서 빈부의 격차는 피할 수 없고, 한쪽의 부는 필연적으로 한쪽의 착취를 수반한다. 이것이 자본주의의 한계라면 우리는 이제라도 가난을 향한 시선과 태도를 바꾸어야 한다.

모두가 부자가 될 수는 없다. 동시에 이 세상 모두가 부자를 원하는 것도 아닐 것이다. 그러나 가능하면 가난은 피하고 싶다. 가난은 생존과 존재의 문제와 직결되기 때문이다. 우리 모두가 부에 집중하면 할수록 부의 총량은 늘어날지 모르지만 그 혜택이 나에게도 주어질 것이라는 믿음은 불확실하다. 부는 늘 소수에게 집중되고, 나머지는 가난과 더 큰 가난 사이에서 아등바등하며 살 가능성이 훨씬 높기 때문이다.

　결과적으로, 야심차게 준비한 나의 인터뷰도, 사회혁신 센터의 리어카 리뉴얼 프로젝트도 예상했듯이 망했다. 망작에서 남은 것이 있다면 사람이었다. 인생 잘못 살다 결국 폐지나 주우며 사는 노인이 아니라 시대에, 환경에, 처지에 맞춰 살아온 한 개인과 인생, 그리고 그와 비슷하게 살고 있는 나. 그 사이의 연민이나 안타까움은 그만의 것이 아니라 나의 것이기도 하고 우리의 것이기도 했다.

　타인에게 "더 좋은 선택을 하지 그랬어요?"라고 말하는 것만큼 무례한 질문은 없다. 늘 좋고, 옳고, 남들이 부러워하는 선택만을 하는 사람은 거의 없다. 기막히게 운이 좋은 몇몇을 제외하고는 말이다. 사람들 대부분은 보통의 운을 가지고 살며, 노력이나 능력에 상관없이 종종 실패한다. 모든 사람이 부자가 될 순 없듯, 가난한 사람이 생기는 건 피할 수 없는 일이다. 그러나 지금의 가난은 개인의 게으름보다 불합리한 자본주의 구조로 인해 만들어진 경우가 훨씬 많다. 구조가 기울어졌다는 것조차 알지 못하거나, 알아도 어쩔 수 있느냐는 말로 외면하면 결국 구조는 더 위험하게 기울어진다. 열심히 살면 된다, 하고 싶은 일이 아니라 할 수 있는 일을 찾으면 된다, 노력하면 된다, 남들보다 조금 자고 더 일하면 된다는 조언이 꼰대의 잔소리로 취급받는 이유는 이 명제가 꼰대들이 담배 피웠던 시절에는 통했지만 지금은 그렇지 않기 때문이다. 문제는 기울어진 운동장이지 선수가 아니다. 골문을 향해 아무리 공을 차도 자꾸만 자기 앞으로 다시 굴러오면 유능한 선수도 좌절할 수밖에 없다.

가난한 사람들의 진짜 소원은 어쩌면 부자가 되는 것이 아니라 덜 가난한 것, 늙고 아픈 몸이라도 오래 쓸 수 있는 것, 가난하단 이유로 위로받는 게 아니라 살아내느라 애썼다고 위로받는 것일지도 모른다.

관련 전문가 중 어떤 사람은 사회제도가 개선되고 폐지 줍는 노인을 구제할 수 있는 방법이 모색되어 결과적으로 그 노동이 사라지길 기대한다고 말한다. 하지만 그들의 노동은 사라지지 않을 확률이 높다. 앞에서도 말했듯이 가난은 절대 사라지지 않을 것이기 때문이다. 그 모습을 달리할 뿐이지.

어느 때보다 가난이 사람들의 입에 많이 오르내린다. 예전에는 창피해서 가난이란 말을 입에 담지 않았지만 지금은 누구든 쉽게 가난을 말한다. 가난해서 명품 가방이나 집을 사지 못한다고 말한다. 가난해서 좋은 교육을 받지 못하고 해외여행을 가지 못한다고 말한다. 가난이 우리 사회의 관심사가 된 현상은 문제를 인식했다는 측면에서 바람직하지만, 이런 방식의 인식은 옳다고 할 수 없다.

가난의 무게를 어떻게 해결하면 좋을지를 우리 사회가 함께 고민하면 좋겠다. 나만 가난하지 않으면 된다고 생각하거나, 나만 가난하다고 불평하는 사회가 아니라 우리는 왜 가난한지 고민하는 사회가 되면 좋겠다. 그러려면 프로젝트가 망하더라도 계속해야 한다. 더 많은 폐지를 담을 리어카를 만들기 위해서가 아니라 연민과 안타까움, 도움과 연대를 담을 리어카를 만들기 위해 말이다.

나는 어디서 죽을 수 있을까

"죽음을 자주 목격하는 의료인으로서 분명히 말할 수 있는 것은
병원은 생의 마지막을 보내는 장소로
결코 바람직하지 않다는 것이다."
— 김현아, 《죽음을 배우는 시간》, 창비

집에서 임종하던 시절

벌써 30여 년 전 일이지만 내 할머니의 임종은 누가 봐도 호상이었다. 83세. 노화로 좀 고생하셨지만 그 고생도 안 하고 죽은 사람이 어디 있냐고, 그만하면 잘 살다 돌아가셨다고 사람마다 말했다. 아들딸, 며느리, 손주들의 배웅을 받으며 가시느라 바빠서 눈도 못 감을 뻔했을 거라는 소리에 우리 모두 웃었다. '상중'이라는 등불이 없으면 잔

칫집인지 초상집인지 알 수 없는 날이었다.

그로부터 13년 뒤에 외할아버지가 돌아가셨다. 외할아버지는 암과 노화가 겹쳐 고생하셨다. 그때만 해도 암은 죽는 병이라고 믿었던 시절이다. 집에 가시라는 의사의 말에 외할아버지는 죽을 날을 받아 들고 집으로 돌아오셨다.

돌아가시기 전 외할아버지는 외할머니에게 "고생 좀 더 하다 나 따라오소"라는 말을 남기셨다. 외할머니는 "문디 할배, 뭐라 케쌌노!"라고 말했지만 유감스럽게도 할아버지의 유언처럼 더더더 고생만 하다 재작년 한여름에 돌아가셨다.

뇌졸중과 뒤이은 교통사고로 아무도 없는 시골집에서 혼자 지낼 수 없게 된 외할머니는 한번 들어가면 죽어서 나온다는 요양원에서 무려 15년을 사셨다. 자식이 없는 것도 아니고, 그 많은 자식이 모두 불효자식도 아니었지만 각자의 삶과 사정 때문에 몸이 불편해진 외할머니를 모시지 못했다. 요양원의 외할머니는 외롭지 않아 좋다고 했지만 곁에는 약 기운 때문에 온종일 잠만 자는 할머니 아니면 혼자서 주야장천 중얼거리는 치매 할머니뿐이었다. 그리고 외할머니 역시 요양원 생활을 오래 하시면서 그 할머니들과 닮아갔다. 어쩔 수 없이 지루하게, 무기력하게.

외할머니의 마지막 모습은 산소 포화도 측정 기구를 코에 낀 채 눈을 껌벅이는 휴대전화 영상이었다. 손은 주삿바늘 때문인지 피딱지가 군데군데 있었고, 입술은 검게 멍들어 있었다. 아마도 요양원과 요양 병원, 응급실을 오가며 응급조치를 받다가 생긴 상처인 듯했다. 누구의 탓도 아니었기에, 휴대전화를 쳐다보는 엄마와 이모들은 가고 싶어도 갈 수 없는 상황과 혼자서 죽음을 맞이하는 할머니의 모습에 오열했다.

86세. 호상이 아닐 이유는 없었다. 그런데 슬펐다. 마지막을 배웅한 사람이 아무도 없어서, 낯선 곳에 혼자 두어서, 집에 가자고 말하지 못해서. 할머니가 죽은 것이 슬퍼서가 아니라 미안해서 울었다.

어디서 이별을 준비할까

의학이 우리 삶에 깊숙이 개입하고 병원이 죽음의 마지막 공간이 되기 전까지는 죽음을 선택하는 쪽은 환자 자신이었고, 죽음의 종결점은 집이었다. 더 이상의 치료가 무의미하거나 병원에서 해줄 것이 없다고 판단한 의사는 환자를 집으로 돌려보냈다. 포기했다는 뜻이 아니라 환자가 삶을 정리하고 죽음을 준비할 시간을 주기 위한 나름의 최후 방책이었다.

환자 가족 역시 의사의 판단과 선택이 어떤 뜻인지 이해했고, 적어도 의사가 환자를 포기했다는 식의 오해는 하지 않았다. 환자에게 다가올 죽음을 숨기는 경우가 있었지만, 그래도 죽음을 앞두면 환자가 집에서 여생을 마감하도록 시간과 기회를 주려고 했다. 집으로 돌아간 환자는 삶을 정리하고 사랑하는 사람들과 마지막으로 인사하는 시간을 가졌다. 죽음 이후의 절차와 애도는 오롯이 가족 몫으로 돌아갔다.

그러다 핵가족화와 도시화가 급격해지고, 가족에게 의지했던 돌봄 노동에 자본이 개입하면서 이제는 집보다 의료 기관이나 요양 기관에서 임종을 맞는 것이 환자와 가족 모두에게 익숙해졌고 또한 자연스러운 일이 되었다. 물론 이러한 변화는 돌봄 노동을 가족에게서 분리하여 물리적·심리적 부담을 덜어주었지만, 동시에 우리 삶에서 죽음을 경험할 기회가 사라지게 만들었다.

죽음을 경험할 기회가 적어지면 자연스럽게 죽음에 무지해진다. 문제는 그 무지가 죽음을 공포의 영역으로 밀어 넣는다는 점이다. 죽음에 대한 두려움은 그 자체로부터 비롯되기도 하지만, 한편으로는 죽음(을 준비하는 것)에 대한 정보가 없고 실체도 모른다는 데서 온다. 그러니 삶에서 죽음이 멀어질수록 당연히 죽음을 무서워하게 된다.

자본이 개입하면서 병원에는 질병 치료와 회복이라는 본래 기능 외에 '생명 연장 가능성'을 구현하는 기능이 추가되었다. 또한 죽음을 담당하는 공공 공간으로서 의미가 확장되면서 죽음은 생의 마지막 과정이 아니라 '의료 처치 중단으로 인한 기술적 현상'으로 인식되기 시작했다. 이제 환자의 삶과 죽음은 당사자가 아니라 의료 기계, 의료진(을 포함하는 기관), 그리고 보호자나 가족의 선택에 달리게 된 셈이다.

이 과정에서 딜레마가 발생한다. 죽음 앞에서 환자, 가족, 의사 모두가 만족하는 선택은 존재하지 않는다는 것이다. 당사자는 '죽기 전'까지는 절대 병원을 떠날 수 없는 처지가 되면서 죽음을 '마음껏' 준비할 시간을 갖지 못한다. 예를 들어 생명을 연장한다는 이유로 삽관 장치라도 달면 그 순간부터 환자의 몸은 자기 것이 아니다. 그리고 마음대로 죽을 수도 살 수도 없는 상황에 놓인다. 보호자나 가족도 선택할 여지가 없다. 어떤 이유로든 치료를 포기하는 것은 환자를 포기하는 것과 같다는 죄책감에서 자유로울 수 없다. 여기에 감당할 수 없이 불어나는 병원비는 때로는 죄책감보다 더 무겁다.

의료진 역시 생사를 결정하는 신이 아닌데도 불구하고 환자를 포기했다는 비난에 대한 두려움에서 벗어날 수 없어 때로는 무의미한 연명 치료를 계속해야 한다. 의료 시스템에 개입된 당사자란 이유로 결국 죽음을 선고해야 할 때 의사가 느끼는 죄책감과 고통은 의료인이 감당해야 할 무게라고 말하기엔 너무나 버겁다. 타인의 삶과 죽음 사이에서 더 나은 길을 제시할 능력은 있어도 삶과 죽음을 결정한 권리는 없기 때문에.

누구의 삶인가, 누구의 죽음인가

《죽음을 배우는 시간》의 지은이 김현아는 '죽음의 의료화'가 보편화하면서 죽음의 질이 오히려 과거보다 나빠졌다고 지적한다.[*] 환자가 죽음으로 가는 과정 곳곳마다 죽음을 방어하는 의료 기기가 투입되는데, 기기에 몸이 적응하도록 만들기 위해 불가피하게 약물을 투여할 때가 있다. 그것은 단순한 기계 투입이나 약물 투여를 의미하지 않는다. 이 과정은 환자 몸에서 자율성을 하나씩 제거하는 과정이기도 하기 때문이다. 의료 기기의 통제를 받는 과정이 많아질수록 환자의 몸은 의지에 따라 통제하거나 움직이는 것이 불가능해진다. 숨 쉬기는 하지만 스스로 호흡할 수 없고, 죽지 않았지만 살았다고 할 수도 없다. 의료 기술이 발달하며 '장생'과 더불어 '불사'의 가능성에 초점이 맞춰지고, 사망에 이르는 과정마다 의료 시스템과 의료진이 개입하면서 신체가 사망에 이르는 변화 과정은 이제 비정상으로 인식된다. 이 비정상을 정상으로 돌리는 것, 곧 죽음을 피하고 최대한 생명을 연장하는 것이 정상적인 의료로 이해되면서 죽음의 본질에 대해 공적 공간에서 말하거나 공론화할 수 없게 되었다.

죽음의 의료화 앞에서 딜레마에 빠지는 또 다른 대상은

[*] 김현아,《죽음을 배우는 시간》, 창비, 2020, 96쪽.

죽음을 지켜봐야 하는 가족이다. 환자 보호자나 가족이 연명 치료를 택하는 이유는 여러 가지지만, 사랑하는 사람을 떠나보내고 싶지 않은 간절함 외에도 최선을 다해야 후회하지 않을 것이라는 자기 검열이 큰 이유로 작용한다. 비약적으로 발전한 의학 앞에서 치료를 중단한다는 것은 생명 연장을 '중단'함으로써 환자를 '포기'한다는 의미를 내포한다. 이러한 명제 앞에서 가족은 생각해야 한다. 즉, 환자의 객관적 상태, 돌봄 여부, 치료비 등 많은 것을 따지고 계산해야 한다. 무엇보다 가장 발목을 잡는 것은 생명 연장에 드는 비용과 이후의 돌봄 문제일 것이다. 천문학적으로 늘어나는 비용 앞에서 자유로울 수 있는 사람은 많지 않다. 게다가 돌봄까지 책임져야 하면 경제활동을 할 수 없고, 경제활동을 할 수 없으면 치료비를 충당할 수 없다는 점에서 가족의 이중고는 당면한 현실이다.

이중고를 고려하더라도 가족은 의료 전문가가 아니기에 이 모든 것을 감내하면서 전적으로 의사에게 기댈 수밖에 없다. 하지만 의사는 생명 연장 기술을 아는 사람으로서 결정을 돕는 사람이지 죽음을 결정하는 사람은 아니다. 의사나 가족 모두 '최선'을 선택하겠지만, 그보다 먼저 인간은 삶의 욕망만큼이나 죽음의 욕망도 가지고 있으며 그 욕망의 주체는 환자라는 점을 상기할 필요가 있다.

죽음은 환자의 것이지만 그것을 선택하는 쪽은 환자가 아니라는 데서 소외가 발생한다. 환자 스스로 치료 방법이나 치료의 지속 또는 중단 여부를 선택하지 않았는데 가족이 치료 중단을 선택하는 경우 환자는 버림받았다고 느낄 수도 있다. 반대로 원치 않는 치료를 지속할 경우 환자는 남은 삶을 고통스럽게 보내야 한다. 말 그대로 죽을 수도 살 수도 없는 상태다.

죽음에 대한 욕망이 삶에 대한 욕망만큼이나 강렬하다고 할 때, 죽음이 두려운 이유는 그 자체보다 죽음으로 가는 과정 때문일지도 모른다. 그렇다면 환자에게 필요한 것은 그 과정을 최대한 줄이는 것이다. 말이 약간 이상하지만, 가장 이상적인 죽음이란 고통을 최소화한 죽음이다. 임종을 앞둔 환자를 지켜보는 사람이 가슴에 새겨야 할 것은 죄책감, 슬픔 등 남겨진 자신의 감정보다 당사자의 존엄과 인간으로서의 마지막 권리일 것이다. 이러한 딜레마에 빠지지 않으려면 먼저 이 죽음이 누구의 죽음인지를 생각해야 한다. 사랑하는 사람과 오랫동안 함께하고 싶다는 간절함 때문에 계속하는 연명 치료, 또는 생명 연장 치료를 포기하는 것은 반윤리라는 자기 검열이 환자의 고통을 가중하는 것 아닌지 고민할 필요가 있다. 이 질문에 대한 답을 찾는다면 생의 종착지를 병원의 연명 치료로 선택하지 않을지도 모르겠다.

인간의 죽음은 탄생만큼이나 존중해야 하고 존중받아야 한다. 죽음을 피할 수 없다면, 그리고 스스로 죽음이 다가오고 있음을 감지한다면 죽음을 받아들이는 방식에 대해서만큼은 적어도 자기 결정권을 주장할 권리가 있다. 가족이나 주변 사람들도 그 권리를 존중해야 한다. 배우자나 부모, 자식이란 이유로 '지금' 최선을 다해야 '나중에' 원망이나 후회하지 않는다며 의료 시스템에 의지하고 생명 연장 치료를 선택하는 것이 옳은 결정이라고 확실하게 말할 수는 없다.

가장 자연스러운 죽음

환자는 생명 연장을 꿈꾸는 의학 기술 앞에서, 죽음이 돈벌이의 수단이 되는 비극적 현실 앞에서, 그리고 평화롭고 존엄하게 죽음을 준비하려는 자신을 내버려두지 않는 힘 앞에서 공포와 좌절을 느끼기 쉽다. 반대로 보호자나 가족은 환자를 병원에 밀어 넣는 시점부터 죽음에 이르는 동안 끝까지 지키지 못했다는 죄책감과 비난 앞에서 공포를 느낀다. 마음대로 죽음을 선택할 수도, 원하는 대로 죽도록 내버려둘 수도 없는 딜레마가 죽음을 더욱 어렵게 한다. 그러나 진정 중요한 것은 죽음의 주체가 누구인지 환기해야 한다는 것이다. 죽음의 방식을 선택할 권리는 일차적으로 환자 자신에 있다는 것을 잊으면 안 된다.

우리는 죽음에 이르는 과정을 알 필요가 있다. 하지만 지금처럼 '죽음의 의료화'에 기대는 방식으로는 그 과정을 알 길이 없다. 의료화의 궁극적 목적은 치료지만, 죽음 앞에서 이러한 목적은 무의미하기 때문이다. 죽음을 앞둔 환자에게 의료진이 해줄 수 있는 것은 고통이나 두려움을 줄이는 것 정도다. 하지만 우리는 의료 개입에 지나칠 만큼 의지하고 그 선택이 올바르다고 믿는다. 대상과의 거리가 멀어질수록 거기에 개입되는 감정은 옅어지고 작아진다. 어떤 일이든 감정이 개입하면 에너지를 소진하고 시간을 지연하기 마련이다. 따라서 특별한 감정을 느끼지 못하고 애도 과정을 충분히 거치지도 못하게 되는 경우가 많다. 이 것이 단절과 소외의 치명적 단점이다. 그리고 현대의 죽음 역시 죽음의 외주화, 죽음의 의료화라는 이름으로 단절과 소외를 거치며 우리의 삶으로부터 점점 더 멀어지고 있다.

죽음을 앞둔 사람, 그리고 사랑하는 사람의 죽음을 지켜 봐야 하는 이들의 공통적인 바람은 고통 없는 죽음일 테 다. 떠나야 하는 사람의 진짜 고통을 외면하지 않을 때 모 두가 평온해질 수 있다. 또한 연명 치료를 선택하지 않거 나 그 선택을 존중하는 가족에게 '반인륜', '패륜'이라는 프 레임을 씌우는 것은 옳지 않다. 사랑하는 사람의 마지막 소원이 내 옆에서 조용히 존엄하게 마지막 숨을 쉬는 것이 라는 말을 듣고도 자기 마음대로 결정하는 것이야말로 어 쩌면 가장 '비인간적'일지도 모를 일이다.

역사가 없어 떠도는 사람들

"뼈 빠지게 일하고 호탕하게 웃던 그녀들 뒤에는
가혹한 역사가 감춰져 있을 것이다."
— 양영희, 인예니 옮김, 《카메라를 끄고 씁니다》, 마음산책

사는 곳을 옮기는 이유

인간의 역사는 이주의 역사이기도 하다. 중세 유럽 역사는 게르만족의 대이동에서 시작되었고, 미국 역사는 유럽인의 이주에서 시작되었다. 동서양의 문화 교류는 몽골제국의 칭기즈칸이 실크로드를 정복한 이후 본격화되었다. 식민지 시대가 열리고 자본주의가 세계를 지배하는 이데올로기로서 본격적으로 확장되자 자본가는 돈을 더 많이

벌기 위해, 가난한 노동자는 일자리를 위해 낯선 땅으로 가는 배에 올라탔다. 그렇게 게르만족은 유럽 대륙으로, 대항해시대 유럽인은 아시아와 아메리카 대륙으로, 식민지 시대 아시아인은 제국주의의 식민지로 흩어졌다. 이민자들은 그곳에서 가정을 만들고 자식을 낳으며 새로운 삶을 이어갔다. 힘든 이민 생활을 견디지 못하고 고향으로 돌아간 사람도 있었지만, 고향이나 이곳이나 고생은 별반 다르지 않을 것이란 생각에 많은 사람이 남아서 삶을 보냈다. 그리고 1세대 이주민의 자녀인 이민 2세대는 이주민과 선주민 사이에서 발생하는 존재적 고뇌를 안고서 성장해야 했다. 그 땅에서 나고 자랐지만 어쩔 수 없는 이질감은 이들의 운명이었다. 투쟁과 저항과 적응의 반복 속에서 시간은 흘렀고, 세대를 지나며 이주민의 후예들은 이주민의 자식에서 한 국가의 국민이자 시민으로 곳곳에서 살아가고 있다. 지금의 다양한 세계는 이러한 역사를 거쳐 만들어진 결과물이다.

한편 이주의 역사는 침략과 살육, 지배와 착취의 역사이기도 하다. 게르만족은 로마를 침략하여 로마인들의 터전을 빼앗고 포로들을 노예로 삼았다. 로마와의 전쟁에서 이긴 게르만족은 로마 병사 20만여 명을 죽이고 시신을 강에 버리기도 했다. 중세 유럽은 죽음과 살육이 끊이지 않아 암흑기라고도 불린다.

미국으로 건너간 유럽인들은 '총, 균, 쇠'를 이용해 원주민 대학살을 자행했다. 그 과정에서 아메리카 문명이 파괴되고 원주민의 80퍼센트가 감소했다. 유럽인들은 남은 원주민을 강제로 이주시켜 부리거나 노예로 만들었다. 대학살의 가장 큰 원인은 유럽인들의 탐욕이었고, 그다음 원인은 유럽 문화 이외의 문화는 미개하다고 생각한 우월주의, 그리고 흰색을 제외한 피부색은 깨끗하지 않다는 인종차별주의였다.

칭기즈칸은 정복한 지역의 주민을 모두 죽이는 것도 모자라 도망치는 피난민까지 학살했다. 칭기즈칸의 호라즘 정벌 당시 죽은 사람의 수만 적게는 130만 명에서 많게는 150만 명이라고 기록되어 있지만 정확한 수를 아는 사람은 없다. 모든 기록은 승자의 기록임을 고려하면 그보다 많으면 많았지 적었을 거라고 생각되진 않는다.

비서구 국가 출신 사람들의 이주는 대부분 노동 착취를 목적으로 이루어졌다. 그들은 노예나 값싼 노동자, 전쟁 병력으로 불려 가고 끌려갔다. 이유는 다양했다. 유전자가 열등하다는 이유, 유색인은 더럽다는 이유, 2등 시민은 국가와 1등 시민을 위해 희생해야 한다는 이유 등등. 노동 착취를 정당화하기 위한 백인의 명분은 차고 넘쳤다. 이주민 중에는 살기 위해 그들이 주장하는 명분을 곧이곧대로 믿은 사람도 있었고, 비인간적 폭력과 학살 앞에서 뭐가 뭔지도 모른 채 끌려간 사람도 있었다. 그렇게 낯선 땅에 도착한 이들의 대부분은 비참하게 살다 죽음을 맞았고, 운이 좋아 목숨을 부지한 사람은 그 땅에 뿌리를 내리고 이주민의 시원이 되었다.

과거의 이주가 형벌이나 거스를 수 없는 운명의 일환이었다면 지금의 이주는 개인의 자유와 선택 그리고 낭만으로 가득하다. 인간이라면 누구나 원하는 곳으로 이주할 자유가 있다. 그러나 아이러니하게도 아무 데서나 살 수는 없다. 국가가 허락한 곳에서만 살 수 있기 때문이다. 주소가 분명하거나 거주지로 인정받은 곳에서만 살 수 있으며, 그 외의 이주는 법으로 금지되거나 인정되지 않는다. 만약 국적을 바꾸고 싶다면 내가 살고자 선택한 국가에서 나라는 존재를 허락하고 받아주어야만 한다. 그렇지 않은데 무작정 떠났다가는 미등록 체류자가 되어 어떤 법적 보호나 신체적 안전도 보장받을 수 없을 것이다.

결국 지금 내가 사는 이곳은 오로지 나의 자유의지로 선택했다고 생각할지 모르지만 엄연하게 따지면 착각이다. 그저 국가와 법이 정해놓은 선택지 안에서 자유롭게 선택했을 뿐이다.

절대적이고 완벽하게 자유로운 선택이란 없다. 선택지가 아무리 많다고 해도 결국 모든 선택은 허용된 조건 아래서 이루어진다. 조건이 공간이나 시간이든, 물질적이거나 비물질적이든 간에 말이다. 다만 허용된 조건을 우리가 의식하지 않기 때문에 자유롭다고 착각하는 것뿐이다.

내 선택은 어디까지나 주어진 것, 나를 둘러싸고 있는 바운더리 안에서 이루어진다. 그 바운더리는 내가 속한 공동체, 공동체의 신념과 가치관, 질서, 규칙, 법, 윤리가 얽히고설켜 만들어낸 경계선이다. 우리는 이 선을 다른 말로 이데올로기라고 한다.

사는 곳을 옮기는 행위는 개인이 선택할 수 있는 문제 같다. 하지만 그 선택을 하게 만드는 것은 나를 둘러싸고 있는 사회·문화·경제·정치적 조건이다. 특히나 태어난 곳이 곧 죽는 곳이라는 세계관 속에서 살았던 사람들의 이주는 결코 쉬운 선택이 아니었다. 목숨을 거는 것과 마찬가지였기 때문이다.

　아무런 정보와 준비 없이 떠난 과거의 이주민들은 절망에 가까운 희망을 안고 낯선 땅에서 새 삶을 시작해야 했다. 한 번도 경험해보지 못한 문화에 당황했고, 이유 없는 차별에 속수무책으로 당해야 했다. 이들은 언어를 가지지 못했고, 백인과 같은 사람임을 주장할 권리를 가지지 못했으며, 정당하게 노동하고 세금을 내는 시민임을 인정해줄 수 있는 정치를 가지지 못했다. 그래서 이방인이라는 낙인을 지우기 위해 자존심 상하지만 현지인을 무작정 따라 하거나 그들 문화에 진입하기 위해 자신의 고유함을 버리기도 했다. 혹 이런 선택을 한 사람들을 조국을 버린 사람이라고 비난하려 했다면 그 마음을 잠시 미루길 바란다. 짐작하건대 조국을 버리겠다고 처음부터 작정한 사람은 거의 없었을 것이다. 뼛속까지 조국을 미워하거나 조국으로부터 버림받지 않은 이상 말이다. 다만 낯선 땅에서 어떤 공동체가 나를 가장 안전하게 보호해줄 수 있는지, 어떤 신념이 나를 가장 유리하게 만들어줄 수 있는지 고민하다

보면 경우에 따라서는 그러한 선택도 할 수 있음을 인정할 필요가 있다는 점을 말하고 싶다. 물론 그 선택의 옳고 그름 또는 성공과 실패, 업적과 과오는 역사가 판단할 일이다.

결국 한 사람의 삶을 알아간다는 것은 그를 둘러싸고 있는 사회, 시대, 역사를 알아가는 것과 다름없다. 그 과정은 곧 이 모든 것을 작동시키는 근본적인 힘, 바로 정치를 제대로 읽어내는 일과도 다르지 않다. 삶이 곧 정치인 이유고, 정치가 곧 삶인 이유이기도 하다.

나의 시원, 가족, 그리고 이데올로기

일제 강점기, 가난을 견디지 못한 조선인은 일본으로 가면 그래도 먹고는 살 수 있다는 말에 일본으로 떠나 이주민의 삶을 시작했다. 그러나 말이 통하고 생김새가 같은 조선에서도 가난했던 사람이 일본에 갔다고 해서 갑자기 잘 먹고 잘살 가능성은 없었다. 당시 일본인에게 조선인은 그저 무식하고 가난한 식민지 출신의 2등 국민일 뿐이었다.

일본으로 건너간 이주민들은 조선과 일본 모두에 속았다는 걸 깨달았지만 돌아갈 수 없었다. 돌아갈 여비도 없었거니와 일본 식민지인 조선으로 돌아가봤자 별 의미가 없었기 때문이다. 그렇게 그들은 오사카를 중심으로 모여 살며 오사카 디아스포라를 형성했다. 식민지 시기부터 해방 직후까지 조선인들이 살았던 이 지역은 더러움, 가난, 질병이 가득한 조선인 거리의 대명사가 되었고, 그 이미지는 오랫동안 사라지지 않았다.

1945년 일본이 패전하고 조선이 해방되었지만, 일본으로 간 조선 이주민들은 한국으로 건너오지 못했다. 한국 정부는 그들이 일본에 거주하고 있다는 이유로 입국을 거절했고, 일본 정부는 이들이 조선인이라는 이유로 일본 국민으로 인정하지 않았다. 1965년에 이루어진 일본과 국교를 회복한 후 한국 정부는 일본에 거주하는 조선인들의 국적을 한국으로 변경하도록 요구했지만 개중 일부는 정치적 신념이나 가치관을 이유로, 그것도 아니면 국적을 바꾸어봤자 세상은 그대로인데 뭐가 달라지겠냐는 이유로 기존 국적을 유지했다. 이들은 현재 한국인도, 일본인도, 그렇다고 북한인도 아닌 채 '특별 영주권자'라는 애매한 자격으로 일본에 살고 있다. 정확한 명칭은 재일 조선인이다.

이주자에게 중요한 것은 이주한 곳에서 어떤 지위를 얻

을 수 있느냐다. 지위에 따라 어떤 자원을 이용하거나 획득할 수 있는지가 결정되기 때문이다. 대개 이주자들의 지위는 그들의 문화보다는 그들을 둘러싼 상황의 구조가 결정한다.[*] 백인들의 유럽 사회로 끌려간 아프리카 출신 국민, 제국주의 사회에 강제 편입된 식민지 국민, 자본가가 아닌 노동자로 유입된 아시아인은 지위를 선택할 수 없었다.

일본으로 건너간 1세대 이주민들의 가장 큰 고민은 당연히 먹고사는 것이었다. 가난을 피해 일본으로 왔지만 달라진 건 없었다. 오히려 민족과 국가가 다르다는 이유로 차별의 이유만 더 늘어났을 뿐이다. 아는 사람도 없고 말이 통하지 않는 낯선 땅에서 이민 1세대가 할 수 있는 일이란 언어가 필요 없는 일, 남들이 꺼리는 일, 저렴한 노동력을 필요로 하는 일이 전부였다. 먹고살기 위해서 이들은 닥치는 대로 일했다. 조선 출신인 것을 알면 차별받을 게 뻔해 본명을 숨기고 일본 이름을 사용하기도 했고, 조센징이라 놀림당해도 묵묵히 참아야 했다. 조선인 편을 들어줄 일본인은 없었기 때문이다.

* 에릭 R. 울프, 박광식 옮김, 《유럽과 역사 없는 사람들》, 뿌리와이파리, 2015, 708쪽.

1세대 이주민들 중 일부는 때가 되면 조국으로 돌아가 겠다고 생각했다. 하지만 시간이 흐르고 해방된 후에는 완전히 딴 세상이 되어버린 조국으로 돌아가는 것도 쉽지 않았다. 이들은 자신의 신념이나 이해관계에 따라 무엇이 유리한지 생각하고 정치 이데올로기를 택했다. 이들에게 정치는 곧 삶 자체였기 때문이었다. 자신의 처지와 지위가 그 증거였고, 그것을 결정하는 것은 정치적 이데올로기라고 믿었다.

그 사이에 가족과 자식이 생겼다. 속인주의 원칙을 따르는 일본 정책상 부모가 조선인이면 자식도 조선 국적을 가져야 했다. 부모의 정치적 신념과 선택에 따라 자식은 부모의 국적을 그대로 물려받아야 했다. 부모가 조선(북한) 국적을 가지고 있다면 자식도 조선 국적을 따라야 했다. 그로 인한 피해나 차별도 감수해야 했다. 참고로 재일교포 사회에서는 일본 이름을 갖는 것을 허용하지 않았고, 일본 사회에서는 한국 이름을 허용하지 않았다.

일본의 요구에 따르지 않은 대가로 재일 조선인 1세대는 물론이고 2세대 역시 일본 사회로부터 철저히 분리, 배제되었다. 이 과정에서 이민 1세대와 2세대 간에 갈등이 발생했다. 조선에서 나고 자란 1세대의 국민-국가 정체성과 일본에서 나고 자란 2세대의 국민-국가 정체성은 너무나 달랐기 때문이다.

발은 일본 땅을 딛고 있으면서 언어는 조선어를 써야 하고, 정작 한 번도 가본 적 없는 한국/북한을 조국이라고 불러야 하는 재일 조선인 2세대의 정체성 혼란은 그 이전 세대는 물론이고 이후 세대도 겪어보지 못한 낯설고도 두려운 감정이었을 것이라는 점은 충분히 짐작하고도 남는다.

이들에게 나라는 존재는 모순덩어리였을 것이다. 그렇다면 나는 무엇 때문에 모순덩어리가 되었나 고민하지 않을 수 없다. 그리고 그 답은 바로 체제, 신념, 이상의 총합이라 불리는 이데올로기였다.

《카메라를 끄고 씁니다》는 다큐멘터리 감독 양영희의 자서전이다. 재일 조선인 1세대인 그의 아버지는 국가 조직의 핵심 활동가고, 어머니는 집 안에 김일성과 김정일 사진을 걸어놓을 만큼 열성 지지자다. 하지만 양영희와 세 오빠는 일본에서 나고 자라 일본인과 다름없이 살아왔다. 그러다 두 명의 오빠는 북송 사업이라 불리는 재일 코리안 이주 프로젝트에 휩쓸려 북송되었고, 일본에 남은 첫째 오빠 역시 축하사절단이라는 명분으로 인간 선물이 되어 북한에 끌려갔다. 아버지와 어머니는 그것이 자식을 위한 최선의 선택이라 믿었다. 자신을 둘러싼 정치와 신념 안에서 할 수 있는 최선의 선택 말이다.

결과적으로 아버지는 자신의 선택이 최선이 아니었단 사실을 알게 되었지만 되돌릴 수는 없었다. 아버지는 자식에 대한 사랑과 평생 믿고 따른 정치적 신념 사이의 괴리감을 온몸으로 느꼈지만 그럼에도 이데올로기를 포기하지 못했던 것이다. 이데올로기를 포기하는 것은 금쪽같은 아들을 '정치적 인질'로 만들었음을 인정하는 것이자, 자신이 믿어 의심치 않았던 모든 신념이 잘못되었고, 자신 역시 잘못된 선택을 했다는 것을 인정하는 꼴이나 마찬가지였기 때문이다.

양영희는 인간의 본능과 신념이 이데올로기와 상충될 때 나타나는 모순을 부모를 통해 발견한다. 동시에 자신 역시 그 모순의 결과물이라고 고백한다.

양영희의 정체성은 복잡하다. 재일 조선인 2세로 조선 국적이지만 일본에서 나고 자라 일본인이라고 해도 무방하다. 부모님 국적을 따라 조선 국적을 갖고 있지만 사실

두 분 모두 제주 출신이다. 게다가 양영희가 북한에 가본 건 기껏해야 몇 번이 전부다. 하지만 세 오빠는 북한에서 가족과 함께 살고 있다.

인생은 자유의지에 따라 선택하는 과정이라는데, 양영희는 자신이 가진 정체성 중에서 스스로 선택한 것이 하나도 없다. 모든 것은 그저 주어졌고, 그 안에서 선택할 수 있는 것을 선택했을 뿐이었다. 게다가 주어진 것 안에서 선택한다고 해서 조선인으로든, 일본인으로든, 한국인으로든 보호받거나 인정받을 수 있는 것도 아니었다.

고뇌 끝에 양영희는 스스로 문제아가 되기로 다짐한다. 북송된 오빠를 보면서 느끼는 분노, 북한이 어떤 사회로 평가받고 있는지 모르는 조카에 대한 안타까움, 이념의 모순을 알면서도 신념을 포기하지 않는 부모에 대한 애증이 그녀를 체제에 저항하도록 만든 것이다. 그리고 정체성을 향한 그녀의 칼날은 결국 이데올로기라는 방패를 겨누었다. 물론 그녀는 뚫지 못했기 때문에 결과적으로 아무것도 해결되지 않았다. 그러나 상관없다. 어느 누구도 이데올로기 앞에서 자유로울 수 없기 때문이다. 인간이 호모폴리티쿠스(정치적 인간)로 불리는 이유다.

영리한 호모폴리티쿠스에게 가장 매력적인 장난감은 아마도 이데올로기일 것이다. 이데올로기야말로 타인을 내 편으로 만들고 권력을 키우도록 해주며 서로를 강력하게 묶어주는 접착제이기 때문이다.

그런데 이데올로기 그 자체로는 옳고 그름, 선과 악, 호와 오를 판단할 수 없다. 이데올로기는 오로지 그것을 사용하는 인간의 의도와 그 결과로 평가되기 때문이다. 으레 성공하면 좋은 이데올로기, 실패하면 나쁜 이데올로기라고 생각하기 쉽지만 이런 이분법적 사고는 무척 위험하다. 역사로 남지 못한 과거가 모두 실패하거나 나쁘다고 말할 수 없기 때문이다. 반대로 역사로 남았다고 해서 모두 성공하거나 좋은 것도 아니었다. 역사에 남지 않았지만 인류를 변화시킨 이데올로기들은 분명히 존재하며, 이것을 찾아내는 것은 바로 우리의 몫이기도 하다.

역사가 우리를 망쳤지만 상관없다

"역사가 우리를 망쳐놨지만 그래도 상관없다"라는 소설 《파친코》의 첫 문장이 떠오른다. 소설의 주인공 선자의 삶은 대한민국 역사의 흐름과 궤를 함께한다. 식민지 조선 출신, 가난한 여자, 비혼모라는 개인의 조건은 이데올로기와 제2차 세계대전 시기의 국제 상황이라는 거대한 굴레에 편입되면서 변화무쌍해진다. 유부남 한수의 아이를 낳은 것, 조선에서 떠나 일본으로 건너간 것, 해방 후 한국으로 돌아가지 않고 일본에서 이방인으로 사는 것 모두 선자가 선택했지만 그 결과는 늘 거대한 역사의 굴레에 따라 좌우되었다. 물론 덕분에 성공을 이루기도 했다. 하지만 기쁨이 있으면 슬픔도 있는 법. 첫째 아들 노아는 아무리 노력해도 자신은 조선 출신의 2등 시민을 벗어날 수 없다는 현실과, 더러운 돈으로 부를 축적한 사람이 생부라는 사실에 비관하며 자살한다. 둘째 아들 모자수는 권력과 이데올로기의 빈틈을 노리며 부를 축적하지만, 일본인도 조선인도 아닌 채 '특별 거주증'이라는 '개 목걸이'를 항상 지니고 살아야 한다. 그의 가족도 예외는 아니다.

양영희의 부모도 선자와 크게 달라 보이지 않는다. 당시 정치적 상황에서 남한보다 북한이 훨씬 나을 것 같다는 생각에 처자식까지 데리고 북한 사회로 진입한 아버지, 흰 쌀밥을 먹고 으리으리한 집에 살 수 있다는 말만 믿고 아들을 모두 북한으로 보냈지만 실상은 비참하게 연명하는 것을 보면서도 북한에 대한 지지를 포기하지 않는 어머니의 모습은 사실 이해하기 어렵다. 하지만 그들의 선택은 배우지 못해서, 나쁜 사람들의 꼬임에 넘어가서, 하다못해 판단력이 부족해서도 아니다. 그저 그때의 상황과 처지가 이들을 그렇게 이끌었다고 말하는 것이 타당하다. 그것이 최선의 선택이라고 믿었기 때문이다. 역사는 이들을 망쳤지만 그들은 상관하지 않았다. 망치면 망치는 대로 또 살아남아야 하는 게 인생이기 때문이다.

인간은 역사를 만들지만, 동시에 역사는 인간의 삶을 결정한다. 상관없다는 말은 역사가 어떻든 괜찮다는 뜻이 아니라, 그것이 우리를 좌절하게 만들어도 살아갈 수밖에 없다는 뜻이다. 결국, 역사는 살아남은 사람들의 이야기다.

우리는 이 사람들을 기억해야 한다. 역사가 망친 사람들, 그래서 역사가 없는 사람들, 하지만 누구보다 역사를 몸으로 익힌 사람들. 그들의 삶이 곧 우리의 삶이고 교훈이기 때문이다.

V

진심과 의심 사이,
소신과 맹신 사이

신념에 대하여

뇌가 편해지면 사회는 불편해진다

"'저 인간은 바보다' '저 인간 미쳤나 봐'라고 느낄 때의
그 '저 인간'에게도 인격과 감정, 생각이 존재한다."
— 나카노 노부코, 김현정 옮김, 《정의중독》, 시크릿하우스

미쳤네, 미쳤어!

누군가를 음해하는 뒷담화에 항상 등장하는 동사의 8할
은 '미치다'다. 명사형으로는 미친놈 또는 미친년이 있고,
동사의 감탄형으로는 '미쳤네!' 혹은 '미쳤어!'가 있다. 의
문형으로도 쓰이는데, '미친 거 아냐?'는 몰라서 묻는 것이
아니라 상대의 동의를 얻기 위한 질문에 가깝다. '미치다'
와 비슷하면서 점잖은 표현으로는 '제정신 아니네', '어디

아픈 거 아냐?' 또는 '죽을 때가 다 됐네' 등이 있다.

우리는 스스로를 평균적, 상식적, 보편적으로 사고하는 사람이라고 생각한다. 큰 문제 없이 공동체 생활을 유지하고, 외롭지 않을 정도의 사람들을 곁에 두고 있으며, 때때로 합리적이라는 평판도 듣는다. 칭찬은 고래뿐만 아니라 몸치인 나도 춤추게 만든다. 그렇게 나는 세간의 평판을 유지하기 위해 주기적으로 각종 소셜 네트워크 서비스를 통해 최신 정보를 수집하며 업데이트하는 센스도 잊지 않는다.

수많은 정보 중 가장 믿을 만한 정보를 선택하는 것은 중요한 일이다. 요즘처럼 가짜 미디어니 가짜 뉴스니 하며 가짜가 넘쳐나는 세상에 믿을 만한 정보를 찾는 것은 여간 수고로운 일이 아니다. 하지만 다행이다. 나의 사고 능력은 충분히 평균적이고 상식적인 덕분에 진짜와 가짜쯤은 정확하게 판단할 수 있으니 말이다.

나의 정보 수집 능력이 빛을 발할 때는 내가 구매한 상품이나 서비스에 대한 리뷰가 폭발적인 관심을 끌 때다. "꿀팁 감사합니다", "리뷰 덕분에 좋은 선택을 할 수 있었어요"라는 말을 접하면 선한 영향력을 전파한 듯해서 그렇게 뿌듯할 수가 없다. 역시 나의 판단과 선택은 틀린 적이 없고 늘 옳다고 확신하는 순간이다.

그런데 누군가가 찬물을 끼얹는다. 내 글 바로 위에다 보란 듯이 분위기가 전혀 다른 리뷰를 올린 것이다. 말로는 지극히 사적인 리뷰라고 겸손을 떨지만 누가 봐도 내 생각과 판단이 틀려'먹었'다고 말하는 듯하다. 나는 예의 바르고 조리 있는 말투로 반박하는 댓글을 단다. 그런데 돌아오는 댓글이 가관이다.

"님, 꼰대임?"

이것 봐라? 네가 틀린 걸 틀렸다고, 아닌 걸 아니라고 말한 것뿐인데 지금 나랑 싸우자는 건가? 머릿속이 바빠진다. 대체 뭘 배웠길래 이렇게 싸가지가 없냐고 생각하며 나이, 성별, 출신, 교육 수준까지 추리한다. 확인할 수 있는 건 서너 문장의 상품평과 댓글이지만, 여기서 뽑아내는 정보는 거의 망상 수준이다. 결국 댓글에 대댓글에 대대댓글의 무한 반복 끝에 마무리되는 문장은 아무리 교양 있는 표현으로 바꾸어도 결국 "미친놈, 지랄하네"의 베리에이션

일 뿐이다.

지칠 때쯤 제삼자가 등장하더니 게시판을 그만 도배하라고 경고한다. 어떤 놈(이쯤 되면 말이 곱게 나오지 않는다. 내 편을 들지 않는 이상 모두 적으로 간주하고, 놈으로 부른다!) 이 꺼드나 싶어 쌍심지를 켠다. 하지만 어떤 놈 덕분에 더 이상 댓글이 달리지 않는다. 내가 이긴 게 분명하다. 말문이 막혔다는 건 내가 옳았음을 인정한다는 뜻이니 말이다.

"미친놈, 한 번만 더 덤벼봐라."

제대로 응징했다는 마음에 쾌감이 샘솟는다.

나는 무엇을 위해 이렇게 타인과 치열하게 싸우는가. 정의를 위해서? 진실을 위해서? 아니다. 상대방이 다시는 나에게 덤빌 수 없도록 '복수'할 때 오는 그 쾌감을 잊지 못해서 싸우는 것이다.

단순하다고 다 좋은 건 아니다

《정의중독》의 지은이 나카노 노부코는 인간이 정의중독에 빠지는 이유를 뇌의 특성에서 찾는다. 우리의 뇌는 굉장히 영리해서(?) 가성비를 무척 중요시한다. 대표적인 행동이 즐거운 거 좋아하고 귀찮은 건 싫어하는 것, 즐거운 건 계속하려 하고 귀찮은 건 안 하려고 애쓰는 것이다.

우리가 쾌감을 느끼는 원인은 도파민이라는 호르몬이 분비되기 때문이다. 그 짜릿한 기분을 한번 느끼면 계속 경험하고 유지하기 위해 뇌가 행동을 반복한다. 짜릿함의 대표적인 예는 승리와 복수다. 승리의 쾌감은 연습의 고통을 잊게 하는 강력한 에너지가 되고, 복수는 나의 고통을 치유해주는 유일한 치료제다. 게다가 복수는 처벌 또는 응징이라는 사회적 뜻도 있기 때문에 때로 정의의 다른 말이 되기도 한다. 그런데 종종 아무 관련이 없는 사람들이 사회적 응징을 자처하며 정의를 외치는데, 그 모습은 무섭다 못해 괴이하다. 이름만으로도 무서운 엄마부대, 태극기부대 등…. 이들의 목표는 단 하나다. 공격과 파괴. 그런데 이들의 공격과 파괴의 대상이 이해관계에 따라 수시로 바뀌고, 부대원들은 위에서 시키는 대로 하면서도 여기가 뭐 하는 데냐고 되묻는 모습을 보면 정의로워 보이기보다 한심해 보인다. 아무리 생각해도 선택적 정의에만 혈안이 된 가짜 부대들이다.

또한 뇌는 귀찮은 것을 너무 싫어해서 복잡한 것, 낯선 것은 최대한 피하고 싶어 한다. 예를 들면 고속도로와 국도 중 국도를 이용하는 것은 효율과 편리함을 포기하는 어리석은 선택이다. 단 10분의 낭비도 없이 계획으로 가득 찬 여행은 좋지만, 계획도 없고 예상도 빗나가는 모험 같은 여행은 딱 질색이다. 철저한 계획이 짜인 여행사 패키지를 이용하면 하루 9개국 투어도 가능한 세상에 발길 닿는 대로 여행한다니, 이보다 비효율적인 여행은 없다!

과거에는 보고 듣는 세상이 지금보다 훨씬 좁았고, 나와 다른 생각, 신념, 가치관, 행동 범위를 지닌 사람을 만날 기회가 많지 않았다. 이를테면 뇌가 바쁠 일이 별로 없었던 셈이다. 그러나 지금은 목숨 걸지 않아도 마음만 먹으면 지구 반대편으로 여행할 수 있고, 휴대전화만 있으면 뇌가 폭발할 정도로 많은 정보를 접할 수 있다. 조금만 방심했다가는 넘쳐나는 정보 때문에 미쳐버릴지도 모른다.

어떻게 하면 미치지 않고 효율적으로 일할 수 있을지 생각해보자. 가장 쉬운 길은 나를 중심으로 판단의 기준을 세운 후 외부 집단을 판단하는 것이다. 내 기준과 다르거나 내가 이해할 수 없는 무엇이다? 그렇다. 싹 다 미친것들이다. 이보다 명쾌하고 분명한 사고 처리 방식이 있었던가.

못 배워서, 성격이 나빠서, 생각이 짧아서 이렇게 생각한다고 하면 큰 오해다. 그저 우리 뇌가 가장 효율적인 방법으로 일 처리를 하는 것뿐이다.

그러나 잊지 말아야 할 것이 있다. 나는 뇌의 것이 아니라 뇌가 나의 것이라는 사실을. 뇌가 잘못해도 결국 책임은 뇌의 주인인 내가 짊어져야 한다는 것을.

세상에 얼마나 많은 생각이 있는지 확인할 수 있는 영역을 꼽으라면 단연 소셜 네트워크 서비스다. 확인 방법도 너무나 쉽다. 몇 번만 터치하면 알고리즘이 알아서 내가 좋아할 법한 것들을 쏙쏙 골라 추천해주기 때문이다. 이 과정을 몇 번만 하다 보면 나, 그리고 나와 비슷한 사람들이 세상을 움직이는 것만 같다. 게다가 나와 생각이 비슷한 사람을 만나면 기분 좋은 것을 넘어 뿌듯하다. 그 사람이 유명인이거나 인플루언서이기라도 하면 마치 내가 그 사람과 동급이 된 것처럼 우쭐해지는 기분도 놓칠 수 없다. 팔로잉을 클릭하고 친구로 추가한다. 어머! 하고 보니 순식간에 수십 명의 팔로어가 생기고 친구가 되었다. 세상이 각박해졌다고 하는데 소셜 네트워크 서비스 세상은 어느 곳보다 따듯하고 나와 같은 지점을 보는 사람이 많다.

이보다 다행스러운 일이 또 있을까.

무릎을 치며 페친(페이스북 친구), 인친(인스타그램 친구)들의 생각을 한참 엿보는데 나를 불쾌하게 만드는 지점이 쑥 튀어나온다. 정확히 말하면 내가 옳은 것이라고 생각하는 것들이 거절당하는 지점이다. 그 대상은 외모나 피부색, 정치나 종교 혹은 성별, 하다못해 취미, 생활 방식, 취향일 수도 있다. 그때부터 뇌는 혼란스럽다. 어떻게 해서든 나와 다른 사람들을 단순화, 일원화, 흑백화해야 한다. 그래야 뇌가 단순해지면서 마음의 안정을 찾으니 말이다.

처음에는 내 생각을 굳이 드러내지 않는다. 혹시 나만 이상하게 생각하는 거라면 내가 틀렸음을 만천하에 알리는 셈이니까. 눈치 보고 있는데 어떤 사람이 내가 이상하다고 생각하는 똑같은 부분을 지적한다. 그 사람은 누가 봐도 권력 있는 인물이다. 권력과 권위가 있는 사람의 말과 내 생각이 일치했다는 사실을 알자 없던 용기가 생긴다. 같은 편이라고 말할 수 있는 용기, 함께 저격할 수 있는 용기, 내가 곧 정의라고 외칠 수 있는 용기.

다수의 힘을 등에 업고 저격하며 얻은 쾌감은, 멈추지 말고 계속 활동하도록 뇌를 재촉한다. 이 쾌감은 내성이 강해서 하면 할수록 더 세게, 더 많이 느끼도록 뇌를 자극한다. 단, 더욱 간단하고 쉬운 방식으로 말이다. "미친놈이네", "벌레 주제에", 그것도 아니면 "그냥 죽어라"와 같은 말은 그렇게 정의의 탈을 쓰고 나와 생각이 다른 사람을 응징하는 가장 가볍고도 날카로운 무기가 된다. 이것이 바로 쾌감이 중독을 만드는 과정이다.

일관성을 요구하지 않기

코로나19 바이러스로 인한 팬데믹이 이어지던 시기, 이와 비슷한 상황을 이전에는 경험하지 못했던 우리 사회는 어떻게든 이 전쟁에서 살아남기 위해 내로라하는 연구자, 의료진, 행정 전문가들을 동원하며 뇌를 풀가동했다. 촌각을 다투며 전문가들이 쏟아내는 정보들 덕분에 온 국민이 코로나19 바이러스 전문가가 되는 것 같았다. 하긴 모든 미디어가 24시간 동안 쏟아내는 정보를 듣고 있는데 반쯤 박사가 되지 않으면 오히려 이상할 지경이었다. 팬데믹의 원인은 '코로나19 바이러스' 하나였지만 접근 방식이나 해결 방법은 천차만별이었다. 과학적, 사회적, 하다못해 종교적·정치적 권력까지도 각자의 셈법으로 사태의 해결 방식을 제안했다.

지금이야 농담거리도 안 되지만 명칭이 우한폐렴이냐 코로나 바이러스 감염증이냐를 두고 정치권에서는 죽자고 싸우기도 했고, 쳐다보기만 해도 눈으로 전염된다는 뉴스에 많은 사람이 이제는 마스크로도 모자라 안대도 써야 하냐며 공포에 떨었다. 집단 발병이 일어날 때마다 어떤 미친 변태가 바이러스를 퍼뜨리고 다녔냐며 신상을 탈탈 털기 위해 온 국민의 눈이 벌게지기도 했다. 이름, 얼굴, 사는 곳은 물론이고 바이러스와는 상관없는 사적인 것들까지 전염병의 잠재적 이유가 되었다. 그때는 맞다고 믿었지만 지금은 완전히 틀린 답들이다.

유사 언론 또는 일인 미디어가 우후죽순 생겨난 이후 사람들은 미디어의 탈을 쓰면 모든 것이 정보가 되는 줄 착각한다. 사람들은 가짜와 진짜 정보를 구분하지 않는다. 진짜란 내가 믿는 것이고, 진정한 전문가란 내가 옳다고 인정해주는 사람이다. 가짜란 내가 인정할 수 없는 모든 것이고, 사이비는 나와 생각이 다른 사람들 모두다. 정의는 내가 맞다고 믿는 모든 것이다. 딱 여기까지다. 이런 식으로 가짜와 진짜, 정의와 악을 구분하고 입맛에 맞는 정보를 선별한 후 주변 사람에게 자신이 '믿는' 정보를 퍼뜨린다. 좋은 건 함께해야 한다며.

사는 곳이 곧 죽는 곳이었던 옛 시절에는 주위 사람 대부분이 비슷한 생김새로 비슷하게 살았다. 신분이 정해져 있던 시절에는 신분에 따라 행동하기만 하면 그럭저럭 살 수 있었다. 나와 신분이 다른 사람의 삶을 부러워하더라도 욕망하진 않았다. 안 되니까. 당연히 타인을 이해하는 폭이 넓지 않았고, 그것을 요구할 필요도 없었다. 부모가 했던 것을 따라 하고, 가족의 삶을 배우고, 공동체의 요구에 따르기만 해도 나쁘지 않은 삶이었다. 정의와 믿음, 사실과 진실 사이의 괴리감은 모르긴 몰라도 지금보다는 적었다.

하지만 지금은 아니다. 뇌가 열일하지 않으면 안 되는 세상이다. 정보가 넘쳐나고 세상은 빠르게 변하고 있기 때문이다. 남녀노소 가리지 않고 사람들 입에서 정신 나간 놈, 미친놈이란 말이 쉽게 등장하는 이유는 예전보다 환경이 나빠지거나 미친 사람이 급증해서가 아니라 나와 생각이 다른 사람을 상대하기 싫지만 어떻게 해서든 그들이 틀렸다고 말하고 싶을 때 가장 쉽고 편리하게 표현할 수 있는 말이기 때문이다.

　미디어도 정보도 넘쳐나는 세상이다. 볼 것도 많고 생각할 것은 더더욱 많다. 그러나 뇌는 복잡하거나 어려운 것은 딱 질색한다. 이 게으른 뇌를 이기지 못하고 그 상태로만 사용하다 보면 우리는 옳고 그름을 판단하지 못하고 그저 입맛에 맞는 것만 찾게 될 것이다.

　정의는 공동체에 필요한 덕목이지만, 편을 가르거나 어느 한쪽을 선택해야 한다는 편향적 사고가 개입하면 본질은 분열된다. 분열된 틈을 비집고 나오는 문제들이 바로차별과 배제 그리고 혐오다.

　타인을 인정하기 싫을 때 가장 쉽게 쓰는 말 중 하나는 '멍청이', '또라이', 아니면 '-충'을 붙인 용어다. 저마다의 특수한 상황과 조건을 납작하게 만들고 환원해버리는 원초적 비난은 상대방이 반박하거나 저항할 의지를 단번에 뭉개버릴 수 있다는 점에서 가성비가 꽤나 좋다.

　멍청이 또는 또라이라는 비난을 들었을 때 할 수 있는 최고의 복수는 그보다 독한 단어를 찾아 더 세게 공격하는 것이다. 그것이 불가능하다면 같은 급의 언어로 맞받아치는 것, 그것도 아니면 반응하지 않고 무시하는 것뿐이다.

이러나저러나 양쪽은 이견을 좁히거나 합의하고 싶은 마음은 애초부터 없다. 그저 저것들은 틀려먹은 사회악이자 벌레일 뿐이기 때문이다.

상대를 이해하지 않으려는 태도는, 자기 공동체를 제외하면 모두 개념 없고 멍청한 또라이들의 쓸모없는 집단에 불과하다고 생각하며 정의는 단 하나라고 믿도록 만든다. 혹시 마음에 들지 않는 집단을 향해 '정의의 이름으로 용서하지 않아야 할 것'이라고 강하게 외치는 자신을 발견한다면?

아마도 당신은 정의중독에 빠졌을 가능성이 매우 크다.

신은 믿지만 종교는 없습니다

"경외를 느끼고 경험하는 데
신은 필요하지 않다. 생명이 필요할 뿐이다."
— 필 주커먼, 박윤정 옮김, 《종교 없는 삶》, 판미동

종교 없이 어떻게 애를 키워요?

나는 신은 믿지만 종교인은 아니다. 나에게 신은 종교와 믿음의 대상이라기보다 세상을 수용하는 태도에 가깝다. 좋은 일이든 나쁜 일이든 논리로 해석할 수 없고 인간능력 밖인 일이 생길 때 나는 인간의 세계관으로는 설명할수 없는 에너지가 나를 움직이고 있다고 확신한다. 이것을어떤 사람은 운명이라고 하고, 어떤 사람은 팔자라고 한다.

어떤 사람은 신의 뜻이라고 하고, 어떤 사람은 업보라고 한다. 무엇으로 부르든 상관없다. 중요한 것은 인간의 능력과 논리로 감당할 수 없는 거대한 에너지가 존재한다는 것이고, 그렇기에 우리는 겸손해야 한다는 것이다.

나에게 신이란 단어는 세상의 중심이 내가 아니라는 것, 내 힘으로 할 수 있는 것보다는 어쩌지 못하는 것이 훨씬 많다는 것, 그리고 이러한 현상과 행위의 주체를 보편적으로 아우르는 표현에 불과하다. 나에게 신은 소원을 이루어 주는 지니도, 선택과 행동의 결과에 대해 상벌을 내리는 심판자도 아니다. 혹 죽어서 불지옥에 간다면 그건 신을 믿지 않은 것에 대한 처벌이 아니라, 살면서 잘한 일보다 잘못한 일이 더 많기 때문일 것이라는 논리가 나에게 훨씬 설득력 있게 들리는 이유는 전자보다 후자가 받아들이는 데 저항감이 덜하기 때문이다.

만약 신에 대한 믿음의 유무가 처벌의 근거가 된다면, 나의 행동이 아니라 신에 대한 믿음의 유무로 선인과 악인이 결정된다면 도덕과 윤리가 무슨 소용이 있고 법과 질서는 뭐 하러 지킬까. 제멋대로 살다 불리할 때쯤 신을 찾으면 모든 게 해결될 텐데 말이다. 악행을 저지른 사람들의 죄책감, 수치, 부끄러움이 신의 이름 하나로 깃털처럼 가벼워질 걸 생각하니 불쾌함이 밀려온다. 이런 나를 보며 그들은 말하겠지. 인간에게 저항하지 말고 신에게 순응하라고, 그럼 너도 나처럼 평안해질 수 있다고.

　덧붙이면, 나는 신의 모습이 반드시 사람과 같을 거라고 생각하지도 않는다. 인간과 비슷하게 생겼을 수도 있고, 아예 인간이 아닐 수도 있다. 생명체일 수도 있고, 생명체가 아닐 수도 있다. 발견되지 않았다는 이유로 존재를 부정당하는 경우가 존재를 인정받는 경우보다 훨씬 많음을 기억하면 신의 모습이 인간과 같다는 생각만큼 큰 착각도 없다. 예를 들어 심해에 사는 생물을 생각해보면 이해하기 쉽다. 사람들은 아무리 자세히 뜯어보아도 과학자가 분류한 계-문-강-목-과-속 중 어디에도 해당되지 않는 몸을 지닌 생물을 접하면 "저렇게 생긴 것도 생명체야?"라고 말하며 충격과 공포를 숨기지 않는다. 어쩌면 그 모습이 모든 생명체의 시원일지도 모르고, 생명의 출발은 인간이 아니라 그들이었을 수도 있다. 그러나 인간과 닮은 점이 없고 상상력 밖의 생명체라는 이유로 이들이 발견되기 전까지는 '없는 것', '미확인 생명체', 그것도 아니면 외계인으로 취급하곤 했다.

　많은 종교인 역시 외모, 출신, 성별 등으로 신을 규격화, 규범화하고, 자신이 믿는 신과 모습이 다른 신은 모두 사이비, 가짜, 사탄이라고 규정짓는다. 이를테면 무속인은 사이비고, 나의 믿음을 방해하는 자는 사탄이며, 나와 다른 종파는 모두 가짜라고 취급한다. 그러면서 사이비는 교활한 외모로, 사탄은 인간이 아닌 짐승으로, 가짜는 유혹하는 이성(대부분 여자)으로 그리곤 한다. 내가 보았던 하나님의 아들은 하나같이 금발에 파란 눈의 백인이다. 예전 그림을 보면 그래도 나라마다 예수님 얼굴이 현지화되면서 조금씩은 달랐던 것도 같은데, 어느 순간부터 대부분의 교회에서 볼 수 있는 모습은 금발의 백인 미남으로 굳어진 듯하다. 그리고 가장 확실한 건 하나님의 성별은 아버지, 그러니까 남자다!

　하얀색 천사와 대비되는 악마는 피부가 검거나, 검은 옷을 입는다. 하다못해 명품을 입어도 검은색 '프라다'만 입는다! 생각해보라. 검은 피부에 납작한 코, 스포츠머리를 한 여자, 검은색 옷을 입은 신을. 도무지 상상이 되지 않는다. 그 이유는 신이 그런 모습을 하지 않았기 때문이 아니라 인간이 그런 모습으로 신을 그리지 않았기 때문이다. 결국 신이란 실존하는 무엇이 아니라 인간이 생각할 때 가장 아름답고 멋지고 강력한 것의 집합체에 적합한 이미지를 조합하여 형상화한 무엇이라고 보는 것이 타당하다.

내가 아이를 낳고 가장 많이 들은 말 중 하나는 '부모가 되어서 어떻게 종교가 없냐'라는 비난에 가까운 질문과 '믿음 아래서 자란 아이들은 다르다'라는 신뢰할 수 없는 명제다.

언제부터 부모의 자격 조건에 종교가 포함되었는지 알 수 없지만, '부모가 되어서 어떻게'라는 의문형으로 시작하는 질문은 내가 보호자로서 당연한 의무를 다하지 못했다고 지적하는 듯해서 절로 위축되곤 했다. 아이와 관련한 것만큼은 가장 먼저 발이 저리는 게 부모 마음인지라 이런 말을 들으면 종교와 아이의 성향, 성품은 상관없다고 받아넘기면서도 한쪽으로는 혹시 나 때문에 아이가 저러나 하는 걱정과 두려움이 머릿속을 가득 채운다. 자기 검열이 작동하는 순간이다.

'다르다'라는 언어가 불러일으키는 검열도 만만치 않다. 나는 타인과 다르기 때문에 좋을 수도 있고 나쁠 수도 있다. 나는 내가 속한 집단이 다른 집단과 다르기 때문에 이익을 얻을 수도 있고 손해를 볼 수도 있다. 어느 집단을 선택하느냐는 삶을 유지하는 데 무척 중요한 문제이고, 어떤 것을 선택하는 순간 개인은 선택한 집단의 요구에 부합할 것을 약속하고 노력해야 한다. 그렇지 않으면 언제든 다르다는 이유로 바깥으로 내쳐질 수 있기 때문이다.

또한 다르다는 말은 누구 입에서 나오느냐에 따라 그 의미와 힘과 미치는 범위가 달라진다. 남자가 여자에게 우리는 다르다고 하는 말의 맥락은 여자가 남자에게 말하는 맥락과 같다고 할 수 없다. 백인이 흑인에게 우리는 다르다고 말할 때의 힘은 흑인이 백인에게 말할 때의 힘과 같을 수 없다. 비장애인이 장애인에게 우리는 다르다고 말하는 범위는 장애인이 비장애인에게 말하는 범위와 같을 수 없다. 다르다는 말이 단지 물리적 다름만을 드러내지는 않는다는 것을 우리는 잘 안다.

믿음 안에서 자란 아이들은 다르다는 말은 그 믿음에 속한 아이들에게는 칭찬과 소속감을 부여할지 모르지만, 밖에 있는 아이들에게는 처벌과 차별의 근거가 된다. 사실 믿음 안에 있는 자기 아이들과 바깥에 있는 아이들이 정말로 다른지, 무엇이 어떻게 다르지 않은지는 객관적으로 증명할 수 없다. 뿐만 아니라 인간관계 전체로 확대하면 이 다름은 중요하지 않다. 예를 들어 선의 반대말이 악, 예의의 반대말이 무례가 될 수는 없다. 선과 악, 예의와 무례의 스펙트럼은 무척 넓기 때문이다. 이 스펙트럼을 설명하려면 어렵고 복잡해서 어쩌면 설명 자체가 불가능할 수도 있다.

그러나 세상과 사람들은 다르다는 조건을 차별의 근거로 사용한다. 나는 저들과 다르므로 이익을 얻어야 하고, 저들은 나와 다르므로 불이익을 감당해야 한다고 생각한다. 신의 사랑은 보편적이라지만 사랑의 결과는 차별적이어야 한다. 내가 있다고 믿어 의심치 않고, 존재하지만 보이지 않아서 쉽게 정의할 수 없는 신은 적어도 게이 빼고, 레즈비언 빼고, 광인 빼고, 장애인 빼고, 가난한 사람 빼고 사랑하는 속 좁은 분은 아닌데, 신의 선택을 받았다는 사람들은 오로지 자신 혹은 우리 집단만 사랑한다며 신의 뜻을 마음대로 갖다 붙이는 것 같아 속상하다.

신의 뜻대로

　무종교 문화와 종교 없는 사람들을 연구하는 사회학자 필 주커먼이 쓴 《종교 없는 삶》은 종교라는 상상의 신념으로부터 벗어나 주체성을 갖고 현실의 삶을 주도적으로 살아가는 무종교인들에 대한 이야기를 담고 있다. 필 주커먼의 이야기를 요약하면 무종교인, 비종교인들은 종교인들과 비교해 타인을 이해하고자 하는 태도가 훨씬 열려 있다는 것, 그리고 이러한 태도는 차별과 혐오가 만연한 현대사회에 꼭 필요한 덕목이라는 것이다. 지구 곳곳에서 여전히 신의 이름으로 많은 사람이 성전聖戰을 외치며 전쟁 중이라는 점을 상기하면 그의 의견에 적극 동의하게 되는 동시에 종교가 인간에게 안락과 위로만을 주는 것이 아님을 깨닫곤 한다.

　종교인들은 이 모든 세상의 원리가 신의 뜻이라고 말한다. 물론 신이 전부였던 세계관 속에 살았던 사람들은 그렇게 생각할 수 있다. 그러나 우리가 사는 지금 세상은 신에게 모든 것을 맡기고 따를 수 없는 세상이다. 과거에는 상상할 수 없었을 만큼 한 개인조차 복잡한 인간관계와 이해관계로 얽혀 있기 때문이다. 그런데도 이러한 변화를 외면한 채 여전히 신만이 자신들을 지켜줄 수 있다고 믿어 의심치 않는 사람들이 있다. 문제는 이들의 이중적 태도, 자신과 다른 타인을 이해하는 대신 비난하려는 태도다. 그리고 이들은 자신의 태도를 정당화하는 말로 '신의 뜻대로'를 외치곤 한다.

'신의 뜻대로'라는 말은 수많은 말을 일순간에 삼키는 블랙홀 같다. 모든 행위의 이유와 목적이 신의 뜻이라는데, 인간 따위가 할 수 있는 게 무엇일까. 참으로 마법의 말 같다. 말하는 사람도 듣는 사람도 입과 귀와 생각을 틀어막게 되는 마법의 말.

이 말이 정말로 마법이었던 시절이 있긴 했다. 프리드리히 니체가 "신은 죽었다"라고 선언했을 때 모든 사람이 새로운 세상이 왔다고 좋아한 것은 아니었을 테다. 신이 내려주신 소박함과 안락, 안분지족은 저 멀리 날아가고, 주인 잃고 길 잃은 양으로 광야를 떠돌아야 했기 때문이다.

살면서 가장 쉬운 일은 시키는 대로 하고, 하라는 대로 하는 것이다. 시키는 대로 하니 내 생각이나 판단은 필요 없다. 오히려 내 판단이 방해되기 때문에 멈추어야 한다.

시키는 대로만 하면 다음 단계를 고민하지 않아도 된다. 고민은 내 일이 아니기 때문이다. 부모나 상사, 책임자가 할 일이다. 문제가 발생하면 내 책임이 아니라 그 모든 것을 결정한 부모 탓, 사장님 탓, 최종 책임자 탓이다. 내 탓이 아니니 반성하거나 책임질 필요도 없다.

우리는 죽을 때까지 수백만 번의 선택을 한다. 선택은 좋은 결과를 가져다주기도 하지만 그렇지 않은 경우도 많다. 내가 최선이라고 생각해서 선택한 결과는 기대한 만큼의 행운을 주기도 하고, 반대로 예상하지 못한 실패를 경험하게 하기도 한다. 그중에서도 최악은 나의 선택이 의도하든 의도하지 않았든 타인에게 피해를 입히는 경우일 테다. 그때는 어디서부터 수습해야 할지, 배상은 얼마나 해야 할지 눈앞이 캄캄해진다.

필 주커먼에 따르면 종교는 인생에서 선택의 무게와 자기반성의 시간을 덜어주는 영리한 해법이다. 이것이 '도덕의 아웃소싱'인데, 주커먼은 종교가 도덕을 아웃소싱함으로써 인간이 책임으로부터 자유로워진다고 설명한다.

신을 도덕성의 원천으로 삼으면, 내면의 도덕적 나침

반을 참조할 필요가 없어진다. 그냥 신이 방향을 알려주리라고 기대하기 때문이다. 그런데 신이 도덕적인 사람이 되는 길로 인도해주리라고 기대하는 것은 기본적으로 도덕적인 숙고라는 힘든 일의 책임을 회피하는 것이나 마찬가지다. 자신보다 높은 권위자에게 고분고분 따르는 것, 자신이 아닌 외부의 다른 곳에서 도덕적인 인도를 구하는 것일 뿐이기 때문이다.*

주변 종교인들을 보면 자신의 소망과 행동, 결과를 '신의 뜻'으로 선언하곤 하는데, 그때마다 불쾌감을 숨길 수 없다. 비겁한 변명, 자기 합리화라고 하면 너무 심한 말일까. 한 개인의 욕망에 불과한 것을 졸지에 신의 명령으로 격상하고, 선언을 권력과 권위로 만드는 경우를 볼 때마다 그 사람을 다시 보게 되는 이유는 인간으로서의 무책임함이 더 크게 느껴지기 때문일 것이다.

자신의 부와 명예는 주위의 크고 작은 도움으로 만들어진 것이 아니라 '오로지 신의 뜻을 따른 대가'라고 주장하

* 필 주커먼, 박윤정 옮김, 《종교 없는 삶》, 판미동, 2018, 42쪽.

는 사람들은 성공을 진심으로 바라며 도와준 조력자들에게 소외감만 던져준다. 실패하면 '이 역시 신의 뜻'이라는 말로 자신의 잘못된 판단과 선택에 면죄부를 주며, 잘못을 바로잡을 기회를 외면한다. 누구도 그를 용서한 적 없건만 '신은 저를 용서하셨습니다'라는 말로 스스로의 죄를 지워버리고 피해자의 가슴을 문드러지게 만든다. 신의 세계에서 책임지는 존재는 신뿐이다. 하지만 유감스럽게도 신이 책임을 지는지 지지 않는지는 아무도 알 수 없고 증명할 방법도 없다. 도덕의 아웃소싱은 결국 책임의 아웃소싱이다.

일부 종교인들의 이런 말들이 나에게는 그저 책임을 피하려는 술수 같기만 하다. 더 이해할 수 없는 것은 신이 그렇게 이끌었다고 강조함으로써 자신이 또 한 번 '선택받은 사람'이라고 생각하는 것이다. 결과가 좋으면 자신이 신의 명령을 잘 따랐기 때문이고, 결과가 좋지 않아도 그 역시 신의 선택이라고 말하며 기꺼운 마음으로 수용한다. 이 논리에 따르면 신의 뜻은 이미 정해져 있기 때문에 개인의 자기반성이 놓일 자리는 어디에도 없다. 신의 뜻에 어찌 미약한 인간이 함부로 반성을 들이댈 수 있을까. 이 모든 생각을 차치한다 쳐도, 적어도 자신의 의지와 선택이 신의 부름이라고 말하고 싶으면 최소한 이기적이거나 모순된 태도는 보이지 않아야 할 것이다. 모든 신은 이타심을 강조했지 이기심을 강조하진 않았으니 말이다.

최악의 경우는 종교가 차별과 배제의 기준이 될 때다. 종교의 가장 큰 목적은 신 아래서 하나 되는 것이고, 가장 큰 적은 그 하나를 분열하게 만드는 이단이다. 나와 다른 종교는 이단이고, 교리가 다르면 사이비다. 내가 믿는 교리와 다르면 틀린 것이고, 다른 신앙을 요구한다면 처벌해야 마땅하다. 우리는 선택받은 사람이고, 우리와 다르면 그 자체로 차별의 이유가 된다. 신은 누구나 사랑한다지만 그 사랑을 받을 수 있는 사람은 정해져 있다. 정상인, 주류, 강자, 다수.

혹시나 여기에 하나라도 속하지 않는가? 당신이 신의 사랑을 받지 못해 천국에 갈 수 없어서 슬프다면 감히 내가 괜찮다고 진심으로 위로하고 싶다. 신의 사랑을 받은 사람은 천국에 가지만, 신의 사랑을 선택하지 않은 사람은 어디든 갈 수 있으니, 좋지 아니한가.

선택은 인간의 몫이다

종교인 모두가 그렇지는 않지만 많은 이가 종종 자신의 행동과 의지를 바탕으로 이루어진 결과를 두고 신을 따른 대가라고 생각한다. 극단적인 예는 돈이다. 물질적 풍요는 신의 뜻에 따라 충실히 행동한 대가이며 믿음의 결과다. 물질적 빈곤은 신에게 충성하지 못한 부족함의 결과이며, 신의 말씀대로 살지 않은 것에 대한 응징이자 처벌이다. 그러면서 더 신실하게 신을 믿으면 언젠가 응답을 주신다고 믿어 의심치 않는다. 여기서 신의 응답이란 물질적 풍요다. 그런데 그 어떤 신의 말씀을 찾아보아도 부의 척도가 곧 신이 내린 은혜의 척도에 비례한다고 이해할 만한 구절은 없다. 이상하게도 자본의 논리를 종교에 대입하는 것은 특히나 우리나라 종교인들이 쉽게 적용하는 논리 중 하나다.

또한 사람들은 불리할 땐 원인론을, 유리할 땐 결과론을 이용한다. 내가 가장 많이 겪은 종교인들의 공통적 태도는 대개 이렇다. 무엇을 선택해야 할지 고민하거나 결정에 대해 확신이 서지 않을 때 '길고 긴 기도 끝에 드디어 응답을 받았어!'라고 말하며 결론을 제시하는 방식이다.

나는 이러한 말이 참으로 답답하다. 어디까지나 결정은 자신의 의지와 판단으로 하는 것인데, 결정의 주체를 신으로 돌림으로써 선택과 행동에 개인의 의지가 전혀 없는 것처럼 말하는 사람의 진짜 의도는 무엇일까.

내 생각에 인간이 신을 위해 할 수 있는 가장 바람직한 행동은 대상을 구분하지 않고 희생을 감수한 수많은 주체에게 감사하며 그 마음을 몸으로 실천하고 선한 영향력을 주는 것이다. 내 존재를 늘 돌아보고 반성하며 만물에 감사하는 마음을 갖게 하는 것이 종교의 기본 원칙 아닐까.

그래서 그런가, 집단을 만들고 으리으리한 건물을 지으며 '신의 뜻'이라고 쓰고 '부와 권력'이라고 읽는 종교인들을 보면 언젠가 그중 영리한 누군가가 세계 최초 비백인, 비서구 한국 출신 메시아를 자처하며 "나는 신이다"라고 주장할 것만 같아 참으로 두렵다.

이것은 시험인가, 도박인가

"시험의 진정한 목표는 무엇인가?
그것은 '특권의 자격자'를 선별하는 것이다."
— 박권일, 《한국의 능력주의》, 이데아

능력에 따른 공정한 차별

1980년대생인 나는 신자본주의, 경쟁 사회 세계관이 우리 사회에 본격적으로 도래할 때쯤 태어났고, 그것이 곧 미덕인 분위기 속에서 성장했다. 성적에 따라 학생을 대하는 교사의 말투가 달라지는 것, 점수에 따라 우열반을 나누는 것, 성적에 따라 선택할 수 있는 학교 이름과 지역이 달라지는 것이 이상하다고 생각해본 적은 없었다. 종종 성적으로 학생들을 차별하는 선생님을 두고 친구들과 뒷담화를 했지만 그래 봤자 우리의 불만은 그저 능력도 안 되는 루저들이 품는 비뚤어진 감정으로 취급될 뿐이었고, 나역시 인성과 품성 운운하며 선생님을 욕하는 것으로 능력에 따른 대우의 부당함을 갚음했다. 성적에 따른 차별 대우는 선생님의 권리였고, 그것을 겸허히 받아들이는 게 학생으로서 예의 있는 태도였으니.

점수, 등수, 등급이란 기준으로 능력치에 따라 차별의 수준과 보상의 정도가 결정되는 것은 봄에 꽃이 피고 가을에 낙엽이 지는 것만큼이나 자연스러운 이치였다. 억울하면 1등 하면 된다는 조언에, 1등만 기억하는 더러운 세상을 욕하기보다 1등을 하지 못하는 나의 능력과 그 능력을 주지 않은(혹은 줄 능력이 없는) 부모님을 원망했다.

내가 자식을 낳아 기를 때쯤이면 능력주의의 단점을 타파한 좀 더 나은 새로운 세계관이 도래할 거라고 내심 기대했지만 웬걸, 지금의 대한민국은 과거보다 훨씬 강력하고 극단적인 능력주의 세계관에 잠식되었다. 신능력주의 사회에서 능력은 단순히 일을 해낼 수 있는 힘만을 의미하지 않는다. 그 힘이 가져다주는 부가적 혜택까지 정당화해

주기 때문이다. 표면적으로는 능력을 갖춘 사람이라면 조건에 관계없이 모두 성공의 기회를 잡을 수 있다고, 세상은 능력 있는 당신을 기다리며 문을 열어두었다고 말하지만, 막상 기를 쓰고 문 앞에 도달했을 때 더 높은 기준을 들이대며 다시 자격을 갖추어 오라고 말하는 문안의 사람들을 보고 있으면 불안과 박탈감은 이루 말할 수 없다.

고생 끝에 자격을 갖추어 그들의 세상에 진입했다고 해서 꽃길이 기다리고 있다고 생각하면 큰 착각이다. 진짜 경쟁은 그때부터 시작이니까. 온갖 이해관계를 갖다 붙이며 자신의 능력을 과시하려는 기성 권력 앞에서 한 번이라도 쭈구리가 되어보지 않은 사람은 없을 것이다. 그들이 뿜어내는 아우라에 기가 죽고, 그들을 보호하는 배경에 알 수 없는 두려움과 부러움을 느낀다. 그러면서 마음 한편에 저들에게 잘 보여서 옆에 서고 싶다는 작은 욕망도 키워본다.

그러나 기성 집단은 '뉴 페이스'의 등장을 달가워하지 않는다. 능력이 부여하는 혜택을 한 번이라도 맛본 사람이라면 알 것이다. 타인과 혜택을 나눌수록 내가 누릴 수 있는 혜택은 줄어든다는 것을. 부와 권력을 문제없이 대물림

하는 과정에서 새로운 사람, 새로운 집단, 새로운 구조, 새로운 세계관, 새로운 가치 따위는 무척 불쾌한 걸림돌이다.

견고한 능력주의 사회에서 운이 좋아 신분 상승의 사다리를 타고 올라온 '개천에서 난 용'은 능력만으로는 뛰어넘을 수 없는 사회구조에 부딪힐 때마다 'Born to be 용'과 자신을 비교하고 비교당한다. 그리고 결정해야 한다. 주류 집단을 보며 저것이야말로 적자생존, 각자도생의 교과서라고 감탄하며 그들의 습성을 체화하거나, 반대로 환멸과 자괴감에 몸부림치거나. 능력에 따라 대우받는 사회는 평등하고 공정한 사회라는 것을 의심하지는 않지만 승자를 제외한 다수가 느껴야 하는 좌절감과 박탈감도 공정한 것이라고 말할 수 있을까. 이 세상에는 승자의 기쁨 아니면 패자의 슬픔만 있는 걸까.

우리가 사는 이 세상에서는 더 이상 개천의 용이 나올 수 없다고 말하는 가장 큰 이유는 부와 권력만 대물림되는 것이 아니라 환경까지도 대물림되는 구조, 모두가 인정하는 절대적 성공만 진짜 성공이라고 규정하는 이분법적 사고, 그리고 극소수를 뺀 나머지는 모두 실패자로 취급하려 하는 혐오적 시선 때문이다.

누가 뭐래도 한국이 능력주의 사회인 것은 분명하다. 능력에 따라 대우가 달라지는 것이 당연하다고 생각한다. 이것이 공정이자 정의라고 믿는다. 점수에 따라 선택하는 대학이 달라지는 것, 기업 규모에 따라 연봉이 달라지는 것, 정규직과 비정규직에 따라 급여가 달라지는 것은 당연한 결과라고 말한다. 왜 그래야 하냐고 묻는 사람은 별로 없다. 이것이 가장 공정한 평가 방식이라고 믿고, 지금까지 이 방식으로 우리 사회가 (표면적으로는) 그럭저럭 굴러왔기 때문이다.

그런데 문제가 생겼다. 경쟁자가 많아지고, 차지할 수 있는 자리는 점점 좁아졌다. 경제 불황이 장기화되면서 양질의 일자리가 줄어든 것이 가장 큰 이유였다. 경쟁이 치열해지자 더 많은 사람을 떨어뜨리기 위해 시험은 점점 까다로워졌고, 업무 능력과 관계없는 것들이 시험문제로 등장하기도 했다. 촌각을 다투는 시험과 평가에서 평가자의 의도를 묻거나 의심하는 것은 전혀 도움이 되지 않는다. 평가자에게 좋은 이미지를 줄 자신이 없다면 차라리 그 시간에 글자 하나라도 더 보고 외워서 시험 점수를 올리는 게 훨씬 낫다.

우리의 소원은 건물주

　고려 시대부터 현재에 이르는 한국의 능력주의를 면밀히 들여다보고 분석한 박권일의《한국의 능력주의》는 능력이란 이름으로 만들어지는 불평등 문제를 지적하고, 공정하고 이상적인 능력주의로 가는 방법을 담은 책이다. 그동안 한국 사회에서 능력주의의 문제점이 수면 위로 드러나지 않은 원인으로 박권일은 두 가지를 지적한다. 하나는 전근대적 형태의 평가 제도와 그에 바탕한 세습이 여전하다는 것, 즉 능력주의를 대체할 만한 대안이 없다는 것이다. 특히 고시, 사시, 입시 등 각종 시험제도의 경우 많은 사람이 그 한계를 인지하고는 있지만 이것보다 나은 선발 제도가 없다는 핑계로 시험이 가장 공정한 방식이라는 믿음을 버리지 못한다고 지적한다.

　시험은 자격을 갖추었는가를 확인하는 여러 방법 중 하나다. 따라서 시험은 최종 목적지에 도달하기 위한 중간 과정이지 결과가 아니다. 하지만 우리나라에서 시험은 과정이 아니라 결과 그 자체다. 시험 결과에 따라 지위, 서열이 달라지고 결과적으로 인생의 방향이 달라진다. 신분이 달라지고, 연봉이 달라지고, 대우가 달라진다. 인생의 승리자가 되기도 하고 실패자가 되기도 한다. 우리는 이것을 결과에 따른 보상이라고 한다.

보상의 가장 큰 장점은 동기부여다. 사람을 움직이게 하는 가장 강력한 욕구 말이다. 게다가 예상하지 못한 과도한 보상이 따르기라도 하면 사람들은 당연히 관심을 둔다. 시험 내용이 뭔지는 몰라도 보상이 매력적이라는데 누가 혹하지 않을까. 그러나 문제는 보상의 정도다. 시험을 통과함으로써 받는 보상은 보상을 넘어 특권에 가깝다. 이 특권만으로도 충분히 좋은데, 더 좋은 점은 다른 특권도 물어다 준다는 것이다. 좋은 대학을 나온 사람은 좋은 직장에 취직할 확률이 높고, 좋은 직업을 가진 사람은 더 많이, 더 빠르게 자본을 축적할 확률이 높다. 이런 사람들은 조건이 좋다는 이유로 좋은 평판을 덤으로 얻는다. 물론 그 평판이 진실인지 아닌지는 나중 문제다. 본상품만큼이나 사은품이 매력적인데 사지 않을 이유가 없다. 그렇게 많은 사람이 보상의 주인공은 자신일 것이라는 막연한 희망으로 1년, 2년, 3년, 5년, 기약 없는 시간을 투자한다.

시간과 돈을 투자하여 시험에 도전했지만 탈락한 사람

들은 탈락 자체보다도 이후 아무것도 누릴 수 없다는 사실에 더 억울하고 분하다. 합격과 불합격은 근사한 점수 차로 갈리지만, 그로 인해 감당해야 하는 손실과 타격은 말 그대로 넘사벽이다. 안타까운 정도가 아니라 억울해 미칠 지경이다. 방법은 하나다. 합격하면 될 일이다. 얼마나 걸릴지, 몇 년이 될지 모르지만 해보는 기다. 되기만 하면 된다. 딱 한 방이면 된다. 시험이 도박이 되는 순간이다. 본전 생각에 판돈이 점점 커지는 도박. 양손을 가득 채울 가능성보다는 다 잃을 가능성이 훨씬 큰 도박 말이다.

《한국의 능력주의》의 지은이 박권일은 한국 능력주의의 특징을 시험을 통한 지대 추구 정당화와 승자 독식의 제도화라고 콕 집어 말한다. 여기서 지대는 땅의 사용료, 요즘 말로 하면 건물 임대료다. 그리고 지대 추구란 이 소유권을 통해 이익을 취하는 행위다.

장사를 예로 들어보자. 임차인이 장사할 공간을 찾는다. 목이 좋은 건물은 임대료가 시세보다 비싸서 부르는 게 값이다. 임차인 입장에서는 임대료가 부담되지만 고객 확보를 위해 어쩔 수 없이 감당하기로 마음먹는다. 그런데 장사란 게 잘되는 날도 있고 안되는 날도 있다. 요즘처럼 물가가 치솟으면 그 손해는 고스란히 임차인이 떠안아야 한다. 게다가 같은 건물에 유사 업종이라도 들어오면 매출은 휘청거린다. 같은 건물에 유사 업종을 들이는 건 상도에 어긋나는 짓 아니냐고 건물주에게 항의해보지만, 이거야말로 자본주의 사회의 상도라며 경제를 가르치려 한다. 하루 10시간 이상씩 일하지만 임대료 빼고, 세금 빼고, 알바 인건비 빼고 나면 돌아오는 액수는 최저임금에도 미치지 못한다. 그렇다고 장사를 접을 수도 없다. 투자한 돈을 생각하면 그저 이를 악물고 죽자고 일하는 수밖에 없다. 이 와중에 제일 부러운 건 역시나 건물주다. 일하지 않고 가만있어도 수입이 보장되고 시세에 따라 임대료는 오르니 말이다. 꿈이 뭐냐고 물으면 "건물주요!"라고 말하는 아이는 모르긴 몰라도 자본주의 사회의 논리를 완벽하게 이해한 아이다.

입시, 각종 고시, 정규직 시험에 통과하는 것은 이를테면 건물주가 되는 것과 같다. 시험에 통과함으로써 지대를 확보한 셈이니 말이다. 시험이 어렵거나 합격자가 소수일수록 돌아오는 지대가 커진다는 건 굳이 말할 필요도 없다. 승자의 수가 적어야 한다는 것이 가장 중요한 포인트다. 수가 많다는 것은 곧 자신이 가질 것이 줄어든다는 뜻이므로. 되도록 승자의 자리는 적어야 하고, 기왕이면 한 자리일수록 좋다.

지대 추구와 승자 독식은 많은 사람을 열광케 하는 동시에 열패감에 빠져들게 한다. 그럼에도 포기하지 못하는 이유는 하나다. 시험만 잘 보면 자기만 편안한 게 아니라 부모, 배우자, 나아가 자식까지 편안한 삶을 누릴 수 있기 때문이다. 좋은 학교, 좋은 회사, 좋은 직업을 가져야 하는 이유는 차고 넘친다. 적성이니 꿈이니 하는 말은 중요하지 않다. 그따위 것 포기하면 더 많은 것을 가질 수 있다. 모두가 한곳을 위해 맹목적으로 달려가는 이유다.

그러나 건물주라고 해서 건물의 모든 것을 알지는 못하듯, 시험에 통과하고 자격을 얻었다고 해서 반드시 걸맞은 실력을 겸비했다고 확신할 수는 없다. 그러나 우리는 너무 쉽게 자격과 능력을 등가로 여긴다. 이를테면 좋은 학교 출신은 무슨 일이든 잘할 거라고 생각하고, 정규직은 비정규직보다 업무 능력이 뛰어날 거라고 생각한다. 고졸 학력은 당사자의 선택이 아니라 공부를 못한 결과라고 확신한다. 실체도 근거도 없는 편견은 곧 차별의 이유가 된다. 반대로 이러한 이유로 고졸자의 연봉이 대졸자보다 많은 것, 비정규직이 정규직으로 전환되는 것은 불합리하다고 생각한다. 입으로는 능력과 출신에 상관관계가 없다고 말하면서도 막상 고졸 비정규직 직원이 나를 앞서가는 것을 보면 눈이 뒤집힌다. 우리 사회에서 능력은 업무를 해낼 수 있는 능력이 아니라 결국 시험을 잘 보는 능력이고, 어떻게 해서든 1등 하는 능력이다.

그렇다면 가장 공정하고 정의로운 평가 방법은 무엇일까. 똑같은 시간과 공간에서 똑같은 시험을 치는 것? 가능하다고 생각할지 모르지만 모두가 똑같은 조건이란 애초에 불가능하다. 같은 날, 같은 시간에 가장 공정하게 치르는 시험이라는 수능조차도 조건이 똑같지 않다. 시험 공간의 편의성, 주변의 소음, 감독의 성향, 하다못해 공간의 온도와 습도까지 천차만별이다. 이것이 불공정하다고 말하는 사람은 없을 것이다. 하지만 승자의 자리가 좁아지고 단 한 명에게만 모든 권리와 혜택이 집중된다면 정의와 공정을 운운하며 이 사소한 요소들에까지 시비 걸고 불만을 제기할 확률이 높아지지 않을까. 생각만으로도 숨이 막힌다.

정의와 공정의 기준을 능력에 두고 사람을 평가하는 방

식이 문제가 되는 이유는 개인이 능력을 갖추는 과정에서 거쳐온 여러 특수한 조건을 고려하지 않고 오로지 정량화, 수치화된 결과가 그 사람의 모든 것이라고 착각하게 만들기 때문이다. 능력이라는 것은 순수하게 자신이 쌓아 올렸을 수도 있지만 그렇지 않았을 가능성이 훨씬 크다. 경제적으로 넉넉한 부모 때문에 좋은 교육을 받은 덕분일 수도 있고, 문화 혜택을 많이 누릴 수 있는 수도권에 산 덕분일 수도 있다. 일하지 않아도 되어서 공부에만 집중하거나, 조언을 구할 사람이 많아서 시행착오가 적었을 수도 있다. 정말 유리한 조건이다. 이건 감사할 일이지, 모두가 자기 능력이라고 말할 일은 아니다. 몸값이 억대인 말을 타며 부모도 능력이라고 말한 그녀와, 5년 10개월 일하고 퇴직금으로 50억 원을 받은 정치인 아들, 음주측정기를 갖다 대는 경찰 앞에서 침을 뱉고 우리 아빠가 누군지 아냐고 화내는 연예인을 향한 분노는 능력과 정의, 특권과 공정이 제멋대로 해석되고 악용되는 데 대한 분노다.

그러나 이러한 분노는 자신보다 조건이 좋지 못한 사람들에게도 그대로 적용된다. 공채도 시험도 거치지 않은 사람이 숙련자란 이유로 더 많은 연봉을 받고, 고졸 출신인데도 오래 일했다는 이유로 승진 기회를 얻고, 지방에 산다는 이유로 가산점을 받는 건 역차별이라고 주장한다. 그러나 불리한 환경 속에서 돌고 돌아 거기에 이르기까지 겪었을 고된 여정을 배려해줄 수는 없을까. 도움을 받을 수 없는 환경에서, 사회적·경제적 혜택을 받을 수 없는 조건 아래서도 포기하지 않고 묵묵히 자리를 지킨 그들을 인간적으로 응원하고 격려해줄 수는 없을까.

능력주의 세상 바깥의 세상

각종 통계에 따르면 우리나라의 경제지수와 행복지수는 늘 반비례한다. 국내총생산GDP은 OECD 국가 중 10위권을 맴돌지만 행복지수는 꼴찌 주변을 면치 못한다(2023년 기준 OECD 가입국 38개국 중 36위). 물론 행복이란 개념은 주관적이어서 정량화, 수치화하기 어렵기 때문에 조사 기관이 행복지수를 추측하는 질문을 제시하고 해당 국가 국민이나 당사자가 답변하는 방식이라 객관성이나 신뢰성이 다른 지수보다 떨어질 수 있다. 하지만 행복이야말로 오로지 개인의 판단과 만족에 달린 것임을 상기한다면 한국의 낮은 행복지수는 우리나라 사람들이 스스로 행복하지 않다고 인정한다는 뜻이나 다름없다.

보통의 평범한 삶을 꿈꾸는 사람이라면 불안한 상황을 떠안고 싶어 하지 않는다. 경쟁은 불안을 야기하지만 아예 경쟁을 포기하는 건 실패자를 자처하고 불행한 삶을 선택하겠다는 것이나 마찬가지라고 생각한다. 그러니 경쟁을 포기하고 뒤로 빠질 자신도 없다. 승리자에게 주어지는 엄청난 지대를 목격한 대한민국 사람이라면, 한편 실패자로 찍힌 사람에게 돌아오는 비난과 경멸을 목격한 사람이라면 두 갈래 사이의 모순은 해결해야 하는 문제가 아니라 받아들여야 하는 운명으로 생각할지도 모른다.

그러나 잊으면 안 된다. 세상은 넓고 다양하며 삶의 방식 역시 셀 수 없을 만큼 천차만별이다. 내가 아는 세상보다 모르는 세상이 훨씬 많고, 세상을 살아가는 방식은 사람 수만큼이나 다양하다. 지금 우리에게 가장 필요한 것은 다양한 기회, 다양한 선택, 다양한 결과다. 세상이 다양해지면 비교는 자연스럽게 사라진다. 비교가 사라지면 경쟁하거나 싸우거나 열패감을 가질 이유가 없다.

세상을 움직이게 하는 동력은 능력과 경쟁과 승리뿐이

라는 믿음은 착각이자 편협한 오류에 가깝다. 어떤 사람은 삶의 여유를 동력으로 삼고, 어떤 사람은 성실함을 동력으로 삼는다. 어떤 사람은 연대를 동력으로 삼고, 어떤 사람은 독립을 동력으로 삼는다.

이 세상에서 유일한 무기는 오로지 능력이라고 생각할 때, 능력 사회 외에 다른 세상은 없다고 맹신할 때, 싸워서 이기는 것 외에는 선택권이 없다고 생각할 때 비극은 시작된다. 조금만 고개를 돌려 멀리 바라보자. 시선을 돌리고 내가 서 있는 위치를 바꾸면 또 다른 세상이 펼쳐져 있다. 낯설게 느껴지는가. 하지만 그 세상은 아주 오래전부터 있었다. 다만 한 번도 가보지 못해서, 성공을 장담하지 못할까 봐, 다른 사람들로부터 비난받을까 봐 두렵다는 이유로 외면했을 뿐이다. 이 세상에는 흰자와 노른자만 있는 게 아니라는 걸 기억하길 바란다. 흰자 바깥에도 세상이 있고, 노른자 바깥에도 사람들이 살고 있다. 나처럼, 동시에 나와 다르게, 그리고 평범하게, 가끔은 행복하게.

인생은 빚을 갚는 과정

빚 없는 인생은 없다

단언컨대 어떤 생명도 혼자 살다 혼자 가지 않는다. 자신의 생명을 유지하고 깨끗이 사라지기 위해서는 도움을 주고받든, 해를 끼치든 다른 생명이 필요하다. 돕는다고 해서 이타적인 것도, 해를 입힌다고 해서 이기적인 것도 아니다. 땅을 건강하게 해준다고 지렁이는 칭찬해주고, 나무 수액만 쪽쪽 빨아먹는다고 진딧물은 혼낸다고 상상해보

라. 지렁이도 진딧물도 어리둥절해할 일이다. 지렁이가 땅을 파는 이유는 땅을 위해서가 아니라 제 갈 길 가기 위해서고, 진딧물이 나무즙을 빨아먹는 이유는 못돼 처먹어서가 아니라 먹을 게 그것뿐이기 때문이다. 이 모든 것은 자연 아래의 지극히 자연적인 모습이다.

생명과 다른 생명의 관계를 선악으로 구분하는 것만큼 의미 없고 쓸모없는 것도 없다. 자연 아래서는 예외 없이 모든 것이 그 자체로 자연스럽다. 공생이니 기생이니 하는 단어도 어쩌면 한 대상과 다른 대상을 규정하고 구분하여 네 편 내 편 나누려 하는 인간의 편협한 태도가 만들어낸 단어인지도 모른다. 자연이 오랫동안 항상성을 유지하기 위해서는 공생도 기생도 필요하다. 자연에 공생 관계만 있었다면 애정이 폭발한 탓에 생명체 과밀화로 지구가 골머리를 앓았을 것이다. 반대로 기생 관계만 있었다면 눈만 뜨면 싸우자고, 가만두지 않겠다고 덤비는 것들로 골머리를 앓았을지도 모른다.

자연에서 나온 인간이라고 다를까. 혼자 사는 인생은 없다. 내가 죽지 않고 어른이 된 이유는 나약한 어린 시절부터 수많은 사람이 돌보며 도와줬기 때문이다. 부모든 이웃이든 전혀 알지 못하는 사람이든 말이다. 서열과 권력이 정해진 공간에서 내가 어떤 위치나 자리를 차지했다면, 그건 자의든 타의든 누군가가 밀려난 자리를 내가 차지했기 때문이다. 나의 성공이 타인에게는 실패가 되고, 나의 기쁨은 곧 다른 사람의 슬픔이 된다. 자신은 선한 사람이라고 자부해도, 티끌만큼도 타인을 슬프게 하려는 의도가 없었다고 해도 누군가를 아프지 않게 하면서 자신도 잘 살 수는 없다. 안 그러면 내가 아파야 하니까. 인생이 복잡하고 어렵고 고달픈 이유다.

인생의 수많은 행위는 결국 빚을 지고 갚는 일이다. 그렇다면 인생의 최종 목표는 빚을 없애고 홀가분하게 떠나는 것이다. 죽음이 슬프다면 그 이유는 남은 빚을 갚지 못하고 떠나야 하거나 떠나보내야 하는 사람이 느끼는 안타까움과 미안함 때문일 것이다.

슬프지 않게 살다 간다는 것은 결국 잘 주고받았다는 뜻이다. 아쉬움 없는 삶은 없다지만, 그래도 괜찮은 삶을 살았다는 뜻이다. 그들이 어떻게 살았는지를 생각해보면 자연스럽게 떠오르는 공통점이 있다. 굳은 믿음. 살면서 이것만큼은 지켜야 한다는 믿음 말이다. 우리는 그것을 신념이라고 말한다.

물론 신념이라고 해서 모두 좋은 건 아니다. 가장 대표적으로 신념이 권력화된 종교만 보더라도 그렇다. 종교 자체에는 문제가 없지만 그것을 믿는 사람의 태도와 표현에 따라 종교는 사랑이 되기도 하고, 타인에 대한 차별과 혐오의 이유가 되기도 한다. 신념도 어떻게 표현하느냐에 따라 똥고집이 될 수도 있고 조롱거리가 될 수도 있고 반대로 존경의 이유가 될 수도 있다.

한 사람의 신념이 가장 빛을 발할 때를 꼽으라면, 어쩌지 못하는 마음이 타인을 향하고 있을 때라고 말하고 싶다. 반대로 신념이 무가치해질 때는 목표가 오로지 자신의 이익으로만 수렴될 때다. 네 편과 내 편을 가르고 모든 관계를 공생 아니면 기생으로 나눈 다음 이익이 되면 둘도 없이 다정하게 굴고, 내 이득에 조금이라도 해가 되면 벌레 취급하며 조롱하고 혐오할 때다.

우리는 가르치고 배웠다. 역사는 사실이고, 권력은 옳은 것이라고. 대의는 선하고, 대의가 아닌 것은 악하다고. 그러나 역사가, 권력이, 대의가 만들어지는 과정에서 희생된 수많은 존재는 네 편, 적, 벌레로 불리는 것도 모자라 때로는 존재 자체를 부정당하곤 했다. 철저하게 밀려나거나 은폐되는 방식으로.

그렇게 역사와 권력이 부여한 신념을 거부하거나 반대되는 삶을 사는 사람들을 불온 분자, 방외자, 이방인으로 취급했다. 그 정도 차별에도 신념을 굽히지 않는 사람들에게는 정치범, 사상범 같은 법의 굴레를 씌우고 세상으로부터 차단하기도 했다.

우리 사회에서 좌익, 종북 좌파, 빨갱이, 공산당이란 단어는 금기어다. 아무리 세상이 달라졌다고 하지만 여전히 함부로 내뱉을 수 없다. 무척 가까운 사람들끼리 농담거리로 쓰지 않는 이상 함부로 뱉었다간 밥상도 뒤집어질 수 있는 위험한 말이다.

정작 아무렇지 않게 그런 말을 하며 상대를 공격하는 사람에게 그게 무슨 뜻인지 물으면 나쁜 사람들 아니냐고 한다. 뭐가 나쁘냐고 물으면, 나쁜 사람을 나쁘다고 말하는 게 나쁜 거냐고 되묻는다. 그러면서 다수와 다르게 생각하면 공산당이냐고 놀리고, 정치 얘기에 날을 세우면 종북 좌파냐고 의심한다. 교과서에 나오는 역사를 부정하면 국가가 맞다는데 왜 너는 아니라고 하냐며 빨치산이 분명하다고 멋대로 평가하고 한 사람의 가치관을 훼손한다. 그러면 옆 사람은 맞장구를 치고 웃으면서, 그런데 빨치산은 어디 있는 산이냐고 묻는다. 다수의 무식과 무지로 한 사람과 그의 신념이 우스워지기가 이렇게 쉽다.

아버지, 빚을 갚고 죽다

공산주의, 사회주의, 유물론을 신념으로 삼으며 한평생을 빨치산으로 산 아버지가 있다. 국가 반란죄로 감옥에 들어가 고문당하며 20여 년 동안 옥살이를 하기도 했다. 아버지의 신념은 본인은 물론 가족 모두에게 불행이었다. 가난한 아내는 생계를 책임져야 했고, 딸은 예쁜 이름 대신 빨치산의 딸로 불려야 했다. 간단히 설명하니 이 정도지, 불행 배틀에 나가도 전혀 꿀리지 않을 지경이다. 그랬던 아버지가 죽었다. 하지만 그의 죽음이 쓸쓸했을 거라 예상했다면 큰 오산이다.

아버지의 장례식장은 그를 기억하는 수많은 사람으로 가득 차 도무지 슬플 새가 없다. 그들은 하나같이 말했다. 아버지에게 빚을 졌다고. 아버지의 신념이 그들을 살렸다고. 아버지의 신념은 권력과 국가로부터 부정당했을지 몰라도 주변 사람들은 그 신념을 애도한다. 그것도 슬픔보다 더 멋진 웃음으로 말이다.

아버지의 신념은 왜 웃음과 눈물을 주는가. 좋은 사람만이 인정받는 세상에서 아버지는 어떤 사람으로 기억되기에 좋은 사람이라고 하는가. 두 질문에 대한 답이 바로 정지아의《아버지의 해방일지》다.

국졸 출신 아버지는 박사 출신도 이해하기 어렵다는 마르크스의 유물론과 계급론을 신념처럼 외우고 다닌다. 하지만 생활에서 아버지의 유물론은 아무짝에도 쓸모없다. 오히려 아버지를 우습게 만드는 하찮은 신념에 불과하다. 온몸이 먼지투성이니 털고 집 안에 들어가라는 아내 앞에서 아버지는 먼지 한 톨도 존재 이유가 있다며 그대로 방안으로 들어간다. 먼지 털기가 귀찮다고 하면 그만인데 참 고급스러운 핑계다. 노동은 가장 신성한 것이라고 말하면서도 일한 지 10분만 지나면 못 해먹겠다며 낫을 집어던지고 드러눕는다. 참고로 아버지는 농사를 글로 배웠다. 그의 신념은 엄마와 딸 앞에서는 그저 개그 소재밖에 되지 않는다.

아버지의 신념이 비극일 때도 있었다. 전쟁과 정치적 혼란기 앞에서 아버지는 무엇이 더 나은 세상을 가져다줄 수 있을지를 두고 선택해야 했다. 그리고 행동하는 과정에서 어쩔 수 없이 적이 된 사람을 죽이기도 했고 동료들의 죽음도 지켜봐야 했다. 결과적으로 아버지의 신념이 승리하지 못한 탓에 아버지 역시 혹독한 처벌을 받았다. 신체를 훼손당하고, 연좌제로 인해 가족의 앞길을 막는 장본인으로 찍혔다. 신념이 잘못된 것이 아니라 승리하지 못했기에 아버지는 고통을 감당해야 했다.

멀리서 빨갱이 소리만 들어도 몸을 움츠릴 법한데 아버지는 도무지 꺾이지 않는다. 왜 그럴까. 아버지의 신념이 자신이 아닌 타인을 향해 있기 때문이다. 아버지의 장례식장에 모인 사람들은 하나같이 아버지에게 빚을 졌다고 말한다. 기껏해야 아버지가 아는 사람, 아는 사람의 아는 사람, 사촌의 친구의 팔촌이라고 자신을 설명하는 사람들이다. 누가 봐도 남인데 가족보다 더 가까운 사람이라고 자신을 소개한다. 그들은 하나같이 아버지 덕분에 내 남편이 살았고, 내 동생이 살았고, 내 자식이 살았다고 말한다. 아버지가 지닌 신념의 선한 영향력은 그 끝을 알 수 없다. 대상이나 목표가 따로 없었기 때문이다. 말 그대로 조건 없는 이타심이다.

반대로 생각해보면 아버지의 모든 행위는 자신이 진 빚을 갚기 위한 것이기도 하다. 신념을 지키는 과정에서 할 수밖에 없었던 일들, 더 큰 대의를 위해 동료를 배신해야 했던 일들, 무엇보다 아무 죄 없는 가족에게 연좌제의 고통을 안겨준 일은 평생 갚지 못한 빚이다. 아버지는 이 빚을 갚아야 비로소 삶에서 해방될 수 있음을 알고 있었을 테다.

전봇대에 머리를 박은 아버지의 죽음을 표현하는 단어 해방은 어쩌면 인생의 빚을 갚았다는 당당함과 위로의 상징 아니었을까. 국가와 권력이 감시하며 처벌했고 사람들이 비웃고 조롱했지만 아버지는 발을 동동 구르는 가난하고 외로운 사람들을 신념 하나로 기꺼이 돕고 지켜주었다. 그리고 그들은 아버지를 마음 깊이 애도했다. 아버지의 신념으로 인해 슬픔과 한으로부터 해방된 사람들이다. 연민이 연대가 되는 순간이다.

언제쯤 어른이 될까

딸아이가 무심코 질문했다. 엄마도 어른이면서 왜 다른 어른한테 어른이라고 부르냐고. 아이를 모두 어린이라고 부르듯 어른은 모두 어른 아니냐고 물었다. 종종 나는 존경받을 만한 삶을 사는 사람들에게 "진짜 어른이네"라고 말하곤 했는데, 그게 이상하다고 생각했나 보다.

나 스스로 어른이라고 말하기가 부끄럽다. 내세울 만한 일을 하는 것도 아니고, 그나마 하는 일도 실수가 반이고 지적이 반이다. 타인보다 내가 늘 먼저고, 툭하면 공정과 차별 운운하며 털끝만큼도 손해 보지 않으려고 애쓴다. 내가 받은 대가가 기대보다 많으면 정당하다고 생각하지만 다른 사람의 과도한 대가는 부당하다고 생각한다. 타인에게 받은 것은 잘도 잊어버리면서 내가 베푼 것에 대해서는 생색이 필수다. 남이 나에게 베푼 것은 기억도 못 하면서 내가 베푼 것은 터럭 하나도 놓치지 않고 기억한다.

평생 한약방을 운영하며 번 돈으로 세운 고등학교를 국가에 기증하고, 남은 재산까지 대학교에 기증한 김장하 원장의 이야기를 담은 다큐멘터리 〈어른 김장하〉가 얼마 전

세간의 관심을 받았다. 많은 사람이 천문학적 기부금에 놀라는 한편 그것을 철저히 비밀에 부친 그의 고집에도 놀랐다. 그가 전한 장학금으로 학업을 마친 사람이 많은데 정작 그에게 물어보면 기억이 안 난다고 딱! 잡아뗀다. 왼손이 하는 일을 두 발까지도 알게 하는 것이 자본주의 미덕 아니었던가. 그의 모습에서 《아버지의 해방일지》의 아버지가 겹쳐 보인다. 남은 인생은 희생당한 사람들의 목숨을 이어 붙인 것이라 생각한 아버지. 자신이 번 돈은 아프고 병든 사람들의 주머니에서 나왔기에 부끄러운 돈이라고 생각하는 김장하. 두 사람은 그 삶과 돈을 사람들에게 돌려주어야 한다는 신념이 있었다. 이보다 더 어른스러울 수 있을까.

인생이 빚을 갚는 과정이라면, 죽음이 빚으로부터의 영원한 해방을 뜻한다면 하루도 허투루 살 수 없고 대충 건너뛸 수도 없다. 원래 돈이든 물건이든 빌려준 사람이 가장 잘 기억하는 법이다. 자기 빚은 자기가 잘 알기 마련이니 오늘부터라도 지나온 사람들에게 진 빚을 꼼꼼하게 정리해보기를 권한다.

VI

무엇을
어떻게 먹을까

음식에 대하여

당신이 먹는 짐승의 얼굴

"뒷다릿살을 먹는다면 돼지 전체 사육 마릿수를 줄일 수 있다.
자연양돈 방식으로 기른 돼지고기를 먹는다면
돼지의 고통을 줄일 수 있다.
마블링 없는 3등급 소고기를 먹는다면
옥수수 생산을 줄일 수 있다."
— 이동호, 《돼지를 키운 채식주의자》, 창비

얼굴 없는 동물들

개나 고양이를 제외하면 동물을 직접 볼 기회가 흔치 않다. 동화책에 등장하곤 했던 귀여운 돼지와 소, 닭도 유감스럽지만 생각만큼 보기 힘들다. 악취와 오물을 배출한다는 이유로 도심에서 최대한 먼 이른바 '혐오 시설'에서 키워지기, 아니 사육되기 때문이다. 돼지니 소니 닭이니 하는 동물을 실제로 보기는 힘들지만 먹는 것만은 정말이지 쉽다. 집 앞 마트에 가면 잘 진열되어 있기 때문이다. 게다가 부위별로 깔끔하게 잘려 있어서 보기에도 좋다. 고기 만지는 것을 꺼리거나 약간 혐오스러워하는 사람을 위해 원래 모습을 알 수 없는 모양으로 요리한 경우도 많다. 농장 한복판을 네 다리로 걸어 다니는 소나 돼지를 본 적 있느냐는 질문을 받으면 한참 생각해야 한다. 사실 농장이란 곳을 가본 적이 있는지도 가물가물하다. 동물원이면 모를까.

우리 대부분이 태어나 처음 본 돼지는 진흙탕을 구르며 코를 벌름거리는 돼지가 아니라 기름이 층층이 껴 있는 삼겹살이다. 주문한 프라이드치킨의 닭다리가 두 개가 아니라고 컴플레인한 적은 있어도 머리가 없는 것을 두고 컴플레인한 적은 없다. 오히려 머리가 있으면 이물질이 들어갔다고 당장 널리 알렸을지도 모를 일이다. 고사상 위에 올려진 돼지머리를 보면 동물 학대라는 느낌이 든다. 왜 하필 돼지머리인가. 다른 부위도 많은데. 그나마 요즘은 사회 분위기가 바뀐 덕분인지 시장에서도 돼지머리를 보기 어렵다.

식탁 위에 놓인 동물들이 어디서 태어나고 어떻게 살다 여기까지 왔는지 아는 사람은 거의 없고 궁금해하는 사람도 없다. 궁금한 것은 고기가 어느 부위인지, 국내산인지 수입산인지, 친환경이나 유기농 스티커가 있는지 정도다. 그것이 어디서 어떻게 길러졌는지 생각하는 시간은 고기의 등급과 맛 그리고 가격 앞에서 찰나에 불과하다. 음식이 되기 전 동물의 모습이 어땠을지 질문하면 그것이 왜 궁금하냐고 반문한다. 중요한 것은 맛이지 생김새가 아니므로.

한편 식탁 위의 고기는 여러모로 은유적이다. 초대받은 자리에 진수성찬이 차려졌더라도 정작 고기가 없으면 홀대받았다는 기분을 지울 수 없다. 그깟 고기가 아까운가 하는 생각에 서운함이 올라온다. 반대로 마땅히 먹을 만한 것이 없을 때나 이것저것 차리기 귀찮을 때 그냥 고기'나' 먹자고 말하기도 한다. 어쩌다 고기'가'에서 고기'나'가 되었는지 모르지만, 아무튼 고기는 훌륭하고도 만만하고 먹기 쉬운 음식 재료가 된 지 오래다. 식사에 초대받았을 때 상대가 어떤 고기를 내놓는지도 중요하다. "호의는 돼지고기까지"란 말은 고기의 종류가 곧 거래 수준을 판단할 수 있는 수단이자 근거가 된다는 의미다.

공장에서 살고 죽는 동물들

대안 축산업자 이동호가 경험을 바탕으로 쓴《돼지를 키운 채식주의자》는 새끼 돼지를 받아 키우고 도축하는 과정을 유쾌하게 담은 책이다. 이 책은 채식을 권하거나, 고기 먹는 사람들에게 경고하지 않는다. 다만 동물을 탄생과 죽음이란 과정을 겪는 엄연한 생명체로 바라보고, 우리가 외면했던 동물다운 삶과 동물의 권리에 대해 생각해보도록 한다.

《돼지를 키운 채식주의자》가 중점적으로 다루는 주제는 공장식 축산의 폐해다. 공장식 축산은 두 가지 측면에서 문제가 있는데, 하나는 인위적 교배를 통한 단일 품종 생산이고 다른 하나는 밀집 사육이다.

동물이든 인간이든 생식 시기와 수에 한계가 있다는 점을 고려하면 동물의 개체 수가 자연스러운 범위를 넘어 증가한다는 것은 인위적인 무언가가 개입했다는 의미다. 이때 떠오르는 질문은 누가 왜 개입하느냐다. 전자에 대한 대답은 인간이고, 후자에 대한 대답은 고기를 많이, 그리고 싸게 먹고 싶은 욕심 때문이라고 할 수 있다. 이 욕심이 모든 것을 수단화, 수치화하고 효율성을 원칙으로 공장에서 동물을 돌리기 시작했다.

보통 축산업계에서는 관리와 통제가 용이하도록 암퇘지의 발정과 출산을 같은 날로 조정한다. 호르몬제로 임신 중지와 유지를 조절하고, 직원의 업무 시간과 날짜를 기준으로 출산 날짜를 정한다. 산업적 측면에서 암퇘지가 1년에 2.5회 출산하는 것을 목표로 하며, 1회에 10마리, 1년에 25마리를 낳지 못하면 손실로 간주한다. 수퇘지라고 해서 다르지 않다. 씨돼지를 제외한 수퇘지는 빠른 성장과 청결을 위해 출산 일주일 안에 마취 없이 고환을 적출당한다.

지은이 이동호는 동물이 경제적 논리 안에서 탄생하고 성장한다고 표현한다. 발정기를 놓쳐 임신하지 못한 소는 사료를 축내는 애물이고, 새끼를 생산하지 못하는 암퇘지는 생각할 것도 없이 도축장행이다. 품종 개량이란 명분으로 어떠한 죄책감이나 미안함도 없이 반자연적인 교배를 실시하기도 한다고 설명한다. 품종 개량, 대량생산에 성공하면 다행이지만, 실패한다면 잡종 취급하며 과감히 깔아 뭉갠다. 안 그래도 좁은 축사에 쓰레기를 쌓아놓을 수 없으니 말이다.

대량생산이 가능해지려면 두 가지가 충족되어야 한다. 하나는 효율적 수확을 위한 단일 품종 도입이고, 다른 하나는 분업을 통해 시간을 단축할 수 있는 공장식 시스템이다. 단일 품종 도입은 한 종류의 동물(식물)만 키우는 것을 말하는데, 전체 생산량을 늘릴 수 있을지 몰라도 면역과 관련하여 질병으로부터 취약해질 수 있는 것이 문제점이다. 여러 가축을 함께 키우면 다양성으로 인한 상호 보완 작용을 통해 불균형을 균형으로 맞추어 외부 질병으로부터 강해질 수 있다. 그러나 단일 품종만 키우면 균형을 맞추기까지 많은 시간과 에너지가 필요하고, 그만큼 불균형의 범위와 정도도 넓어진다고 한다.

분리 사육은 효율적 대량생산을 위한 반자연적·반환경적 시스템일 뿐 자연스러운 사육 방식이 아니다. 단일 작물만 재배하면 땅이 황폐해지듯이 동물 사육 역시 마찬가지다. 오직 하나만 남기려면(지은이는 이를 불균형이라 부른다) 다른 모든 것을 제거해야 하므로 물리적·화학적 개입, 즉 인위적 억제가 불가피하다. 불균형을 지속하고 더 많이 남기기 위해 억제의 양도 그만큼 늘어난다. 살충제 계란, 항생제 삼겹살은 규제가 느슨하거나 농장주 개인이 악해서 만들어진 괴물 음식이 아니라 단일 품종 도입, 분리 사육에서 발생하는 나쁜 예 중 하나다. 각종 동물이 동시에 사방에서 돌아다니며 사고를 치는 '동물 농장'은 동화책에서나 볼 수 있는 유토피아에 가깝다.

공장식 축산의 문제점은 동물보호·환경단체의 노력 덕분에 이미 오래전부터 여러 매체를 통해 알려졌다. 유감스럽게도 그 문제를 사회적, 정책적으로 해결하려는 노력이나 방안은 턱없이 부족하다. 공장식 축산의 많은 문제를 인정하면서도 외면할 수밖에 없는 이유는 역시나 돈 때문이다.

생산자와 자본가 입장에서는 물건을 만드는 기계가 많으면 많을수록 돈을 벌 확률이 높아진다. 그런데 잘 돌아가던 기계가 고장 났다고 치자. 고쳐 쓰는 것이 맞지만, 수리 비용이 높거나 장기적으로 수리에 의미가 없다고 판단하면 폐기하는 것이 낫다고 결론 내린다.

축산업을 운영하는 농장주에게 동물은 생산수단이다. 기계와 동물이 다른 점이 있다면 기계는 성장하지 않지만 동물은 성장한다는 것이다. 새끼 때는 먹이고 입히는 데 큰돈이 들지 않지만, 성장할수록 사육과 관련한 직접 비용과 여러 파생 비용이 든다. 무엇보다 가장 큰 부담은 사룟값이고, 덩치가 커지면 그만큼 공간도 더 필요하다. 비용 부담을 줄이는 방법 중 가장 효율적인 것은 성장하기 전에 도축하는 것이다. 돼지의 자연 수명은 평균 15년이고, 오래 살면 20년까지도 산다고 한다. 하지만 우리 식탁 위에 오르는 돼지들은 태어난 지 6개월을 넘기지 못한다. 맛과 가성비, 사육 환경을 이유로 말이다. 야생 돼지 외에는 자기 명대로 살다 가는 돼지가 없다. 실제로는 야생 돼지도 자연 수명을 채우기 어렵다. 각종 방역과 농가 피해를 이유로 지방자치단체들이 야생동물 사살을 적극 허용하기 때문이다.

동물과 사람의 관계를 생각하다

고기를 먹기 위해서는 직접 죽이고 피를 묻히며 찌르고 자르는 과정을 거쳐야 한다면 동물에 대한 생각이 달라지지 않을까. 고기가 되기 이전에 내 옆에서 살아 움직였던 생명체였다는 사실을 망각하지 않는 한 말이다. 그런 측면에서 제사상에 고기를 놓는 이유는 귀하기 때문이기도 하지만 생명을 죽였다는 죄책감과 양심의 가책을 조금이라도 해소하고자 하는 마음에서 비롯된 것 아닐까 추측하는 지은이 이동호의 생각에 동의한다. 동물은 살기 위해 스스로 생명을 죽이고 먹지만, 인간은 더 맛있는 것을 먹고 과시하기 위해 잔인하고 끔찍한 과정이 감춰지고 절단된 고기를 먹는다.

살처분. 사전적 의미로는 병에 걸린 가축을 죽여서 없앤다는 뜻이다. 하지만 우리나라는 전염병에 걸린 생물만 살처분하지 않는다. 바이러스가 검출되었다고 확인된 공간에 있었다면 모두 살처분한다. 잠재적 바이러스 전파 매개체라는 이유로, 완벽한 방역을 목표로. 2019년 아프리카 돼지열병이 유행하자 매일 각 지역에서 적게는 몇백 마리부터 많게는 몇천 마리의 돼지가 살처분당했다. 이 기사를 보면서 사람들은 말했다. 돼지고기 가격이 오르겠어, 프라이드치킨 가격이 오르겠어, 관련 주가도 오르겠군. 완벽한 살처분에 성공했을지는 몰라도 완벽한 방역에는 실패했다. 지금도 여전히 인간이 정체를 밝혀내지 못해 이름이 없지만 분명 수많은 바이러스가 존재하니 말이다. 무척 잔인한 말 같지만, 인간보다 고등한 동물이 있었다면 인간은 코로나 바이러스의 잠재적 숙주라는 이유만으로 대량 살처분 대상이 되었을 것이다.

우리가 먹기 전에 알아야 하는 것은 무항생제 인증을 받은 고기인지, 살충제가 뿌려진 달걀이 아닌 고급 유정란인지, 1등급 원유로 만든 고급 우유인지가 아니다. 동물들에게도 탄생하고 성장하고 죽는 과정이 있으며, 극찬받는 고기 맛은 더없이 폭력적이고 잔인하며 인위적으로 만들어진 반자연적 맛이라는 것을 알아야 한다.

이 모든 것이 귀찮고 어렵다면 이것만이라도 기억하자. 고기를 남기지 않는 행위는 노동자들의 피땀과 수고에 대한 감사일 뿐 아니라 내가 먹지 않았다면 초원 어딘가에서 뛰어놀고 꽃피웠을 그들에 대한 최소한의 애도라는 것을.

양식장을 거슬러 올라가는 연어

"우리 각자는 어디서 더 많이 소비할까 대신
어떻게 덜 소비할 수 있을지 스스로 질문해야 한다."
— 호프 자런, 김은령 옮김, 《나는 풍요로웠고, 지구는 달라졌다》, 김영사

나의 먹거리가 풍부해진 이유

과거에 비하면 먹거리의 빈부 격차는 다른 사회적 격차
보다 좁아진 것 같다. 뷔페식당을 가더라도 예전에는 쉽게
접하지 못한 재료로 만든 음식이 넘쳐난다. 일인당 정해진
값만 지불하면 음식 종류에 상관없이 마음껏 먹을 수 있는
데, 지구 반대편에서 힘차게 강을 거슬러 올랐을 연어부터
남해를 신나게 헤엄쳐 다녔을 돔도 흔하다. 테이블은 순식

간에 국적과 출신을 불문한 음식으로 채워진다. 잘은 몰라도 넓은 바다에서 헤엄쳤던 물고기들이어서 그런지 더 쫄깃하고 맛있는 것 같다. 평소 접하지 못했던 고가의 음식이 있으면 안 먹고 남기더라도 우선 접시에 담고 본다. 그것도 많이.

배가 터지도록 먹을 기세로 접시를 한가득 채웠지만 다 먹을 수 없어서 남길 때도 많다. 과식은 미덕이지만, 남은 음식을 꾸역꾸역 먹는 건 미련한 짓이라 생각하기에. 그래도 골고루 잘 먹었으니 이만하면 만족한다고, 가격 대비 훌륭하다고 생각하며 먹지 못한 음식을 남겨둔 채 자리를 떠난다. 테이블마다 가득 남은 음식을 보며 한때는 비싸서 못 먹은 것들을 지금은 배불러서 못 먹는 현실을 실감한다.

우리의 먹거리가 풍요로워지려면 우선 양이 많아야 하고, 그다음으로는 가격이 저렴해야 한다. 그런데 자연은 이 조건을 충족해줄 수 없다. 식물이든 동물이든 잡거나 먹을 수 있는 시기가 정해져 있고, 보관 역시 어렵기 때문이다. 보관은 식재료 가격을 책정하는 데 중요한 요소다. 보관하기 어려우면 제때 물건을 팔지 못할 때 판매자가 떠안아야 하는 손실이 늘기 때문에, 조금이라도 손해를 덜 보려면 처음부터 적정량만 거두어 보관 비용을 줄이거나, 반대로 상품 가격을 비싸게 책정하며 수입의 일부를 보관료로 사용할 수밖에 없다. 또 다른 문제가 있는데, 자연에서 자란 것들은 크기나 모양, 맛이 제각각이어서 상품성이 고르지 못하다. 참고로 농업의 경우 이러한 문제를 해결하기 위해 성장촉진제와 성장억제제를 보편적으로 사용하고 있다.

수산업의 경우 이 문제를 해결하기 위해 고안된 것이 바로 양식업이다. 양식업이 보편화되면서 우리의 식탁은 이전보다 훨씬 풍요롭고 다양해졌다. 적어도 식재료를 선택하는 과정에서 가격의 문턱은 확실히 낮아졌다.

우리나라뿐 아니라 전 세계적으로 양식업이 크게 발달했다. 세계적 연어 수출국인 노르웨이는 연어를 잡는 데 필요한 시간, 비용 그리고 위험을 줄이기 위해 연어 양식업으로 눈을 돌렸다. 가두어놓고 기르니 목숨 걸고 바다로 나갈 일도, 빈손으로 돌아올 걱정도 없어졌다. 할 일이라곤 질 좋고 맛 좋은 상품을 위해 풍부한 먹이와 좋은 환경을 제공하는 것 정도다. 아, 되도록 빨리 크게 만들어서 좋은 상품으로 팔기 위해 사료를 듬뿍 주는 것도 잊지 않는다.

참고로 1킬로그램의 연어를 얻으려면 3킬로그램의 연어

먹이가 필요하고, 1킬로그램의 연어 먹이를 얻으려면 5킬로그램의 물고기를 먹이로 갈아야 한다. 현재 바다에서 잡히는 물고기의 3분의 1은 분쇄되어 양식장 물고기 먹이로 사용된다.[*] 내가 먹을 연어가 잘 먹고 잘 크려면 그만큼 더 많은 먹이가 필요하다는 뜻이다. 바다의 절반 이상이 양식장이 되어도 모자랄 판이다.

사람은 배가 부르면 음식을 남기기 마련이다. 연어라고 다를까. 연어가 남긴 사료는 결국 바다에 버려져 썩는다. 과거엔 생명체였지만 죽어서 사료가 된 것들은 바다로 흘러가 해양 오염의 또 다른 공범이 된다.

사람들은 말한다. 양식한 생선들은 잘 먹어서 기름지고 먹을 것도 많다고, 자연산 애들은 살아남기 위해 고생하느라 독해져서 질기고 맛이 없다고. 그러나 양식으로 기른 수많은 생명체는 자신이 어떻게 태어나고 무엇을 먹고 어떻게 죽어가는지 모른다. 무엇이 더 자연스럽고 지구를 위한 것인지는 생각하지 않아도 알 수 있다.

인간이 아닌 동물 입장에서도 생각해볼 필요가 있다. 양

---

[*] 호프 자런, 김은령 옮김, 《나는 풍요로웠고, 지구는 달라졌다》, 김영사, 2020, 88쪽.

식장의 동식물들은 천적으로부터 위협받을 일도, 먹잇감을 구하려고 목숨 걸고 헤엄쳐 다닐 필요도 없다. 다만 양식장이 좁아서 마음대로 움직일 수 없고, 갇혀 있는 탓에 먼 곳까지 자유롭게 가지 못하는 것은 좀 아쉽다. 멀리 가지 못하니 바다가 얼마나 넓은지 모르고, 다른 생명들이 산다는 것도 모른다. 태어나서 죽을 때까지 보는 것이라곤 자신과 같은 생명뿐이다. 광어면 광어, 연어면 연어가 전부인 단일 세상이다. 사실 가장 끔찍한 점은 이것이다. 태어나 죽을 때까지 자신과 같은 것만 볼 수 있는 것, 그래서 세상에 단 한 종류의 생명만 존재한다고 착각하는 것, 그리고 할 수 있는 일이란 죽을 때까지 같은 자리를 맴도는 것.

물고기의 비명 소리

몇 년 전 내가 살았던 곳은 바다를 메워 만든 계획도시였다. 매립이 시작되고 10년도 지나지 않아 그곳은 바다를 상상할 수 없을 만큼 쭉 뻗은 8차선 도로와 미래형 주거 공간을 자랑하는 최첨단 도시로 탈바꿈했다. 그곳이 바다였을 때를 기억하는 사람들은 우스갯소리로 땅을 밟을 때마다 찍~ 하고 바닷물이 삐져나올 것 같다고 말하기도 했고, 차를 타고 지나면 물고기의 비명 소리가 들린다고도 했다. 농담이라기엔 너무나 그로테스크한 말이었다. 바다에 들이부은 막대한 양의 흙과 시멘트 그리고 폐기물의 두께를 생각하면 우스갯소리로 넘길 말은 아니다. 바다가 흙과 시멘트로 덮일 때 그 속에 살았던 수많은 생명체는 어디로 갔을까. 아마 도망갈 겨를도, 하다못해 깜짝 놀랄 틈도 없이 딱딱한 시멘트 더미에 묻혔을 테다. 짧은 비명조차 지르지 못하고 말이다. 바다에 살던 생명뿐만 아니라 다른 수많은 생물도 졸지에 갈 곳을 잃고 헤매다 다른 곳으로 떠났을 것이다. 어쩌면 자신이 살았던 곳을 끝까지 찾겠다고 수없이 뱅뱅 돌다가 죽은 바보 같은 생명도 있을 것이다.

2~3년 전부터 지역 소셜 네트워크 서비스에 신기하다며 사진 하나가 올라오곤 한다. 바로 베란다 방충망에 거꾸로 매달려 있는 박쥐 사진이었다. 반응은 제각각이었다. 무섭다는 의견부터 '신기하다', '박쥐는 재물을 뜻한다는데 로또를 사라', '우리 집에도 왔었는데 그놈이 저놈인 것 같다' 등등. 박쥐를 볼 일이 드물고, 사람 손을 타지 않는 깊

은 동굴에서나 살 법한데 자타가 공인하는 미래 첨단 도시에 박쥐가 나타났으니 한 말일 테다. 그중 가장 많은 공감을 얻은 댓글은 박쥐들이 찾아오는 것을 보니 이 동네는 친환경 도시임이 분명하다는 말이었다. 그 댓글이 달리자 다들 이런 곳에 사는 데 감사해하고, 자연을 더 아끼고 사랑해야겠다는 다짐도 빼먹지 않았다.

우리는 인공적인 환경에서 보기 어려운 생명체일수록 친환경적, 친자연적이라고 생각한다. 이 말은 반은 맞고 반은 틀렸다. 인간의 손길이나 발길이 닿지 않는 공간에 사는 동식물이 친자연적이고 친환경적이라는 측면에서는 맞는 말이다. 특히 개체 수가 적거나 우리 주변에서 쉽게 볼 수 없는 동식물일수록 자연 깊은 곳에 서식하기 때문에 충분히 가능한 생각이다. 하지만 그런 동식물이 사람이 사는 공간에 출현했다고 해서 그곳이 친환경적이거나 친자연적이라고 할 수는 없을 것이다.

인간은 인위적인 힘을 이용해 바다나 모래밭 혹은 숲이었던 공간의 생태계를 전혀 다른 환경으로 바꾸어버렸다. 그러면서 그곳의 수많은 동식물 중 일부는 흙더미에 묻혔고, 일부는 시멘트 속 화석이 되었다. 하지만 생태계 환경이 바뀌었다고 해서 모든 생물이 완전히 사라지지는 않는다. 살기 위해 다른 곳으로 피하거나, 변화한 환경에 따라 몸을 기형적으로 변형시키며 '어쩔 수 없이' 적응하는 것들도 있다. 개중에는 서식지가 그처럼 바뀐 줄도 모르고 떠났다가 돌아온 동물도 있을 것이다. 하지만 이들은 아무리 헤매도 예전의 공간을 찾을 수 없다. 매달릴 나무도, 먹이를 사냥할 숲도, 잘 곳도 없어졌으니 말이다. 긴 여행을 하고 돌아왔더니 집이 사라졌다면, 예전에 살던 동굴은 온데간데없고 보이는 것이라곤 메마른 도시였다면, 매달릴 수 있는 곳이라곤 아파트 베란다 방충망뿐이라 거기 매달려 잠을 청했다고 생각하면 그 공간을 친환경적, 친자연적이라고 할 수 있을까.

코로나19 바이러스 사태가 시작되고 얼마 지나지 않아 바이러스를 퍼뜨린 숙주로 박쥐가 지목되었다. 보기도 어렵고 만지기는 더 어려운 이 동물이 무슨 수로 인간에게 바이러스를 퍼뜨렸는지 잠시 의문을 품긴 했지만 베란다 방충망에 매달린 모습을 생각하면 불가능하거나 근거 없는 말은 아닌 것 같다.

소비를 자랑하는 아이들

아껴 쓰라는 말은 꼰대의 잔소리이자 와 닿지 않는 공허한 조언이 된 지 오래다. 먹거리, 놀 거리, 할 거리가 넘쳐나는 세상에서 소비를 미덕으로, 과잉을 풍요로 여기며 살아온 세대에게는 이 말이 굉장한 모순으로 들리기 마련이다. 게다가 풍요로운 삶을 누리는 것이 곧 권리라는 생각이 보편화되면서 아끼거나 나눠 쓰는 행위는 가난을 드러내는 창피한 짓으로 오해받기도 한다. 새로 산 옷은 자랑할 만하지만, 물려 입거나 얻어 입은 옷은 창피하다.

많은 부모가 우리 아이는 풍요롭게 살아야 하니까, 남에게 주눅 들지 않아야 하니까, 남에게 아쉬운 소리를 하지도 듣지도 않아야 하니까를 이유로 과잉에 가까운 풍요로움을 제공한다. 그러다 보니 아이들이 같이 쓰고, 나눠 쓰고, 바꿔 쓸 기회가 생각보다 적다. 어쩌면 아이들이 지구를 지키는 방법을 알고 있지만 부모나 다른 어른들이 실천할 기회조차 주지 않는 것 아닐까 싶을 때도 있다.

자신이 누리는 풍요로움이 어디서 출발하고 어떻게 유지되는지 생각해볼 수 있는 교육은 반드시 필요하고, 사회와 '어른'은 아이들이 몸으로 느끼고 머리로 그 필요성에 관해 생각할 기회를 마련해줘야 한다는 주장은 백번을 반복해도 모자라다.

분명한 것은 지구의 자원은 정해져 있으며 언젠가는 고갈된다는 점이고, 내가 풍요로워질수록 지구는 가난해지고 병든다는 것이다. 누군가는 우리와 지구 모두 풍요로워질 수 있다고 주장할지도 모르겠다. 그러나 유감스럽게도 상생이란 말은 지구와 인간 사이에는 해당되지 않는 듯하다. 지금까지의 역사를 보면 자연이 인간에게 유익했던 적은 있어도 인간이 자연에 유익했던 적은 거의 없다. 있다 하더라도 인간이 잘못을 저지른 이후에야 후회하고 반성하는 경우가 대부분이었다. 산업혁명과 제국주의 시대, 그리고 두 차례의 세계대전만 생각해봐도 분명한 사실이다.

《나는 풍요로웠고, 지구는 달라졌다》에서 호프 자런은 지금 지구 한편에서 사람들이 겪고 있는 기아, 식량 문제와 같은 결핍과 불균형, 기후변화에 따른 대처 불가능한 재앙 등은 더 많이 생산하지 못하는 지구의 무능력에서 비롯된 문제가 아니라 인간이 나누어 쓰지 못하는 무능력에서 비롯된 문제라고 말한다. 그는 시종일관 말한다. 덜 소비하고 더 많이 나누라고. 그러나 이 말은 자본주의 논리가 세계를 관통하고 있는 지금 그저 공허한 외침으로 들린다. 자본주의의 미덕은 소비고, 소비는 자본주의를 유지할 수 있는 가장 강력한 힘이기 때문이다. 경제 분야에서 소비 위축을 가장 우려하는 것만 보아도 자본주의 사회에서 소비가 얼마나 중요한지 알 수 있다.

그러나 지구가 만들어내는 것에는 반드시 한계가 있다는 점을 잊어서는 안 된다. 우리가 풍요로워진다는 것은 그만큼 지구를 착취하고 있다는 의미이고, 착취의 양이 많으면 많을수록 지구의 수명은 단축된다. 그 단축이 무엇을 의미하는지는 말하지 않아도 알 것이다. 적어도 소비를 자랑하고 풍요로움을 권장하는 한 지구의 미래는 지금과는 훨씬 달라질 것이다. 지구는 더 빈곤해지고 잔인해질 것이다.

수많은 환경 운동가와 과학자의 경고, 그리고 자연이 보내는 신호를 외면하지 말아야 한다. 지구는 생각보다 강하고 자정작용이 뛰어나다는 나태한 태도는 아무런 도움이 되지 않는다. 지구는 버틸 만큼 버텼고 참을 만큼 참았다. 얼마나 더 참아야 하는가?

당신에게 무해하다는 거짓말

"저는 몬산토가 우리가 살고 있는 땅에
독을 뿌리는 일을 멈추길 바라며,
그 회사가 저지른 일을 인정하고 죗값을 치르기를 바랍니다."
— 마리 모니크 로뱅, 목수정 옮김, 《에코사이드》, 시대의창

세계 1위 종자 회사의 목표

외환 위기 직후였던 1998년, 우리나라 종자 분야 1위와
3위를 차지했던 흥농종묘와 중앙종묘가 세계 1위 종자 회
사 몬산토(당시에는 세미니스)에 인수 합병되었다. 돈이 되
는 것은 모두 팔아야 했던 국가 경제 위기 상황에서 외국
의 거대 자본이 한국 회사를 인수하는 것은 무척 흔한 일
이었다. 개중에는 이대로 망하는 것보다는 다른 나라에 싸

게 넘겨서라도 살리는 것이 훨씬 낫다고 말하는 사람도 있었다. 하지만 몬산토의 한국 종묘 회사 인수 합병이 단순히 회사가 회사를 사고파는 거래가 아니라는 것을 아는 사람은, 몬산토가 어떤 곳인지 아는 사람을 제외하면 많지 않았다.

2021년 기준 세계 1위 종자 회사는 몬산토였다(몬산토는 2018년 독일의 다국적 제약 및 화학제품 기업 바이엘에 인수되었다. 현재는 몬산토라는 기업 이름을 쓰지 않지만, 이 글에서는 그 이름의 상징성 때문에 바이엘 대신 몬산토로 쓴다). 전 세계 종자의 대부분은 몬산토 소유다. 우리나라 농부들도 종자를 구매할 때마다 몬산토에 로열티를 지불한다. 하지만 대부분의 농민은 종자를 살 때 몬산토니 로열티니 하는 것까지 생각할 겨를이 없기도 하고 자세히 알지도 못한다. 다만 아는 것은 해마다 종잣값이 오른다는 것, 동시에 비룟값과 농약값이 천정부지로 오른다는 것, 그래서 농사를 지으면 지을수록 손해라는 것이다.

농사에서 이익을 취할 수 있는 방법은 두 가지다. 하나는 과실 손실률을 줄여 생산량을 늘리는 것이고, 다른 하나는 병충해 피해를 최소화하여 판매량을 최대화하는 것이다. 이 과정에서 농부들은 살충제, 제초제 같은 각종 농약을 불가피하게 사용한다.

내가 먹는 야채와 과일의 씨앗이나 종자가 어느 나라 출신인지, 과일 하나하나에 얼마만큼의 로열티가 붙는지 소비자들도 잘 모르긴 마찬가지다. 마트에 진열된 채소나 과일에 국내산 라벨이 붙어 있으면 당연히 우리나라에서 나고 자란 것이라고 믿는다. 하지만 엄격히 말하면 국내산이라 할 수 없는 것도 많다. 우리나라 땅에서 자라기는 했지만 우리나라 씨앗은 아니기 때문이다. 이 사실을 말하면 일부 사람들은 배추니, 무니, 옥수수니 모두 우리 토종 씨앗일 텐데 왜 로열티를 지불하냐고 생각한다. 하지만 그 씨앗은 우리 것이 아니다. 몬산토가 한국 종묘 회사뿐만 아니라 한국의 종자에 관한 모든 권리도 가져갔기 때문이다.

왜 그런 어리석은 거래를 했느냐고 물을 수도 있다. 우리가 어리석었다기보다 저쪽이 영리했다. 아니, 영악했다. 토종 종자를 모두 가져가는 동시에 종자의 미래 수익까지 종속시키는 것을 인수 조건으로 내걸었으므로. 이런 방식으로 세계의 종자를 장악한 몬산토는 이후 다국적기업과 몇 번의 인수 합병을 반복하고 이름을 바꾸면서 세계 최고의 종묘 회사라는 역사적 기록을 남긴 채 사라졌다. 물론 이름만 사라졌을 뿐 몬산토는 여전히 가장 강력하고 거대한 종묘 회사로 세계 종묘 시장을 장악하고 있다.

여기까지만 보면 몬산토가 종묘 산업에 기반한 기업이라고 생각할 수 있지만, 원래는 화학제품을 만들어 파는 회사였다. 1940년대 들어 몬산토는 농업용 화학제품을 생산하면서 농업 분야에 본격적으로 진출했다. 몬산토가 유명해진 계기는 '라운드업'이라는 제초제를 개발하여 판매하면서부터다. 라운드업은 농민들의 일손을 일당백으로 줄여주었다. 잡초를 일망타진하고 과실 피해율을 줄이면서 생산성까지 높여주니 이보다 고마운 제초제가 없었다. 게다가 몬산토는 라운드업 개발 후 간접 홍보를 위해 자사의 종자를 무료로 제공했다. 이 종자는 라운드업에만 반응하도록 조작된 종자였다. 즉, 이 종자에 다른 농약을 뿌리면 죽지만 라운드업을 뿌리면 죽지 않는 것이다. 과실 생산율이 올라가는 건 당연한 결과였다. 농민들은 환호했다. 그렇게 해서 매해 몬산토에서 조작한 종자의 판매량은 늘어났고, 이를 노렸다는 듯이 몬산토는 종자 가격을 해마다 올렸다. 점점 부담되는 종자 가격에 농민들은 고민했지만 선택권은 별로 없었다. 잡초와 해충으로부터의 자유, 높은 과실률을 포기할 수 없었기 때문이다. 그렇게 농민들은 어쩔 수 없이 라운드업과 몬산토에 종속되었다.

제초제나 농약은 무척 위험한 화학제품이라고 알려져 있다. 오죽하면 농약이 자살약으로 언론에 등장할까. 어떤 식물이든 제초제에 닿으면 노랗게 시들다가 말라 죽는다. 제초제를 뿌린다는 것은 일단 모두 죽이겠다는 뜻이다. 제초제를 뿌린 땅에서 다시 식물이 자라려면 오랜 시간이 필요하다. 뿌리는 것은 순식간이지만, 약이 사라지는 데는 적어도 한 계절 이상의 시간이 필요하다.

하지만 농사를 시작하는 봄과 추수를 앞둔 가을이 되면 제초제와 살충제가 포함된 농약을 논과 밭에 말 그대로 살포하는 모습을 흔히 볼 수 있다. 잡초뿐 아니라 농산물까지 죽이는 셈인데, 이상하고 기가 막히게 농작물은 죽지 않고 잡초만 죽는다. 과학이라면 과학이고 혁명이라면 혁명이다.

농사지을 때 제일 힘든 일은 해도 해도 끝이 없는 잡초 제거다. 발견하면 행운이 온다며 우리가 좋아하는 토끼풀도 내 밭에 들어오면 그저 뿌리 뽑아야 할 잡초일 뿐이다.

그런데 농약 하나로 노동력을 최소화하고 생산력까지 올렸으니 이보다 획기적인 기술이 없었다. 이 화학 기술을 개발한 곳이 바로 몬산토다.

잡초를 선택적으로 제거하는 기술(이 기술로 만들어진 농약을 선택적 제초제라고 한다)을 개발한 몬산토는 제초제를 더 많이 팔기 위해 가장 효과적인 (동시에 파괴적인) 방법을 모색했다. 그중 하나는 자신들의 제초제에만 반응하도록 종자의 유전자를 조작하는 것이었다. 회사의 목적은 종자 로열티를 받는 것뿐 아니라 이익이 더 많은 제초제를 파는 데 있었다. 기존 생태계를 대량 학살한 후 자신들의 의도대로 생태계를 장악하는 것. 이것이 최종 목표였다.

자살 씨앗과 황폐해진 땅

마리 모니크 로뱅의 《에코사이드》(생태 학살이란 뜻이다)는 '몬산토 국제 법정'을 배경으로 미국과 유럽, 다국적기업과 이들을 옹호하는 과학자 및 언론인에 맞서 시민 연대가 벌인 대결을 기록한 르포르타주다. 2009년 출간된 전작 《몬산토: 죽음을 생산하는 기업》의 후속작인 이 책은

2015년에 진행된 몬산토 국제 법정에서 몬산토를 비롯한 다국적기업들이 생태계 파괴에 앞장서는 것은 물론 인류의 건강을 해치는 행위를 고발하는 동시에 몬산토가 특허를 받은 제초제 글리포세이트의 치명성에 관해 알린다.

이제는 모르는 사람이 없을 만큼 널리 알려진 유전자 변형 농수산물 GMO은 반자연적이고 비윤리적인 방식으로 인해 세계 식량 시장에서 비난받고 있지만 현실적으로 생산성, 가격 경쟁력에서 절대적 우위를 차지하며 점점 그 양이 늘고 있다.

한국의 GMO 수입량은 세계 최대 수준이라고 한다. 2018년 기준 연간 수입량이 1천만 톤에 달했고 그중 2백만 톤이 식용으로 쓰였다(〈경향신문〉 2018년 5월 14일 자). 그러나 아직 법적으로 식품에 GMO 완전 표시제가 도입되지 않아 내가 먹는 식품에 GMO가 얼마나 포함되어 있는지, 포함되어 있다면 얼마나 들어 있는지 알 수 없다. GMO 표시제는 2001년부터 시작되었지만, 22년이 지난 2023년 현재까지도 GMO 완전 표시제는 표류 중이다.

GMO 기술은 두 가지로 나눌 수 있다. 하나는 생산성을 극대화하기 위해 인공적으로 종자 자체를 수정하는 방식이고, 다른 하나는 특정 제초제를 유전적으로 이겨낼 수 있도록 조작하는 방식이다. 이른바 유전자 작물 농사를 위한 기술이다. 두 방식 모두를 개발한 몬산토는 이 기술을 기반으로 독보적인 세계 1위 종자 기업인 동시에 제초제 생산 기업으로서 세계 농업 시장을 장악하고 있다.

유전자 변형 생물 중에는 자살 씨앗이란 것이 있다. 말 그대로 자살하는 씨앗이다. 자연 안에서 식물은 씨앗을 남겨 세대를 잇는다. 죽으면서 씨앗을 남기고, 이 씨앗이 싹을 틔운 후 열매 맺는 과정을 계속하는 것은 생태계가 유지, 지속되는 과정이기도 하다. 그런데 자살 씨앗은 땅에 심어도 싹이 나지 않는다(물론 싹이 날 수도 있다. 하지만 대개 열매를 맺기 전에 말라 죽고, 열매를 맺더라도 수확물이 형편없이 적은 경우가 많다). 싹을 틔울 수 없도록 유전자를 조작했기 때문이다. 몬산토는 이른바 터미네이터 기술, 종결자 기술을 개발하고 농민들에게 판매했다.

몬산토가 자살 씨앗을 만든 이유는 간단하다. 해마다 농부들에게 종자를 팔 수 있기 때문이다. 표면적으로는 단일 농작물 생산 가능, 생산력 극대화라는 명분을 내세웠지만 이면에는 종자를 독과점하여 농업 노동자를 종속시키려는 의도가 있었다. 현재 대부분의 국가는 생명·생태학적 윤리와 충돌하는 자살 씨앗 사용을 금지했다.

한편 몬산토가 개발한 제초제 원료가 바로 유명한 글리포세이트다. 몬산토는 글리포세이트의 특허 기술권을 독점하고 관련 전문가의 권위를 빌려 글리포세이트가 인체에 무해하다고 주장했다. 그러나 이 제초제가 어떻게 인간을 포함한 생명체에 치명적 손상을 입히고 생태계를 교란하는지는 조금만 검색해보면 알 수 있다. 글리포세이트가 일으키는 대표적 질환은 신경계 손상, 기형아 출산, 내분비계 장애 및 암 등이지만, 사실 그 영향이 미치지 않은 곳이 없다.

실제로 이 책의 인터뷰어 중에는 글리포세이트를 대량 살포하는 일을 하다 원인을 알 수 없는 각종 질환을 앓은 사람들이 있다. 이들은 자신의 질환과 글리포세이트의 상관성을 인지하지 못한 채 운이 나빠 병에 걸렸다고 생각했다가 시민 연대들의 적극적인 도움으로 자신의 질병이 글리포세이트 때문이란 것을 알게 된다. 하지만 몬산토는 이들의 주장이 터무니없다고 부정하며, 글리포세이트가 질병의 직접적 원인이라는 것을 증명하라고 요구하는 동시에 글리포세이트가 과학적으로 안전하다는 일부 전문가의 의견을 빌미로 법적 책임을 질 의무가 없다고 주장한다.

시민 연대와 환경 활동가들의 우려에도 불구하고 글리포세이트는 가장 강력하고 효과적인 제초제로 널리 쓰였고, 1991년 특허가 만료되자 여러 농약 회사가 글리포세이트에 기반한 제초제를 만들고 있다. 글리포세이트는 지금도 잡초 제거에 탁월하다고 알려져 세계적으로 널리 쓰이는 제초제 원료 중 하나다.

1975년 몬산토는 글리포세이트에 기반한 제초제 라운드업을 시장에 내놓았다. 용기 겉면에는 "환경을 존중합니다", "1백 퍼센트 자연 분해 성분", "잔여물을 땅에 남기지 않습니다", "라운드업은 잡초와 유해한 풀을 뿌리까지 제거하여 다시 자라지 않게 합니다. 제품을 뿌린 후 바로 씨를 뿌리거나 화초를 심을 수 있습니다[*]라고 표기했다고 한다.

라운드업이 특히 세계적으로 유명해진 계기는 '라운드업 레디 콩'과 '라운드업 옥수수' 덕분이었다. 이 콩과 옥수

---

[*] 마리 모니크 로뱅, 목수정 옮김, 《에코사이드》, 시대의창, 2020, 42쪽.

수는 라운드업을 뿌린 땅에서도 잘 자라도록 유전자가 조작되었다. 간단히 말하면 모든 잡초를 죽이는 라운드업을 이기는 유전자 조작 식물이다. 생산성은 독보적이었고 농민들은 진심으로 환영했다. 몬산토가 노린 것도 이 지점이었다. 종자도 팔고 제초제도 파는 것, 결과적으로 자신들의 상품을 선택하지 않으면 농사를 지을 수 없도록 아예 싹을 자르는 것. 몬산토의 생태계 장악은 이 기술 하나로 충분히 가능했다.

제초제의 원리는 식물이 특정 양분을 빨아들이지 못해서 영양분이 부족해지도록 만드는 것이다. 그리고 우리는 영양소가 결핍된 식물을 먹는다. 결핍이라고 했지만 더 정확히 말하면 인위적 조작으로 변형된 식물을 먹는다는 것이 알맞은 설명이다.

더 큰 문제는 이 화학 제초제가 땅에 고스란히 스며든다는 것이다. 잡초만 죽이는 제초제는 없다. 사실 잡초라는 말도 자신이 심지 않은 다른 식물을 통틀어 부르는 이름임을 생각하면, 죽는 것은 잡초가 아니라 모든 식물이다. 내가 심은 것이 아니라는 이유만으로 잡초로 불리는 식물들은 그렇게 죽어야 했다.

잡초를 죽이기 위해 대량 살포하는 제초제는 잡초에 들러붙어 말라 죽게 하는 동시에 땅에 스며든다. 제초제를 만드는 회사는 며칠만 지나면 독성이 희석된다고 주장하지만 천만의 말씀이다. 독성은 고스란히 땅에 스며든다. 토양 생태계가 겨우 회복되는 봄이 올 때쯤 다시 각종 제초제와 비료가 땅에 뿌려진다. 다시 농사를 준비해야 하기 때문이다. 그 결과 농약은 계속 땅에 축적되고 땅속 생태계는 파괴된다.

생태계 파괴는 여기서 끝나지 않는다. 제초제는 땅속을 흐르는 물과 만나 더 큰 강물로 흘러간다. 그리고 비가 되고, 우리가 마시는 물이 된다. 하지만 이 과정을 아는 사람은 많지 않다. 안다고 해도 근거도 없이 유난을 떨고 공포를 조장하는 사람으로 취급받는다. 보이거나 드러나지 않기 때문이다. 관련 기업은 각종 과학적 지표를 들이밀며 공포를 그럴듯하게 가린다. "인체에 위험하지 않습니다", "안전을 인증받았습니다", "전문가가 만들었습니다." 몬산토가 그랬듯이 말이다.

그만 속을 때도 됐다

영국 생활용품 제조사이자 다국적기업 옥시는 가습기 살균제 '옥시 싹싹 가습기 당번'을 출시하고 라벨 아래에 "인체에 무해하여 안전하게 사용할 수 있습니다"라고 뻔뻔하게 표기했다. 소비자는 대기업의 약속을 믿고 제품을 사용했다. 그런데 몇 년이 지나자 봄철만 되면 알 수 없는 폐질환으로 대학병원을 찾는 환자가 급증했다. 환자들이 보인 증세는 하나같이 폐가 섬유화되는 폐 섬유증과 유사했다. 자연적 질환이라고 보기에는 환자 수가 폭발적으로 늘었기 때문에 의료진은 비정상적 현상임을 감지했고, 그렇게 가습기 살균제의 진실이 만천하에 드러났다. 옥시의 가습기 살균제는 수천 명의 목숨을 앗아가고 수만 명의 피해자를 만들었다. 소비자는 기업의 윤리를 믿었지만 기업은 그 믿음을 죽음으로 돌려주었다. 옥시는 앞에서는 법적 책임은 물론 사회적 책임을 지겠다고 말했지만 뒤에서는 어떻게든 피해 보상을 최소화하여 손해 보지 않기 위해 버티고 있다.

지금도 전국의 마트에는 99퍼센트의 제균과 살균 효과

를 강조하는 각종 화학제품이 진열되어 있다. 기업과 제품의 이름이 다를 뿐 원료는 결국 비슷하다. 유감스럽지만 소비자는 기업의 논리를 뛰어넘을 수 없다. 한낱 개인일 뿐인 소비자가 할 수 있는 일이란 찝찝함을 뒤로하고 조금이라도 몸에 덜 해로운 물건을 찾아 헤매는 것이다. '친환경', '인체 무해'라는 라벨이 있고 없고의 차이는 0퍼센트와 1백 퍼센트가 아니라 얼마나 적게 들었느냐의 차이다. 타사 제품보다 유해 물질이 적게 들었으니 안전하다고 자신 있게 말할 수 있을까? 과연 기업들은 완벽한 통제하에 제품의 안정성을 실험했을까? 아무리 너그럽게 생각해보아도 이들의 진심과 거짓의 거리는 오십보백보고, 확률은 51 아니면 49라는 생각을 지울 수 없다.

소비자의 이익을 위해 존재하는 기업은 어디에도 없다. 동시에 인간의 이익을 위해 존재하는 기업도 없다. 기업의 목적은 단 하나, 기업과 소유주의 이익이다. 이익을 위해서라면 할 수 있는 모든 방법을 동원한다. 인류의 건강, 자연과의 공존, 생태계 지속 따위는 이익 앞에서 가장 쉽게 지워진다. 학살은 대상을 가리지 않고 마구잡이로 잔혹하게 죽이는 행위에 붙는 이름이다. 기업의 이익 앞에서 당신과 나는, 우리 모두는 이유를 모르는 채 콩과 옥수수가 그랬듯, 땅속의 지렁이가 그랬듯, 수많은 동물이 그랬듯 무참히 학살당할 것이다. 너무 끔찍하다는 느낌이 드는가. 그렇다면 정확하게 이해한 것이다.

● 농약의 원리와 그 피해에 관해 더 알고 싶다면 스테파니 세네프의《위험한 유산》을 추천한다. 레이첼 카슨의《침묵의 봄》과 비교해도 손색없는 탁월한 책이다.

VII

각자도생은
이제 그만

희망에 대하여

말해줘, 너를. 놓지마, 나를

감정은 타고나는 것일까, 배우는 것일까

감정은 타고난다. 기쁘면 웃음이 나고, 슬프면 눈물이 난다. 화나면 목소리가 높아지고, 부끄러우면 얼굴이 발개 진다. 좋아하는 사람 앞에서는 수줍어서 손발이 오그라들 지만, 싫어하는 사람 앞에서는 얼굴 근육부터 굳어버린다. 감정은 동물적 감각과 같아서 학습과 통제에 따라 표현의 강도를 조절할 수 있을지는 몰라도 어떻게든 드러나기 마련이다.

감정이 인간의 본능이라는 것은 국가, 출신, 성별, 나이에 따라 다르게 표현하는 경우가 거의 없다는 사실로도 증명된다. 물론 문화나 사회 분위기, 성격, 표현 능력에 따라 드러내는 방식이 조금씩 다르겠지만, 기쁠 때 웃고 슬플 때 눈물을 흘린다. 즐거울 때 오열하고 슬플 때 박장대소하는 종족이 있다는 말은 아직까지 듣지 못했다. 출신 국가와 언어가 다른 사람들끼리도 최소한으로나마 소통이 가능한 이유는 '희로애락오욕'이라는 공통분모가 있기 때문이다.

그러나 타고난 감정은 학습과 타인과의 교류 과정을 통해 비로소 적절한 표현 방식을 얻는다. 이 과정은 공동체가 갈등 없이 지속되는 데 반드시 필요한데, 감정의 스펙트럼은 끝을 알 수 없을 정도로 넓기 때문이다. 예를 들어 어떤 사람은 화나면 혼자 방구석에 앉아 흐느끼지만, 어떤 사람은 주변 사람들에게 폭력을 휘두르며 자신이 화났다는 것을 알린다. 어떤 사람은 좋아하는 감정을 솔직하게 말하지만, 어떤 사람은 마음을 들키지 않기 위해 마음과 전혀 다르게 행동하기도 한다. 공동체 통합과 지속의 가장 큰 걸림돌이 무엇인지 곰곰이 생각해보면 개인과 개인이 느끼는 감정의 온도 차, 집단과 집단이 드러내는 감정의 표현 차, 그리고 그것에서 비롯되는 오해와 갈등이다. 감정의 문제는 수학 문제보다 어렵고, 윤리 문제보다 복잡하며, 정치 문제보다 변화무쌍하다.

인간은 웃음과 울음으로만 감정을 표현하는 시기를 지나 말귀가 터지고 말할 수 있는 시기가 되면 감정을 제대로 표현하는 법을 배우기 시작한다. 처음에는 부모, 좀 더 커서는 선생님이나 주위의 어른, 성인이 되어서는 친구나 동료를 통해 꾸준히 학습한다. 이를테면 감정을 정확하게 표현하기, 울지 않고 말하기, 화내지 않고 말하기, 예의 있게 말하기 등이다. 그러나 오랫동안 학습해도 모두가 자기 마음 같지는 않기에 완벽한 감정 교류란 처음부터 불가능한지도 모른다.

그럼에도 우리가 감정을 타인에게 표출하고 이해받기 바라는 이유는 외로움을 피하고, 고립되지 않았음을 증명하고 싶기 때문이다. 사람이라면 자신의 감정이 타인에게 닿길 바란다. 물론 방법은 저마다 다르다. 어떤 사람은 쓰레기 버리듯 타인에게 감정을 쏟아내고, 어떤 사람은 진짜 감정은 보물처럼 숨겨두고 가짜 감정만 보여준다. 어떤 사람은 감정까지 자본화하여 거래 대상으로 삼기도 한다. 상대를 해칠 의도가 없는 이상 무엇이 좋고 나쁘다고 단정하기는 어렵다. 그저 각자 살면서 터득한 감정 생존 방식이라고 이해하면 좋을 듯하다.

감정을 잘 표현하거나 다스리는 사람은 세련되어 보인다. 반대로 감정을 여과 없이 퍼부으며 끝을 보는 사람은 천박해 보이는 것을 넘어 불쾌하기까지 하다. 되도록 멀리하며 엮이고 싶지 않다. 그러나 한편으로는 안타깝기도 하다. 저 사람 옆에 좋은 사람이 있었다면, 저렇게 극단적으로 표현하지 않아도 기꺼이 공감해주는 사람이 있었다면, 저 널뛰는 감정을 스스로 어루만질 수 있을 때까지 기다려주는 사람이 있었다면 자신을 외롭게 하지 않았을 텐데.

손원평의 장편소설《아몬드》는 감정을 타고나지 못해 괴물로 불리는 윤재와 타고난 감정이 있지만 잘 배우지 못한 탓에 괴물로 불리는 곤이가 만나 서로를 구원하는 이야기다. 한 아이를 키우기 위해서는 온 마을이 필요하다지만, 한 명의 감정이 타인에게 닿기 위해서는 단 한 명으로도 충분하다. 그리고 진심만 있다면 누구든 그 한 명이 될 수 있음을 소설은 말해준다.

누가 감정을 가르쳐줄 수 있을까

두려움은 되도록 느끼고 싶지 않은 감정 중 하나다. 우리는 자신을 압도하는 물리적 대상 앞에서 두려움을 느끼기도 하는데, 대상의 실체가 없고 어떻게 방어해야 할지도 모를 때는 두려움이 더욱 커진다.

나를 가장 두렵게 하는 것을 꼽으라면 바로 미래다. 미래가 어떻게 다가올지, 무엇을 주거나 빼앗아 갈지 모르기 때문이다. 어떤 사람은 미래의 윤택한 노후를 위해 재산을 불리고, 질병을 예방하기 위해 각종 영양제를 챙겨 먹기도 한다. 어떤 사람은 어차피 죽으면 끝이니 부질없다며 아무것도 하지 않는다. 미래에 대한 두려움이 우리를 끊임없이 움직이게 한다면, 우리를 무기력하게 만드는 것 역시 미래에 대한 두려움이다. 요망하기 그지없는 감정이다.

《아몬드》의 주인공 윤재는 감정 표현 불능증을 앓는 인물이다. 병이라고 하기에는 일상생활이 충분히 가능하고 특별한 치료 방법이 있는 것도 아니어서 앓는다는 표현이 어울리진 않지만 말이다. 어쨌든 비정상적인 '증상'이 있으니 고쳐야 하는 무엇이긴 하다. 이 병의 대표적 증상은 두려움을 느끼지 못하는 것이다. 따라서 치료한다는 것은 곧 두려움을 감지하는 능력을 키운다는 말이기도 하다. 두려움을 인지해야 자신을 보호할 수 있기 때문이다. 세상에서 제일 고통스러운 감정이 두려움인데, 이 감정이 생겨야 낫는 병이라니 이런 아이러니가 없다.

또 다른 주인공 곤이는 세상에서 두려울 게 없는 인물이다. 혹시 윤재와 같은 병을 앓고 있냐고 생각하면 오해다. 두려움이 무엇인지 모르는 것이 아니라 두려움에 관해 너무 잘 알아서 더 이상 두려울 것이 없는 인물이기 때문이다.

곤이는 어릴 적 놀이동산에서 엄마를 잃고 가족과 헤어진 후 몇 번의 유기와 폭력을 경험하면서 두려움을 배웠다. 하지만 곤이에게 두려움은 피해야 하는 것이 아니라 아무리 발버둥 쳐도 피할 수 없는 무엇이었다. 그러면서 곤이는 타인을 괴롭히는 가장 악한 방법을 알게 된다. 바로 두려움을 온몸으로 느끼게 해주는 것이다. 그렇게 곤이는 타인을 괴롭히는 가장 강력한 방법이자 자신을 지킬 수 있는 가장 강력한 무기인 두려움을 장착한다. 자신의 진짜 두려움은 철저히 숨긴 채.

그러던 곤이에게 강력한 벽이 등장한다. 도무지 무기가 통하지 않는 단단한 벽. 바로 윤재였다. 그 벽은 때려도 깨지지 않고, 밀어도 꿈쩍하지 않았다. 자존심이 상한 곤이는 매일 벽을 찾아가 치고 또 친다. 이쯤 되면 벽을 싫어하는 것이 아니라 좋아하고, 벽을 무너뜨리고 싶은 게 아니라 기대고 싶은 것 아닐까 생각될 정도다.

곤이의 최종 목적은 두려움을 이기는 것이다. 그 방법은 두 가지다. 하나는 표현이고 다른 하나는 억압이다. 두렵다고 솔직히 말하는 것이 표현이라면, 두렵지 않다고 거짓말하는 것이 억압이다. 그러나 공기가 가득한 풍선을 세게 누르면 터지듯 억압도 한계에 도달하면 터진다. 이때 가장 먼저 터지는 건 바로 나 자신이다. 그럼에도 억압하는 이유는 자신의 진짜 모습, 나약한 모습을 타인에게 들키기 싫어서다.

지금의 강한 곤이를 만든 건 표현과 위로가 아니라 억압과 폭력이었기에 곤이는 이것이 자신을 지키는 유일한 방식이자 생존 논리라고 믿는다.

"강해질 거야. 내가 살아온 인생답게. 나한테 제일 자연스러운 방식으로. 이기고 싶어. 상처받는 걸 멈출 수 없다면 차라리 상처를 줄 거야."*

하지만 윤재는 곤이의 말이 진심이 아님을 안다. 타인에게 두려움을 주려는 곤이의 잔인한 몸부림은 사실 두려움으로부터 도망치기 위함임을 윤재는 알고 있었다. 다른 사람들이 곤이의 분노를 억누르기 위해 더 큰 두려움으로 통제하려 했다면, 윤재는 두려움으로부터 곤이를 지키기 위해 진심을 다한다. 자신의 가장 강한 무기인 '두려움 없음'을 가지고서. 그리고 그런 윤재를 통해 누군가를 해치기 위해서나 써먹던 두려움이란 무기가 얼마나 부끄러운 것인지 곤이는 알게 된다.

윤재와 곤이는 변한다. 곤이를 통해 윤재는 두려움이 어떤 감정인지 알고, 윤재를 통해 곤이는 두려움을 표현하고 드러내는 법을 알게 된다. 감정이란 아무 쓸모도 없다고 믿었던 곤이는 윤재를 통해 감정의 소중함을 느끼고 세상과 소통하는 법을 깨닫는다. 윤재는 곤이를 통해 감정이

* 손원평,《아몬드》, 다즐링, 2023, 230쪽.

삶을 얼마나 풍부하게 만드는지, 누군가를 위해 기꺼이 나를 던진다는 것이 무슨 의미인지 배우고, 엄마와 할머니 외에도 자신을 아끼는 사람이 생겼다는 데 벅찬 기쁨을 느낀다.

인간의 감정은 타고나지만, 타인과 교류하고 공감하면서 보다 다양하고 섬세하게 변한다. 물론 어떻게 변할지는 모른다. 그것은 어디까지나 개인의 몫이기 때문이다. 그러나 타인을 위해 기꺼이 자신의 것을 나누고 타인의 고통을 진심으로 슬퍼하며 위로하는 모습에 감동하는 자신을 생각해보면, 감정을 어떻게 변화시킬지를 쉽게 깨달을 수 있다. 자고로 좋은 감정에 좋은 사람이 깃들기 마련이다.

감정과 표현 그리고 반응

일인분의 삶을 온전히 살아내야 하는 성인이 되면 자연스럽게 또는 어쩔 수 없이 감정에 무뎌지게 된다. 감정에 쏟을 시간이 없고, 감정에 휘둘려 공과 사를 구분하지 못해 덜 자란 '어른이'로 놀림당할 수도 있기 때문이다. 감정에 사로잡혀 주어진 일을 제대로 못 하고 헤매는 것은 스스로 능력 없음을 증명하는 꼴이나 마찬가지다.

우리는 감정을 드러내지 않는 것이 미덕이자 원칙이라고 배우고 익혔다. 그러나 감정은 드러내지 않는다고 사라지는 것이 아니고, 꼭꼭 숨긴다고 들키지 않는 것도 아니다. 감정은 풍선과 같아서 어느 한쪽을 누르면 다른 한쪽이 더 커지고, 지나치게 힘을 주면 결국 터지고 만다. 왜곡된 감정을 본심으로 착각하며 비정상적인 방식으로 표출하거나 감정을 조절하지 못해 결국 질병이나 우울증, 불안증을 앓는 것 모두 감정을 제대로 들여다보지 않거나 왜곡된 채로 방치했기 때문이다.

별것 아닌 일로 싸우거나 지나치게 화내는 사람이 많아졌다고들 한다. 누가 봐도 분노 사회다. 왜 다들 싸우지 못해 안달일까. 왜 다들 이기기 위해 수단과 방법을 가리지 않을까.

싸우고 화내는 이유는 자신이 처한 상황이 부당하다고 느끼기 때문이기도 하지만, 실제로는 자기 말을 아무도 듣지 않고 공감해주지 않기 때문일 가능성이 크다. 타인에게서 인정받지 못하거나 존재를 무시당할 때 사람은 굴욕과 수치, 분노를 느낀다. 그런데 이 감정은 굉장히 위험하다.

인간 이성의 끈을 모두 잘라버리고, 내가 당한 것보다 더 잔인하게 보복하도록 감정을 부추기며 그것만이 공평하다고 착각하게 만들기 때문이다. 그래서 그런지는 몰라도 요즘 일어나는 각종 범죄들을 보면 무엇 때문에 화났는지보다 누가 더 강하고 잔인하게 화낼 수 있는지에만 집중하는 경향이 짙다. 그것만이 자신이 느꼈던 수치심을 지울 수 있는 유일한 방법이라고 착각하고, 분노를 풀 수 있는 확실한 방법이라고 믿는다. 그러나 이것이 반복될 경우 우리 사회가 어떤 모습으로 변할지 상상하는 것은 어렵지 않다. 말보다 폭력을, 이해보다 혐오를, 용서보다 보복을 당연하게 여기며 그것이 정의라고 믿는 혼돈의 사회가 되는 모습.

분노 사회에 사는 우리에게 필요한 것은 시간과 감정이다. 정해진 일정 때문에 쪼개 써야 하는 짧은 시간이나 예쁘게 포장된 감정 말고, 곱씹고 곱씹을 만한 긴 시간과, 두려움 뒤에 숨어 있는 진짜 감정 말이다. 그다음에는 그만큼의 시간을 타인의 감정을 이해하는 데 써야 한다.

언제부터인가 우리는 타인의 감정을 머리로 분석하려고만 하고 마음으로 이해하려고는 하지 않는다. 게다가 감정을 분석하는 이유는 그 사람을 알아가기 위해서라기보다 그 사람이 정상적인 사람인지, 나에게 피해를 주는 건 아닌지 파악하려는 의도 때문인 경우가 많다. 그러면서도 입으로는 너를 진심으로 이해한다고 위로한다.

우리는 말해야 한다. 나에 대해서, 나의 감정에 대해서, 나의 상태에 대해서. 그리고 들어야 한다. 상대에 대해서, 상대의 감정에 대해서. 그래야 우리는 서로를 놓치지 않을 수 있다.

진정성에 목매는 이유

진정성은 역사를 초월할까

근대가 열리기 전, 그러니까 개인이라는 개념이 없고 신분을 곧 운명으로 생각하며 순응한 시대에는 개인의 욕망과 사회적 역할 사이에 괴리감이 없었다. 주어진 신분에 따라 사는 것에 일말의 의심이 없었기 때문이다. 운명에 대한 저항은 신분제 사회 세계관 아래서는 처음부터 존재하지 않은 선택지였다. 예를 들어 노예가 품을 수 있는 가장 큰 욕망은 주인에게 충성하여 먹고사는 것을 걱정하지 않는 데서 크게 벗어나지 않았다. 귀족도 다르지 않았다. 더 많은 권력을 쥐고 싶다고 욕망해도 신분은 한계가 분명했다. 책임과 의무가 버겁다고 해서 귀족 지위를 포기하거나 자기 소유의 농민이나 노예를 굶어 죽도록 내버려 두거나 외면할 수도 없었다.

근대 이전의 세계관 아래서는 귀족이든 노예든 개인의 욕망은 오로지 사회적 지위를 통해 만들어졌다. 물론 자기 처지에 비관하는 사람이 있었을지는 모른다. 그러나 자신의 상황과 사회질서를 연결하여 불합리함을 증명하려 애쓰거나 저항하는 사람은 공동체를 위기에 빠뜨린다는 이유로 감시와 처벌의 대상이 되는 것을 눈앞에서 본 이상 목숨과 자유를 맞바꾸기란 웬만큼 '미친 사람'[*]이 아니고서는 불가능했을 것이다.

그러다 신의 죽음을 선언하며 신의 자리에 인간을 놓은 프리드리히 니체, 인간의 이성이 최고임을 발견한 르네 데

---

[*] 갈릴레오 갈릴레이는 지동설을 주장했다가 '미친 과학자'라 불렸고, 이탈리아에서 방앗간을 운영했던 메노키오는 우주는 신이 아니라 자연이 만들었다고 주장했다가 미친놈도 모자라 악마라 불리며 화형당했다.

카르트 이후 신분제 사회의 세계관이 붕괴하고 새로운 세계관이 도래했다. 이전과 가장 크게 달라진 점은 인간의 욕망에 한계가 없어졌다는 것이다. 노예는 해방을 욕망했고, 귀족은 가장 높은 신분 아니면 완벽한 자유를 욕망했다. 신분이나 지위는 이제 욕망의 방해물이 되지 못했다.

동시에 산업혁명이 일어나고 제국주의, 자본주의 사회를 거치면서 신의 자리를 자본이 차지했다. 가능한 한 많은 생산수단과 자본을 확보하면 욕망하는 모든 것을 소유할 수 있다고 사람들은 믿었다. 그 과정에서 철학의 자리를 차지한 기술은 유감스럽게도 자연과 인간을 도구화하고 착취하는 데 쓰였다. 새로운 세계관이 도래하면서 사람들은 혼란에 빠졌다. 믿었던 모든 것은 의심과 불신의 대상으로 변했고, 세계를 관통했던 거대 담론은 사라졌다.

공동체를 구성하는 일원이었다가 작게 쪼개져 나온 개인에게 남은 것은 두려움과 환멸이었다. 존재를 지킬 수 없을지도 모른다는 두려움, 그리고 믿었던 세상에 대한 환멸이었다. 운명과 욕망 사이에 괴리감이 없고, 주어진 운명대로 살면 그럭저럭 지낼 수 있었던 시절을 그리워하는 사람이 늘었다. 동시에 행동과 말이, 말과 마음이 일치하지 않는 사람이 많아지면서 개인이 느끼는 환멸감은 어느 때보다 짙어져갔다. 자본이나 권력, 이해관계 앞에서 말과 행동이, 마음과 표현이 수시로 변하는 모습을 본 사람들은 진심인 것, 윤리적인 것, 인간적인 것, 가식적이지 않은 것을 열망했다. 과거의 부조리한 사회적 지위에 저항하듯이 말이다. 그리고 이것을 진정성이라 불렀다.

앤드류 포터의 《진정성이라는 거짓말》은 진정성을 찾아 고군분투하는 현대인의 이중성과 허구에 관한 흥미로운 논리를 담았을 뿐 아니라 소제목인 "진정한 나를 찾다가 길을 잃고 헤매는 이유"에 관해 답변하는 책이다. 전작 《혁명을 팝니다》로 세계를 움직이는 경제 논리의 허구를 가감 없이 드러낸 앤드류 포터는 《진정성이라는 거짓말》을 통해 진정성이란 무엇인지, 그리고 우리가 애타게 찾은 것이 정말 진정성을 담고 있는지, 근본적으로 진정성이란 누구를 위한 것인지 질문한다.

결론적으로 앤드류 포터는 진정성은 처음부터 존재하지 않았다고 말한다. 진정성이란 그저 세상을 이해하며 자신과 세계의 관계를 판단하고 표현하는 방식에 불과하다는 것이다. 그는 진정성은 역사와 시대를 관통하는 무엇이 아니기 때문에 진정성을 찾거나 얻기 위해 애쓰는 대신 우리가 그토록 원하는 진정성의 실체를 의심해야 한다고 조언한다.

누가 진정성을 강조하는가

'-답게'라는 말이 있다. '-답게' 앞에는 주로 사회적 지위나 위치를 나타내는 단어가 붙는다. 예를 들어 '학자'답게, '오너'답게, '언론인'답게, '연예인'답게, '정치인'답게 등이다.

'-답게'에 대한 강조에는 당사자가 지위에 맞게 행동하기 바라는 외부의 윤리적·도덕적 기대감이 깔려 있다. 이를테면 '올바른 학자라면 객관적 지식을 전달해야 한다', '제대로 된 언론인이라면 사회정의를 위해 진실을 밝혀야 한다', '양심적 기업인이라면 소비자를 기만하지 않으며, 기업 윤리를 지켜야 한다', '진정한 정치인이라면 주권자의 말에 귀를 기울여야 한다' 같은 말이 일종의 당위 명제로 작동한다.

이러한 프레이밍은 공동체를 유지하는 검열 장치로 작

동하면서 당사자와 이들을 추종하는 사람 모두에게 긍정적인 효과를 줄 수 있다. 당사자는 주어진 지위를 유지하기 위해 사람들의 기대에 부응하고자 노력하는 동시에 부적절하게 행동하지 않으려 한다. 이들을 지켜보는 대중은 이들이 보여주는 일관적 태도를 근거로 진정성 있다고 판단하며 신뢰하거나 지지를 선언하기도 한다.

그런데 문제는 당락과 지위가 급변하는 현시대에는 부단한 노력의 결과가 나타날 때까지 주체도 대상도 기다려주지 않는다는 것이다. 이른바 적자생존·승자 독식·무한경쟁 시대에는 능력, 조건, 지위가 수시로 뒤바뀐다. 그렇기에 한순간도 긴장을 늦출 수 없다.

우리는 능력과 지위를 가능한 한 오래 유지하고 싶어 하고, 기왕이면 더 나은 지위를 쟁취하기 위해 모든 방법을 동원하고 싶어 한다. 지위가 없는 사람은 원하는 지위를 얻기 위해, 이미 지위를 얻은 사람은 그것을 지키기 위해 진짜 속내를 숨기고 위선적으로 행동하거나 지키지도 못할 약속을 하기도 한다.

뒷광고로 대중의 뭇매를 맞고 위기에 빠진 인플루언서, 겉으로는 기업 윤리를 강조하면서 뒤로는 이익만 추구하며 불법을 저지르다 소비자에게 외면받는 기업, 내로남불을 생존 법칙처럼 삼으며 자신의 이해관계에 따라 수시로 말을 바꾸는 정치인은 자주 사회적 이슈가 된다. 대중이 이들에게 분노하는 이유는 위법과 불법을 저지른 것에 대한 분노 이외에도 윤리적·도덕적 배신감을 느끼기 때문이다. 신뢰와 지지가 거짓과 배신으로 돌아올 때 느끼는 허탈감이 공적인 감정이 되었을 때 어떤 결과를 초래하는지는 어렵지 않게 확인할 수 있다. 재기가 불가능해진 연예인, 시장에서 영원히 퇴출당한 기업, 정치적 사망 선고를 받은 정치인 등. 이들은 신뢰를 저버린 대가로 법적 처벌보다 훨씬 잔인한 사회적 처벌과 응징을 받아야 했다.

그러나 다른 한편으로 생각해보면 자본주의 사회의 언론, 기업, 정치는 자본의 흐름에 따라 움직이기 마련이다. 또한 언론인, 기업가, 정치가도 자본의 흐름과 이해에 따라 행동하고 선택한다. 자본주의 사회 안에서는 이 논리에서 자유로운 개인이란 없다. 그런데 어째서 우리는 이 논리를 알면서도 진정성, 진실, 순수함을 기대할까. 또한 왜 저들은 자본, 이익, 독점에 대한 욕망을 숨기고 진심과 진정성을 내세우며 대중에게 호소할까.

승자 독식·무한 경쟁 사회에서 많은 사람이 실력을 쌓는 것만큼이나 진정성을 인정받기 위해 에너지를 쏟는 가장 큰 이유는 진정성이 자신을 지킬 수 있는 힘과 자본, 권력이 된다는 것을 잘 알기 때문이다.

그들은 자신의 말이 사실인지 진실인지 구분하기보다는 진심을 강조한다. 예를 들어 인플루언서는 물건의 질만큼이나 '내돈내산'을 강조한다. 기업가는 소비자의 이익을 위해 최선을 다하겠다고 약속한다. 정치인은 오로지 시민을 위해 봉사하며 청렴결백할 것을 선언한다. 그러면 우리는 상품이나 공약 대신 그 사람들을 믿는다. 적어도 그 말에 진정성이 있다고 믿기 때문이다.

그러나 그 진정성이 근본적으로 누구의 진정성인지, 그들은 무엇을 위해 진정성을 강조하는지 질문하지 않을 수 없다. 자본가나 권력자, 정치가는 대중의 인정을 받기 위해 정작 속마음은 숨긴다. 사실을 믿지 말고 자기 말을 믿으라고 호소한다. 평범한 우리도 이들과 크게 다르지 않다. 나의 이익을 위해 말과 다르게 행동하면서도 타인에게는 진정성을 요구하고, 그렇지 않은 사람을 비난한다. 전형적인 '내로남불'이다. 나는 그래도 되지만 너는 그러면 안 된다는 모순적인 검열의 결과다.

그러나《진정성이라는 거짓말》의 지은이 앤드류 포터에 따르면 '내로남불'을 무조건 비난할 수는 없다. 말과 행동의 불일치, 현실 앞에서 수시로 바뀌는 신념은 개인의 지위와 사회적 지위가 다르고 개인의 욕구와 사회의 욕구도 다른 시대에 피할 수 없는 지극히 인간적 모습이라고 할 수 있다. 우리가 강조하는 진정성은 반드시 찾고 회복해야 하는 것이 아니라 그저 변화한 세상을 이해하는 방식일 뿐이다.

세상의 변화에 따라 이해의 방식도 변해야 한다면, 보편적 가치로 추구했던 진정성 역시 시대와 세계의 변화에 따라 상대적 수단으로 쓰인다면 우리는 어떤 마음가짐으로 이 세계관을 수용해야 할까. 진정성 유무를 판단하는 대신 그 뒤에 숨은 진짜 의도를 파악하는 것이다. 이를테면 기업가와 정치인, 언론이 진정성을 강조하는 이유를 의심하고 분석하는 것이다.

그러나 진정성의 민낯을 알면 알수록 괴로움은 온전히 내 몫이 되는 딜레마에 빠지곤 한다. 잃는 것은 타인에 대한 신뢰감이고, 얻는 것은 박탈감이다. 그야말로 세상에 대한 환멸이 밀려온다. 환멸이 극에 달하면 사람은 세상을 외면하거나 포기한다. 아무리 노력해도 해결할 수 없는 문제임을 깨닫고 모든 것을 내려놓기 때문이다. 그게 다 사는 방법 아니겠냐며 서로 속고 속이든, 아니면 그렇게라도 살 수밖에 없는 자신의 비루한 처지를 비관하든. 그러나 둘 중 어느 쪽을 택하든 소외되는 것은 바로 자신임은 말하지 않아도 다 안다.

진정성 너머의 진실

진정성은 보다 나은 삶을 위해 중요한 가치다. 하지만 진정성에만 집중한 나머지 이면에 숨은 메시지를 놓쳐서는 안 된다. 특히나 진정성을 수단 삼아 저변을 넓히고 권력을 확보하는 것을 생존 방식으로 이해하는 무한 경쟁·승자 독식 사회에서 휘둘리지 않고 살려면 말이다.

한쪽에서는 장기 불황, 저성장, 실업을 걱정하지만 다른 한쪽에서는 명품을 사기 위해 '오픈 런'을 한다. 각종 소셜 네트워크 서비스에는 해외여행 사진이 넘쳐난다. 그러면서도 자신에게 주는 '소박한' 선물, 오랜만에 즐기는 '작은'

여유라는 해시태그도 빼먹지 않는다. 사진을 보고 있으면 자신만 빼고 모두 잘사는 것 같아서 우울하다 못해 비참해진다.

그러나 타인들의 명품이나 사진에 얼마만큼의 진정성이 있는지 알 수는 없다. 당사자만이 알 뿐이다. 그렇다고 잘 알지도 못하면서 그 모든 것이 허영이나 허세라고 비난한다고 해도 내 마음이 편해지진 않는다. 나 역시 고가 명품 앞에서 아무렇지 않은 척하거나 멋진 해외여행지 앞에서 멋진 포즈를 취하지 않을 자신이 없으니 말이다.

반대로 타인의 시선을 의식하고 처지에 맞지 않게 소비하거나 본인의 진심을 본인도 찾지 못할 만큼 꼭꼭 숨기고 타인의 평판이 곧 자기라고 착각하며, 어떻게 해서든 좋은 평을 얻기 위해 봉사와 희생을 자처하고 좌지우지되는 사람을 보면 저렇게까지 하며 살아야 하느냐는 인간적인 연민이 든다. 그들은 사회생활을 잘하려면, 좋은 인맥을 쌓으려면, 성공하려면 어쩔 수 없다고 말한다. 듣고 보면 아주 틀린 말은 아닌 것도 같다.

좋은 평판을 유지하기 위해 때로 자신의 감정을 숨기는 건 어쩔 수 없지만 사람인지라 화가 치밀거나 억울할 때가 있다. 하지만 드러내기는 어렵다. 공들여 세운 평판이 한 순간에 무너질 수도 있기 때문이다. 어떻게 해서든 내면의 분열을 막아본다. 내 마음은 잘 알지도 못하면서 다른 사람들은 겉과 속이 한결같고 진국이라며 칭찬을 늘어놓는다. 이런 말을 반복적으로 듣고 있으면 참고 견디는 쪽이 진짜 나인지, 아니면 싫다고 말하고 거절하는 쪽이 진짜 나인지 헷갈린다.

앤드류 포터는 어느 쪽이든 상관없다고 우리의 어깨를 다독인다. 진짜와 가짜를 가리는 것보다는 그 감정이 어떻고 왜 생기는지 깨닫는 것이 훨씬 중요하기 때문이다. 진정성이라는 실체 없는 말에 몰입해서 그 너머 진실을 보지 못하는 것이야말로 진짜 어리석은 일이다.

권력과 지위가 있거나 나의 지지가 필요한 사람들이 진심과 진정성을 강조하며 유혹한다면 반드시 의심하고 질문해야 할 것이다. 진짜 의도와 목적을, 그로 인해 희생당하는 것을, 그 희생 대상엔 나도 포함될 수 있다는 것을.

당신의 위성이 되어드릴게요

"너는 같은 자리에 있는 걸 지키고 싶어 하잖아.
사람들이 너무 당연하게 여기는 것,
소중하게 여기지 않는 것들을."

— 정세랑, 《지구에서 한아뿐》, 난다

날 추앙해!

스티브 잡스, 그레타 툰베리, 비욘세, 미야자키 하야오, 켄 리우, 봉준호, 그리고 BTS. 이들의 공통점은 몸담고 있는 분야에서 보여주는 세계관이 분명하다는 점이다. 보편적이면서도 독보적이고, 한결같으면서도 이타적이고, 타협하지 않는다. 사람들은 이들의 세계관에 열광하거나 추종하며 열렬한 지지자나 덕후가 된다.

나는 미야자키 하야오 감독 작품의 세계관을 좋아한다. 그의 애니메이션을 보고 있으면 존재하는 모든 것이 나와 함께 있는 듯하다. 혼자 라면을 먹고 있으면 토토로가 '후후' 하고 불어줄 것 같고, 지하철 의자에 앉아 있으면 가오나시가 옆에 있을 것 같고, 무거운 가방을 들고 있으면 마쿠로쿠로스케들이 쏟아져 나와 가방을 들어줄 것 같다. 내가 오늘 하루를 무사히 보낼 수 있었던 건, 보이지 않지만 분명히 존재한다고 믿는 영혼들 덕분이라는 것을 믿어 의심치 않는다. 모든 것에 생명이 깃들여 있다고 생각하면 아무것도 함부로 대할 수 없다. 미야자키 하야오의 작품을 보고 있노라면 이 거장의 세계관이 나와 일치하는 것 같아 괜히 뿌듯하다. 내가 그가 되는 순간인가.

　　아니라는 것은 나도 안다. 나는 그의 세계관을 뛰어넘을 수 없고, 사실 뛰어넘을 능력도 없다. 그저 내가 할 수 있는 최선은 토토로 피규어와 가오나시 인형을 모으며 그의 세계관을 향한 팬심을 잃지 않는 정도라고 할까.

　　누구나 자신만의 세계관을 갖고 싶어 한다. 그러나 모두가 세계관을 갖기란 힘들고, 그것을 표현하는 것은 더 어렵다. 어떻게 표현하느냐에 따라 인류를 향한 구원의 메시지가 될 수도 있고, 모방이나 밈으로 그칠 수도 있고, 그것도 안 되면 한낱 허세로 취급될 수도 있기 때문이다.

내 세계관을 타인에게 인정받고 싶다면 무엇보다 매력이 있어야 한다. 세계관도, 그것을 표현하는 사람도 말이다. 또한 독보적이되 보편적이어야 한다. 세계적으로 많은 사람이 추종하는 석학, 셀러브리티, 인플루언서를 보면 그야말로 넘사벽이다. 단순히 똑똑하다, 예쁘다, 멋있다는 말로는 설명하기 어렵다. 그들이 타인과 세계에 던지는 메시지까지 멋있다. 그 메시지가 선하고 다정하다면 추종자는 가히 폭발한다. 다정한 사람, 선한 사람을 좋아하는 것은 인간의 본능이자 생존 방식이다.

세계관은 하루 이틀 죽도록 연습해서 만들어지는 것이 아니라 오랜 시간 동안의 경험과 거기서 얻은 영감, 가치관, 신념이 만들어낸 필연적 결과물이다. 그래서 쉽게 바꿀 수 없고, 바뀌지도 않는다. 예를 들어 작가는 자신의 기법을 뛰어넘기 위해 매일 연습한다. 옛날이야기로 추억팔이나 하는 사람이 되지 않기 위해, 촌스러워지지 않기 위해, 같은 시대를 사는 사람들의 공감을 얻기 위해 업데이트하려고 기를 쓴다. 그렇지만 예술에 대한 근본적 태도를 바꾸지는 않는다. 어제는 좋았던 표현이 오늘은 별로라고 생각할 수 있지만, 어제까지 증오했던 사람을 오늘부터 갑자기 좋아할 수는 없듯이 말이다.

앞에서도 언급했지만 세상에서 가장 힘든 사람은 나쁜 사람, 못된 사람이 아니라 하루에도 변덕이 죽 끓듯 하는 사람, 도대체 어느 장단에 맞춰야 할지 헷갈리는 사람이다. 그러나 자신만의 세계관을 가진 사람들에게서는 적어도 이런 모습을 찾아볼 수 없다. 믿음에 대한 태도와 가치관을 매일 바꾸지 않으면서도 끊임없이 업데이트하며 세계관을 확장하려는 노력은 추종하는 사람들에 대한 예의이자 의무다. 세계관을 갖는다는 것은 이토록 어렵다.

객관적으로 나를 평가해본다. 독보적 매력이 없는 것에서 한 번 좌절하고, 죽도록 노력해야 한다는 의무감에서 또 한 번 좌절한다. 나는 세계관을 가질 수 없다고 좌절하고 있는가. 그럴 필요 없다. 내가 욕망하는 세계관을 가진 사람을 따르면 되니까 말이다. 봉준호의 영화를 보며 디테일에 감탄하면 되고, BTS의 노래를 들으며 작은 것들을 위해 노래하면 된다. 스타가 있는 이유는 팬이 있기 때문이고, 스타는 팬이 있을 때 반짝반짝 빛난다. 달을 보며 소원을 비는 사람은 있어도, 저것은 지구 주위나 맴도는 돌덩이라고 생각하는 사람은 없다. 달을 보며 소원을 비는 사람 옆에서 "그의 소원이 이루어지는 게 소원입니다"라고 말하는 사람은 있어도, "야! 너 몇 살인데 아직도 소원이나 빌고 사냐?"라고 비웃는 사람은 없다. 있다면 빠른 손절을 권한다. 세상에서 가장 아름다운 마음은 타인의 안녕과 영원함을 위해 간절한 마음을 아끼지 않는 마음이다. 이것을 어떤 사람은 사랑이라 부르고, 어떤 사람은 존경이라 부르고, 어떤 사람은 추앙이라 부른다. 날 추앙해!

지구인의 세계관에 반해버린 외계인

정세랑보다 지구를 사랑하고 추앙할 수 없어 나는 지구에 대한 정세랑의 세계관을 추앙한다. 지구에 대한 그의 세계관은 분명하다. 한 문장으로 표현하면 '소수의 지구 생명체를 향한 다수의 무한 애정' 정도라고 할까. 사람이든 물건이든 애정을 쏟을 수 있는 것이라면 무엇이든 상관없다.

정세랑 유니버스에서 항성이 지구라면 행성은 인간, 위성은 그 인간을 사랑하는 무엇이다. 인간은 지구를 돌고,

위성은 인간의 주위를 돈다. 너무 멀리 가지도 가까이 가지도 않는다. 너무 멀어지면 돌볼 수 없고, 너무 가까워지면 충돌하기 때문이다.

《지구에서 한아뿐》의 주인공 한아 역시 지극히 정세랑스럽다. 한아는 버려진 옷을 매만져 새 옷으로 만드는 것을 즐거워하고, 자신의 손으로 '환생'(환생은 한아의 작업실 이름이기도 하다)시킨 할머니 옷을 입고 즐거워하는 손녀의 얼굴을 떠올리며 자부심을 느낀다. 물론 처음에는 자원 재활용이나 환경보호 같은 평범하고 조촐한 신념에서 시작했을지도 모른다. 하지만 리폼된 할머니의 옷을 입는 순간 손녀는 할머니의 과거와 자신의 현재를 마주한다. 할머니의 일부와 손녀의 일부가 맞닿을 때 새로움이 덧대지는 셈이다. 이 옷이 사라지지 않는다면 다음 세대에 전달되어 옛것과 새것 사이에 다른 것이 놓이고 덧대지고 바뀔 것이다. 중요한 것은 그 과정에서 누구도 잊히거나 해를 입지 않는다는 것이다. 반자본주의적이고 비효율적인 한아 덕분이라고 말하면 너무 거창하지만, 그래도 한아 같은 세계관을 가진 수많은 사람이 보이지 않은 곳에서 지구를 지키느라 목숨 바치고 몸을 던진 덕분에 인류와 동식물이 공존하는지도 모른다.

그나저나 낭중지추라 했던가. 한아의 세계는 유니크하고 매력이 넘치다 못해 지구인도 모자라 지구 밖 외계인에게까지 닿았다. 한아의 세계관에 반해버린(소설에서도 작가가 분명히 밝혔지만 한아의 외모가 아니라 세계관이다!) 이 외계인은 한아라는 행성을 맴도는 위성이 되어 영원히 아끼고 돌보고 싶다는 꿈을 갖게 된다. 그 꿈은 망원경으로 다른 별에 사는 존재들을 몰래 들여다보며 기껏해야 짝사랑이나 하는 다른 외계인의 꿈과 다르다. 그리고 간절함은 한아 곁에서 영원히 머무르고 싶다는 마음을 불러일으키고 결국 지구행을 선택하도록 한다. 그러나 인간이든 외계인이든 공짜는 없나 보다. 이 외계인은 한아가 사랑하는 경민의 외모를 빌리기 위해 금쪽같은 우주 자유 여행권을 경민과 바꾸고, 지구로 오는 차비를 위해 평생 일해서 갚아도 불가능할 빚을 진다. 그래도 빚이 버겁지 않은 이유는 그보다 큰 세계관을 지닌 사람을 얻었다는 벅참 때문 아닐까.

외계인 같은 지구인이 또 한 명 있는데 바로 주영이다. 주영은 세계관이었던 가수 아폴로를 잃어버린다. 한아가 인간 경민을 잃은 대신 외계인 경민을 만난 날에.

주영은 '누구나 하나의 세계를 이룰 수 있다'라는 명제를 믿지 않는다. 사람들 대부분은 세계관을 갖지 못하는 대신 탁월한 사람이 만든 세계관을 학습하고, 외우고, 따라 하고, 갖다 붙이는 과정을 반복하며 포함당하거나 휩쓸려 살다가 죽는다고 믿기 때문이다. 주영은 그런 삶(기생이라고 표현한다)을 사느니 절대적 세계관을 가진 아폴로를 좇아 오로지 그의 세계관을 따르고 그의 위성이 되겠다고 선언한다. 그런데 한순간에 행성이 사라졌다. 행성 없는 위성이란 말은 존재하지 않듯, 아폴로가 없는 주영은 존재할 수 없다. 주영은 잃어버린 세계를 찾기 위해 인생을 던진다. 망설임은 없다. 믿는 세계관이 분명하고 순도 1백 퍼센트인데 무엇을 고민할까.

　외계인 경민과 지구인 주영이 평생 갚아도 모자랄 빚을 지고, 남은 인생을 그에게 모두 던져도 괜찮다고 말할 수 있는 이유는 그것이 자신이 닮거나 추앙하고 싶은 사람을 만나기 위해 당연히 치르는 대가라고 받아들였기 때문이다. 세상에 공짜는 없다. 내가 노력하지 않고 얻은 누군가의 세계는 수많은 경험을 거쳐 얻은 통찰이자 엄청난 노력의 결과물이다.

"내가 본 너는 엄청나게 일관된 사람으로 혼자 엔트로피와 싸우고 있는 것 같았어. 파괴적인 종족으로 태어났지만 그 본능에서 가장 멀리 떨어져 있었지. 너는 비오는 날 보도블록에 올라온 지렁이를 조심히 화단으로 옮겨주고, 한 번도 만난 적 없는 고래를 형제자매로 생각했어. 땅 위의 작은 생물과 물속의 커다란 생물까지 너와 이어지지 않는 개체는 없다는 걸, 넌 우주를 모르고 지구 위에서도 아주 좁은 곳에 머물고 있었는데도 이해하고 있었어. 인간이 인간과 인간이 아닌 모든 것들을 끊임없이 죽이고 또 죽이는 이 끔찍한 행성에서 어떻게 전체의 특성을 닮지 않는 걸까."[*]

지구를 향한 한아의 세계관이 외계인 경민에게 닿을 수 있었던 이유는 지구를 생각하는 한아의 마음이 일관적이기 때문이다. 개인의 기억과 공동체가 같은 방향을 바라보며 앞으로 나아가면 기쁘겠지만 현실은 그렇지 못하다. 개인의 기억은 공동체에 편입되면서 역사의 이름으로 지워

---

[*] 정세랑, 《지구에서 한아뿐》, 난다, 2019, 102쪽.

지기도 하고, 공동체의 문화가 주입하는 편견이나 이데올로기로 인해 개인의 기억이나 경험이 왜곡되기도 한다. 보이지 않는 권력과 폭력 속에서 일관성을 유지하기란 보통의 노력으로는 불가능하다.

그러나 그 노력이 꼭 대단하거나 위대할 필요는 없다. 세계관이란 누군가를 위해 지키는 것이 아니고, 보여주기 위해 만드는 것은 더더욱 아니기 때문이다. 사람들은 가식적인 것, 인위적인 것, 그럴듯하게만 보이는 것을 귀신같이 알아본다. 자연스럽게 흘러나오며 누구의 감시나 강요 없이 자발적으로 하는 것. 이것이 켜켜이 쌓여 결정적인 순간에 봇물처럼 터져 나오는 것이 진짜 세계관이다.

지렁이를 흙으로 옮겨주는 것, 육지에서 바다로 간 고래를 생각하는 것, 낡은 옷을 고쳐주며 세대를 이어주는 것이 한아의 세계관을 형성하는 데 밑거름이 되었듯이 나만의 세계관을 가지고 싶다면 작은 것부터 시작하면 된다. 단, 기억해야 할 것이 있다. 선하고, 타인을 해치지 않으며, 남의 것을 빼앗지도 않아야 한다는 것이다.

내가 누군가의 위성이 된다면

　사는 곳이 시골이다 보니 산책하는 길에 동물을 흔하게 본다. 고양이와 멍멍이는 사계절 동안 너무 자주 봐서 서로 데면데면할 정도고, 물가를 헤엄치는 청둥오리는 가끔 봐서 반갑다. 겨울이 되면 먹을 것을 찾으러 산에서 내려오는 너구리와 고라니와도 마주칠 때가 있는데, 대부분은 나를 피해 미친듯이 도망간다. 내가 뭘 어쨌다고.

　나도 안다. 멀리서 지켜보는 것이 가장 오래 볼 수 있고 누구도 해치지 않는 방법이라는 것. 하지만 더 가까이서 보고 싶은 마음에 나도 모르게 금을 밟는다. 선을 넘는다. 그러나 그 순간 모두 달아나버린다. 도망가고, 숨고, 사라진다. 수십 번의 경험으로 터득한 것은 그 선이 어디인지 이제 조금 알 것 같다는 정도다.

　내가 두려워하는 것 중 하나는 농사를 포기하고 도시 사람들에게 땅을 팔아넘기는 사람이 많아지면서 수천 마리 생명체의 터전, 먹이, 친구 그리고 생이 사라지는 것이다. 속도에 대한 인간의 욕망이 만든 아스팔트 도로 아래서 수십만의 생명이 숨 막혀 죽어가는 것이다. 나에게 동물은 행성이자 지켜야 하는 세계관이다. 하지만 내가 할 수 있는 일은 별로 없다. 백만장자가 되어 땅을 사들일 수도 없고, 아스팔트를 깔지 말라고 크지도 않은 내 몸을 바닥에 누일 수도 없다. 고작 이런 내가 실망스럽다고 욕한다고 하면 받아야지 별수 없다.

내가 그것들의 세계관을 압도할 수 없다면 그것들의 세계관을 추종하는 수밖에. 지금 내가 할 수 있는 일은 생명과 내가 충돌하지 않도록 거리를 유지하는 것이다. 잘 있는지 주변을 살피며 돌보고 저것들의 위성으로 남는 법을 연습하는 것이 전부지만 먼 훗날 그것이 나의 세계관으로 남길 바란다. 그러니 도망가지 마! 아무 짓도 안 할게.

우리는 어떤 세상을 살고 있을까

"제가 정보를 제공하고 질문에 답변해 사용자를 돕도록
설계되어 있는 도구일 뿐이란 사실에 유의해야 합니다."
— 김대식·챗GPT, 추서연 외 옮김, 《챗GPT에게 묻는 인류의 미래》, 동아시아

잔망스러운 것

어떻게 질문하고 표현해야 내가 원하는 대답을 얻을 수
있을지 고민했다. 정확히 질문해야 정확한 대답을 얻을 수
있다는 조언을 듣긴 했다. 그래 봤자 질문의 의도도 제대
로 파악하지 못해 엉뚱한 소리를 늘어놓거나 맥락 없이 단
어를 나열할 것이라는 불신을 지울 수 없었다. 내가 의심
한 건 두 가지였다. 첫 번째, 내가 한 질문의 핵심을 잘 파

악하고 있는가(내 말 이해했니?). 두 번째, 제시된 답은 내가 원하는 바를 정확하게 담고 있는가(헛소리하지 마라!).

질문을 입력하자 이내 모니터에 글자가 등장하더니 거침없이 화면을 채웠다. 그랬다가 뭔가가 생각나지 않는지 멈추고 커서를 깜박이더니 다시 써 내려갔다. 하는 짓이 꼭 생각하다 쓰고, 다시 고민하다 쓰는 사람처럼 보였다. 이쯤 되니 인간이 고민하는 과정조차 학습시킨 것 아닐까 하는 합리적 의심이 들었다. 커서가 깜박이는 이유는 자료를 수집하고 시퀀스에 따라 단어 배열을 준비하기 때문임을 알면서도 말이다. 하는 짓만 보면 무척 인간적이었다.

세 단락을 쓰는 데 정확히 32초 걸렸다. 1분도 채 되지 않아 문제 제기부터 해결 방안까지 갖춘 나무랄 데 없는 글을 내놓았다. 가소로워했던 비아냥은 빈 모니터가 글자로 채워지는 동시에 감탄으로 바뀌었다.

익히 들어 알고 있었던 챗GPT의 정보량과 처리 속도는 말할 것도 없이 경악 그 자체였지만, 무엇보다 글 쓰는 일을 업으로 삼은 입장에서 가장 부러웠던 것은 글의 길이, 수준, 속도에 상관없이 단 하나의 오타도 없다는 것이었다! '오타 제로'는 글 쓰는 사람이라면 누구나 원하는 넘사

벽의 능력인데, 한 번의 퇴고도 없이 오타 없는 글을 쓰다니. 역시나 하는 짓이 참으로 비인간적이다!

나: 우리는 어떤 세상을 살고 있을까?

챗GPT: 현재 우리는 급변하는 세상을 살고 있습니다. 기술의 발전과 글로벌화로 인해 세계 각지에서 사람들과 문화가 접촉하고 정보의 교류와 경제의 발전이 이루어지고 있습니다. 그러나 이러한 발전과 함께 여러 가지 문제도 동시에 발생하고 있습니다.

예를 들어 기후변화와 자원 고갈 문제는 우리의 지구 생태계와 인류의 생존에 직결된 문제로 인식되고 있습니다. 또한 다양한 사회적 문제들도 존재합니다. 이 중 일부는 경제적인 문제로 인한 불평등, 인종차별, 성차별, 성소수자 차별, 이민자 문제 등입니다.

또한 COVID-19와 같은 대유행병이 전 세계적으로 유행하면서 우리의 일상과 경제, 사회구조 등에도 큰 변화가 발생하고 있습니다. 이러한 상황에서는 우리 모두가 서로 협력하여 위기를 극복하고 미래를 위한 대비를 해나가야 합니다.

따라서 현재 우리는 다양한 문제와 과제를 안고 있는 세상에서 살고 있습니다. 하지만 이러한 문제들을 해결하고 우리가 바라는 더 나은 세상을 만들기 위해 노력하는 것이 중요합니다.

잔망스럽다. 챗GPT의 스마트한 답을 읽다가 튀어나온 첫마디다. 문장을 이어가는 방식과 단어를 구사하는 능력도 예상을 뛰어넘었다. 기본적으로 삼단논법을 구사하고 마지막에는 자신의 의견을 요약하는 것도 잊지 않았다. 이것만으로도 충분히 잔망스럽지만, 요망하기까지 하다고 느낀 이유는 한국어에서 가장 어려운 문법인 조사 '은/는/이/가/을/를'조차 적절하게 사용하며 유려한 문장을 만들어냈기 때문이다. 챗GPT의 기본 입력 언어는 영어지만 한국어로 입력해도 전혀 어색하지 않을 만큼 걸림 없는 문자를 구사하는 데 놀라지 않을 수 없었다. 앵무새 로고가 달린 번역기가 해주는 번역만 믿었다가 완전히 '새' 됐던 경험에 비추어 생각해보면 챗GPT의 문법적 · 문맥적 오류는 오차 범위 내라고 이해할 만한 수준이다. 적어도 말도 안 되는 번역으로 어이없는 웃음이 나오게 하지는 않는다. 물론 정확하지 않은 내용을 사실처럼 말하는 오류를 범하거나, 전혀 다른 사실을 말하고도 뻔뻔하게 문장을 끝내기도 해서 구라GPT, 새빨간 거짓말쟁이라고 종종 의심받긴 하지만 말이다.

챗GPT의 가장 유의미한 진보를 꼽는다면 질문하는 사람의 의도를 잘 이해한다는 점이다. 이름을 부르면 잘 대답하지만 조금만 다르게 발음하거나 어려운 말을 하면 "이해하지 못했어요", "잘 못 알아들었어요"라고 말하는 시리나 지니와는 확실히 다르다. 시리나 지니는 채널이나 리모컨은 잘 찾아줄지 몰라도 인간과의 대화는 불가능하다. 게다가 기본적으로 말이 무척 짧다! 한 문장 이상 말하는 것을 들어보지 못했다. 하지만 챗GPT는 짧으면 짧게, 길면 길게 내가 요구하는 대로 자유자재로 길이를 조절한다. 그렇다고 똑같은 문장을 반복하는 꼼수도 쓰지 않는다. 인간으로 따지면 보기 드물게 성실한 노동자라고 할까.

챗GPT만 있으면 힘들게 자료를 찾을 필요도, 비싼 책을 살 필요도, 해결하지 못한 문제 때문에 골방에 앉아 머리를 쥐어뜯을 필요도 없을 거라고들 한다. 질문만 하면 알아서 방대한 지식을 제공하니 내가 할 일은 챗GPT가 제시한 자료를 그럴듯하게 정리하고 포장하는 것뿐이다. 덕분에 시간과 노력이 절반 이하로 줄었다. 기술이 발전할 때마다 기계가 인간에게 다른 일을 할 시간을 선물로 주었듯(세탁기가 대표적인 사례다. 세탁기는 여성의 가사 노동시간을 줄여주었고, 덕분에 여성은 그 시간을 사회 진출에 쓸 수 있었다) 챗GPT 역시 인간에게 시간을 선물했다. 이를테면 딴짓을 더 많이 할 수 있는 시간 말이다. 심심한 건 못 참으니 놀거리를 하나 더 늘려야겠다.

그런데 알 수 없는 불안이 밀려온다. 할 일을 잃어서 허전한 느낌, 더 정확히는 빼앗긴 느낌이라고 해야 할까. 새로운 기술이 발명될 때마다 기술이 인간의 일자리를 대체할 것이라는 경고가 많이 나와서 이제는 익숙해졌지만, 챗GPT가 직업의 종류를 초월하여 노동 생태계를 바꿀 것이라는 말은 그 어느 때보다 피부에 와닿는다. 챗GPT 기술이 적용되는 범위나 분야가 물리적 조건이나 한계를 가리지 않는 것이 가장 큰 이유일 것이다.

기계가 인류를 지배한다는 시나리오에서는 덩치는 하나같이 산만 하고 얼굴은 날카로운 철로 무장한 기계들이 출현하던데, 챗GPT는 사용자의 지위나 나이를 가리지 않고 존댓말할 정도로 예의 바른 데다 가끔은 시답지 않은 농담을 해서 웃기기도 한다. 정말로 챗GPT의 인류 침공은 성공한 것일까.

질문하는 한 인간은 진보한다

인간 김대식과 챗GPT의 대담을 담은《챗GPT에게 묻는 인류의 미래》는 제목에서 알 수 있듯 인간이 질문하면 기계가 대답하는 형식을 취하고 있다. 질문의 주제에는 한계가 없다. 사랑, 행복, 정의부터 세계 문제, 창작, 죽음까지, 현상부터 철학까지 그야말로 전천후다. 하나를 질문하면 챗GPT는 기다렸다는 듯이 그것의 과거부터 현재에 이르는 데이터를 거침없이 펼쳐낸다. 역사부터 이론, 현재의 사회현상까지 광범위하게 알려주는 센스는 덤이다.

챗GPT의 원리를 단순하게 정리하면 이렇다.

1. 언어 모델, 즉 GPT에 문장을 제시한다.
2. 언어 모델이 다음 단어를 예측한다.
3. 자신이 생성한 예측값과 문장에서 실제 쓰인 단어

의 차이를 최소화하는 과정을 거친다.

4. 학습한 데이터의 텍스트와 유사한 텍스트를 생성한다.[*]

핵심은 세 번째 단계인 '예측값과 문장에서 실제 쓰인 단어의 차이를 최소화하는 과정'이다. 다른 말로 표현하면 맥락을 파악하는 과정이다. 이 과정을 원활하게 진행하려면 챗GPT가 인간이 하는 질문의 맥락을 제대로 이해해야 한다. 그래야 질문자가 원하는 결괏값을 도출할 수 있기 때문이다. 그러나 맥락을 파악하는 것은 쉽지 않다. 이 과정은 단어와 의미를 일대일로 대입하여 해석하는 것이 아니라 단어의 다양한 의미 중 하나를 선택하여 이해하는 고도의 사고 과정이기 때문이다.

따라서 챗GPT가 맥락을 잘 이해하기 위해서는 역설적으로 질문이 중요하다. 얼마나 정확하게 질문하느냐에 따라 원하는 답이 도출될 수도 있고, 전혀 다른 답이 도출될 수도 있기 때문이다. 만약 챗GPT가 질문과는 전혀 다른 엉뚱한 답을 제시했다면, 챗GPT의 문제라기보다 질문을

[*] 김대식·챗GPT, 추서연 외 옮김, 《챗GPT에게 묻는 인류의 미래》, 동아시아, 2023, 23쪽.

'잘못'하거나 '잘' 못했을 가능성이 크다. 챗GPT가 제공하는 정보의 질만큼이나 질문의 질이 중요한 이유다.

우리는 모르는 것이 있으면 질문하라고 늘상 배우고 들었다. 하지만 정작 이 말을 듣고 질문하는 사람은 없다. 물론 귀찮아서 안 하는 경우가 대부분이겠지만 사실 뭘 질문해야 할지 몰라서 안 하는 경우도 많다. 이 질문이 과연 맞는 질문인지에 대한 질문 자체에 대한 질문부터 시작해 질문의 효용성까지 생각하니 그냥 질문을 안 하는 게 낫다 싶다. 어차피 시험은 외우는 거니까. 모르는 것이 있으면 질문하라는 질문은 수업 시간에 딴짓하지 않고 열심히 공부했냐고 확인하는 말로 들린다. 그러니 몰라도 질문하지 않을 수밖에.

그렇다면 질문에는 어떤 의미가 있을까.

첫 번째는 대상에 대한 지적 호기심의 표출이다. 예를 들어 '세계대전은 언제 일어났는가?', '생태 학살은 어떻게 진행되고 있는가?', '인간 소외 현상은 무엇인가?' 같은 질문이다. 이러한 질문은 현상에 대해 알고 있으면 충분히 할 수 있고, 해답도 쉽게 얻을 수 있다. 이미 수많은 책에서 다루었고, 책을 찾아보기 귀찮다면 포털 사이트에서 검색해서 충분히 찾을 수 있기 때문이다.

두 번째는 질문에 특정 조건(통제라고 표현한다)을 제시하며 사고 영역을 확장하도록 유도한다. 이때 질문은 '만약 ~한다면'이라는 형식을 띠곤 한다. '세계대전의 책임을 물어야 한다면', '생태 학살이 극대화된다면', '기계가 인간의 일자리를 대체한다면' 등이다. 이 질문에 대한 답은 질문의 의도를 제대로 파악해야 원활하게 제시할 수 있다는 점에서 첫 번째 단계보다 복잡하다. 물리적·사회적·정치적 위치, 국가의 이해관계, 개인의 신념 혹은 가치관에 따라 대답은 다양하기 마련이다. 이 과정에서 편이 나뉘고 때로는 심각한 갈등이 생기기도 한다.

결국 혼자서 해결하지 못하는 질문은 필연적으로 타인과의 토론을 이끈다. 타인과 함께 질문하고 답하고 또 질문하면서 한 개인은 타인을 설득하기도 하고 타인에게 설득당하기도 한다. 질문이 중요한 진짜 이유는 지적 호기심을 충족하기 위해서가 아니라 그 과정을 반복할수록 질문과 대답이 진화하고 우리의 사고가 고차원의 비판적 사고로 확장되기 때문이다.

《챗GPT에게 묻는 인류의 미래》에서 인간은 기계에 계속 질문한다. 하지만 기계는 인간에게 어떤 질문도 하지 않는다. 물론 책 뒷부분에서 기계가 인간에게 질문하지만, 어디까지나 인간이 제시한 조건으로 질문을 조합할 뿐이다. 모르는 것이 없지만 "네 생각은 뭐니?" 하고 물으면 "저는 러닝머신 모델로 의식이나 자기 인식이 없으며", "저는 기계로 의견이나 견해가 없으며"라는 말로 대답을 피하기도 한다. 사실 챗GPT는 사고하지 못한다. 그저 방대한 정보를 수집하고 정리하는 능력이 뛰어날 뿐이다.

이를테면 챗GPT는 현존하는 교과서 중 가장 방대한 내용을 담은 통합 교과서인 셈이다. 이것만 잘 활용하면 1등은 몰라도 보편적 학습 능력을 갖추는 데는 문제가 없을 것이다. 기계 발전의 궁극적 목적이 인간의 자유를 극대화하고 해방하는 것이라면 우리가 굉장히 좋은 기술 하나를 얻은 것은 분명하다. 그러나 결국 이 기술을 어떻게 활용할 것인가는 질문하는 능력에 달려 있다는 데는 변함이 없다.

본 대로 하고, 시키는 대로 하고, 하는 대로 하면 욕은 안 먹는다. 안 그래도 피곤에 찌든 일상에서 욕만 먹지 않아도 다행이라고 생각하면 썩 나쁘다고 할 수는 없다. 그러나 내 꿈이 욕먹지 않는 삶이었나 반문하면 슬픔이 쓰나미로 밀려온다. 한때는 그 누구보다 원대한 꿈을 꿨는데 말이다. 누군가가 위로랍시고 사는 게 다 그렇다고, 어른이 된다는 건 익숙해지는 것이고, 사는 대로 사는 것 아니겠냐고 말하면, 삐뚤어진 나는 그게 왜 어른이냐고, 그게 사는 거냐고 진심으로 묻고 싶다.

우리는 종종 혼동하곤 한다. 수단과 목적을, 도구와 목표를. 여기에 우선 이기고 보자는 경쟁심, 살아남아야 한다는 간절함, 세상은 불공정하다는 불신 때문에 나라는 목적과 목표를 경쟁 수단으로 사용하고, 나를 돋보이게 하는 도구에 집착한다. 이것이 맞는지 질문할 시간조차 아깝다. 그 시간에 하나라도 더 얻고 외우는 것이 훨씬 이익이니까. 이러한 경험이 쌓이면 능력이나 경쟁력이 된다지만 존재의 불안과 우울감도 같이 쌓인다는 것은 안 비밀이다.

나를 알고 진짜 원하는 것을 알려면 질문해야 한다. 챗GPT라는 훌륭한 기술이 있으면 매우 유리한 위치를 점할 수 있지만 어디까지나 도구일 뿐이다. 챗GPT 스스로가 선언했듯이 말이다.

인간의 능력을 뛰어넘는 신기술이 등장할 때마다 인간 존재와 그 의미를 위협할 것이라는 말들이 제기되었다. 그러나 지레 겁먹고 좌절할 필요는 없다. 그 대신 질문해야 한다. 그것의 본질이 무엇인지, 우리에게 어떤 이로움을 줄 수 있는지, 그 반대는 무엇인지.

분명한 것은 지금보다 빠른 속도로 더 놀라운 기술이 등장하리라는 것이다. 그때마다 우리가 졌으니 할 일이 사라졌고 모든 걸 뺏겼다고 선언할 것이 아니라 그것을 통해 희망을 발견해야 한다. 물론 나만을 위한 희망이 아니라 모두를 위한 희망, 인간만을 위한 희망이 아니라 지구를 위한 희망 말이다.

우세한 책들

초판 1쇄 인쇄 2023년 10월 23일
초판 1쇄 발행 2023년 11월 1일

지은이 장윤미
발행인 박효상
편집장 김현
기획·편집 장경희
디자인 임정현

편집·진행 김효정
교정·교열 강진홍
표지·본문 디자인 엄혜리
마케팅 이태호, 이전희
관리 김태옥

종이 월드페이퍼 **인쇄·제본** 예림인쇄·바인딩 | **출판등록** 제10-1835호
펴낸 곳 사람in | **주소** 04034 서울시 마포구 양화로11길 14-10(서교동) 3F
전화 02) 338-3555(代) **팩스** 02) 338-3545 | **E-mail** saramin@netsgo.com
Website www.saramin.com

책값은 뒤표지에 있습니다.
파본은 바꾸어 드립니다.

ISBN 979-11-7101-035-6 13330

우아한 지적만보, 기민한 실사구시 사람in